Consumer Well Being Marketing

소비자 웰빙마케팅

이동진

박영사

머리말

세계적인 웰빙 트렌드의 확산에 발맞추어 국내시장에도 몇 년 전부터 웰빙 바람이 불고 있다. 웰빙 트렌드는 특정 계층만을 위한 소비패턴이 아닌 전 소비자 계층으로, 그리고 기능성 제품을 넘어 모든 제품들로 그 추세가 확산되는 과정에 있다. 따라서 일시적인 유행이라기보다는 소비가치의 변화와 라이프 스타일의 근본적인 변화를 수반하는 장기적이고 광범위한 현상으로 이해되는 웰빙 트렌드에 대응하기 위해 기업 웰빙마케팅 전략에 있어서의 전략적 지침이 필요한 실정이라고 할 수 있다.

웰빙마케팅(Well being Marketing)은 소비자의 웰빙을 향상시키려는 마케팅 활동의 총체이다. 이러한 활동들은 소비자의 구매 사이클 각 단계에서 고객의 욕구를 만족시키고 지속적으로 행복감을 제공하며, 웰빙의 전제조건인 건강한 상태를 유지시켜 줌으로써 장기적인 삶의 만족을 제공하고자 한다. 따라서 웰빙마케팅은 소비자의 웰빙을 향상시킴으로써 궁극적으로 소비자의 전반적인 삶의 질을 향상시키고자 하는 마케팅 노력 전체를 말하는 것이다. 이러한 웰빙마케팅의 구현을 위해서는 소비자 웰빙에 대한 체계적인 이해와 전략실행에 따른 소비자 웰빙의 성과측정이 요구된다.

본서는 현재 다소 지엽적이고 제품 중심적인 소비자 웰빙 관련 마케팅 활동에 대한 통합적인 개념의 틀을 제공함과 동시에 실제적인 전략실행 메커니즘을 총 9개의 장(章)을 통해 설명하고 있다. 1장과 2장에서는 소비자 웰빙과 웰빙마케팅에 대한 개념적 설명 및 웰빙 트렌드와 그에 따른 소비자 가치에 대한 설명이 이루어진다. 3장 '웰빙 소비자의 시장세분'에서는 소비자 특성에 따라 타깃 소비자들의 시장세분화가 이루어지며, 4장 '소비자 웰빙향상방안'에서는 웰빙 소비가치에 따른 웰빙제품의 마케팅 전략을 다루고 있다. 5장 '구매단계별 소비자 웰빙관리'에서는 구매단계 간 관리와 구매단계 내 관리를 나누어 설명하고 있으며, 6장 '소비자 웰빙에 관한 실증연구와 전략방향의 도출'에서는 다양한 산업군별 웰빙마케팅 전략을 소개하고 있다. 7장에서는 객관적 · 주관적 웰빙지수 측정방법이 소개된다. 마지막으로 8, 9장에서는 '웰빙을 설명하는 다양한 이론들'과 '소비자 웰빙연구를 위한 측정 설문문항'이 제공된다.

새로운 마케팅 패러다임으로서의 소비자 웰빙연구의 중요성으로 인해, 웰빙마케팅 분야는 지난 십수 년간 서구의 많은 대학에서 폭넓고 활발하게 연구되어져 왔으며, 대표적으로 ISQOLS(International Society for Quality Of Life Studies)학회가 설립되었다. 지난 수 년간 국내에서 대두된 소비자 웰빙 및 웰빙마케팅 관련 분야에 대하여 체계적인 접근을 위한 교재의 필요성을 느끼게 되었고 이 책의 집필을 결심하게 되었다. 또한 연세대학교 내의 관계마케팅 연구센터에서는 관계마케팅과 함께 웰빙마케팅 전략의 수립 및 웰빙마케팅 효과측정, 그리고 웰빙마케팅 분야에 대한 체계적인 연구활동을 지속하고 있다. 부족하나마 이 책이 소비자 웰빙마케팅 분야에 대한 소개와 함께, 이 분야에 대한 더 많은 관심을 촉진시키길 기대해 본다.

이 책이 나오기까지 도와주신 많은 분들께 감사의 뜻을 전한다. 무엇보다 먼저, 이 책을 위하여 헌신적인 수고를 아끼지 않은 연세대학교 관계마케팅 연구센터의 연구원들에게 감사를 전한다. 연세대학교 경영학과 박사과정에 재학중인 유병희 연구원, 그리고 관계마케팅 연구센터의 이경미 연구원, 옥주리 연구원이 이 책의 기안부터 탈고까지 전 과정에 걸쳐 헌신적인 수고를 아끼지 않았다. 또한 이 책의 집필과정

중 연세대학교에서 웰빙마케팅을 수강한 대학원 학생 모두에게 감사의 마음을 전한다. 이 책의 출판에 많은 도움을 준 박영사에도 감사의 뜻을 전한다.

마지막으로, 이 책을 쓰는 동안 항상 이해하는 마음으로 지켜봐 준 부모님과 가족들에게 이 책을 바친다.

2007년 2월

연세대학교 경영학과
이 동 진

차　　례

제 1 장　소비자 웰빙과 웰빙마케팅

제 2 장 웰빙 트렌드와 웰빙 소비자의 소비가치

제 3 장 웰빙 소비자의 시장세분화

제 4 장 소비자 웰빙향상방안

제 5 장 구매단계별 소비자 웰빙의 관리

제 6 장 소비자 웰빙에 관한 실증연구와 전략방향의 도출

제 7 장 웰빙마케팅의 효과측정

제 8 장　웰빙을 설명하는 다양한 이론들

제 9 장 소비자 웰빙측정방법

제 1 장

소비자 웰빙과 웰빙마케팅

1. 웰빙마케팅에 대한 고찰
2. 전반적 삶에 대한 웰빙의 개념
3. 개별 삶의 영역 웰빙(Domain Specific Well Being)과 전반적 웰빙(Overall Well Being)
4. 소비자 웰빙
5. 소비자 웰빙에 대한 주관적 지수 및 객관적 지수
6. 인지적 소비자 웰빙
7. 웰빙마케팅 노력
8. 관계마케팅과 웰빙마케팅의 차이점

1 웰빙마케팅에 대한 고찰

오늘날 시장의 제품들은 웰빙 열풍에 편승하여, 무분별하게 상업적으로 "웰빙"이란 단어를 사용하여 과대 · 과장광고를 하는 경향이 있다. 웰빙의 본래 의미는 상실한 채, 무의미에 가까운 오용과 남용이 이루어지고 있는 것이다. 현재 웰빙마케팅을 구현하기 위한 기업들의 노력을 살펴보면, 소비자 웰빙의 궁극적 향상보다는 제품 및 기술 중심적으로 진행되어 왔음을 알 수 있다. 즉, 제품이 건강에 미치는 영향이나 제품이 지닌 품질을 지나치게 강조하여, 웰빙(혹은 건강) 관련 제품에 대한 마케팅으로 웰빙마케팅 전체가 이해되는 경향이 있다.

이로 인해 건강 관련 제품에 대한 마케팅은 다른 제품에 대한 마케팅 노력과 체계적인 차이가 느껴지지 않는다. 지나친 제품 중심적 혹은 기술 중심적 "웰빙"제품의 마케팅보다는 소비자의 웰빙을 향상시키기 위한 근본적인 마케팅의 노력이 필요하다. 웰빙마케팅은 소비자의 웰빙을 향상시키기 위한 것이므로, 소비자 관점에서 웰빙마케팅을 접근하여 정의 및 효과를 측정하는 발상의 전환이 필요하다.

앞서 언급한 내용을 정리하면 다음의 〈그림 1-1〉과 같다.

최근 국내의 몇몇 기업에서는 고객의 행복을 최우선 가치로 설정하고 소비자와 그 가족의 건전하고 건강한 삶을 위한 제품을 제공하려는 노력을 기울이고 있다. 즉 고객의 행복을 중시하고, 고객행복의 철학을 실천하기 위해 여러 마케팅 전략적 개념을 구현하려는 것이다. 이는 소비자의 웰빙을 향상시키기 위한 웰빙마케팅의 구현방안을 찾기 위한 시도라는 점에서 매우 고무적이다.

다시 말해서, 웰빙마케팅은 건강제품 중심의 협의의 웰빙제품 마케팅에서 벗어나 소비자의 웰빙을 체계적으로 향상시키고 소비 전 과

그림 1-1 **현 웰빙마케팅의 문제점**

제품/기술 중심의 웰빙마케팅

- 웰빙에 대한 체계적 이해 부족
- 소비자 웰빙의 성과측정이 어려움
- 고객 웰빙향상을 위한 웰빙마케팅 전략도출이 어려움

소비자 중심의 웰빙마케팅

- 고객 중심의 웰빙정의
- 소비자 웰빙의 향상을 통한 차별화

정에 걸친 욕구충족 및 행복감을 증진시키는 것이 필요하다. 즉, 소비자의 웰빙을 향상시키는 넓은 의미의 소비자 웰빙마케팅의 확립이 필요하다고 사료된다.

이 책에서는 이러한 소비자 중심의 웰빙개념을 파악하고, 이에 대한 이해를 바탕으로 웰빙측정 및 향상방안을 구체적으로 논의하도록 하겠다.

2 전반적 삶에 대한 웰빙의 개념

웰빙은 흔히 '잘 먹고 잘 살기', '행복', '삶의 만족' 등으로 다양하게 해석되어 왔다. 웰빙의 대상은 전반적 삶(예: 삶 전체)이 되기도 하고, 특정 영역의 삶(예: 소비생활, 가족생활)이 되기도 한다. 전반적인 삶에 대한 웰빙을 "전반적 웰빙(General Well Being)"이라 하고, 특정 영역에 대한 웰빙을 "삶의 영역별 웰빙(Domain Specific Well Being)"이라고 부른다. 전반적 삶에 대한 웰빙을 측정하는 방법으로는, 객관적 웰빙(Objective Well Being)과 주관적 웰빙(Subjective Well Being)으로 나누어 볼 수 있다.

2.1 객관적 웰빙

객관적 웰빙(Objective Well Being)은 건강, 소득 등과 같이 측정 가능하고 계량화된 지표에 의한 웰빙측정을 말한다. 객관적 웰빙지표에는 소득, GNP, GDP 등의 경제적 지표(economic indicators)가 있고, 건강상태, 범죄율, 환경오염도, 교육 정도 등의 사회적 지표(social indicators)가 있다. 객관적 지표는 결과해석의 용이함과 대상자들 간에 비교가 쉬운 장점이 있지만, 여기에만 의존할 경우에는 해석상의 문제점이 발생할 수 있다. 사람들은 비슷한 객관적 상황 속에서도 각자가 느끼는 행복의 정도가 다르고, 반대로 객관적으로 볼 때 극도로 상이한 상황에서도 비슷한 정도의 주관적 행복감을 나타낼 수 있기 때문이다.

예를 들어, 소득과 행복은 늘 정비례하지 않는다는 것에 대해 생각해 보자. 실제로 GNP가 매우 낮은 나라의 국민들이 느끼는 행복의 평균은 유럽과 같은 선진국들의 국민들이 느끼는 행복과 크게 다르지 않다는 결과보고가 있다. 이는 사람들이 주관적 행복을 평가할 때, 주변 사람들을 기준으로 평가한다는 사회적 비교이론으로 일부분 설명할 수 있다. 더불어 소득이 행복에 미치는 영향은 소득의 절대치가 아니라 소득이 그 개인의 목적달성과 어떠한 관계를 가지느냐에 좌우된다. 또한 목표이론에 따르면, 낮은 소득은 개인 삶의 목표달성을 불가능하게 하여 행복을 저해하지만, 어느 정도 이상의 소득은 삶의 목표와는 무관하여 직접적으로 행복에 기여하지 못하는 것으로 나타났다.

소비자들은 비슷한 객관적 웰빙조건하에서 각기 다른 정도의 주관적 웰빙을 가진다. 이는 비슷한 소득하에서도 개개인마다 다른 정도의 행복감을 가지는 것을 통해서 확인할 수 있다. 반대로 객관적 조건(건강, 소득 등)이 달라도 비슷한 정도의 주관적 웰빙을 느끼기도 한다. 그러므로 개인의 전반적 웰빙을 측정함에 있어서 주관적 웰빙뿐 아니라 객관적 웰빙을 종합적으로 고려하는 것이 필요하다. 웰빙개념을 분류해 보면 다음의 〈그림 1-2〉와 같다.

2.2 주관적 웰빙

주관적 웰빙(Subjective Well Being)은 삶을 긍정적으로 평가하는 정도로(Venhooven, 1984) 삶에 대한 장기적 판단과 일반적인 웰빙에 대한 주관적 판단을 의미한다. 여기에는 삶에 대한 인지적 판단(예: 전반적 삶에 대한 만족도, 삶에 대한 욕구의 충족)과 정서적 판단(예: 행복감, 우울감)이 포함된다(Campbell et al., 1976; Andrews and Withey, 1976). 인지적 판단은 전반적인 삶에 대한 만족, 욕구의 충족도, 열망에 대한 충족도 등을 포함하며, 정서적 판단은 생에 대한 즐거운 감정에서 즐겁지 못한 감정의

그림 1-2 웰빙개념의 분류

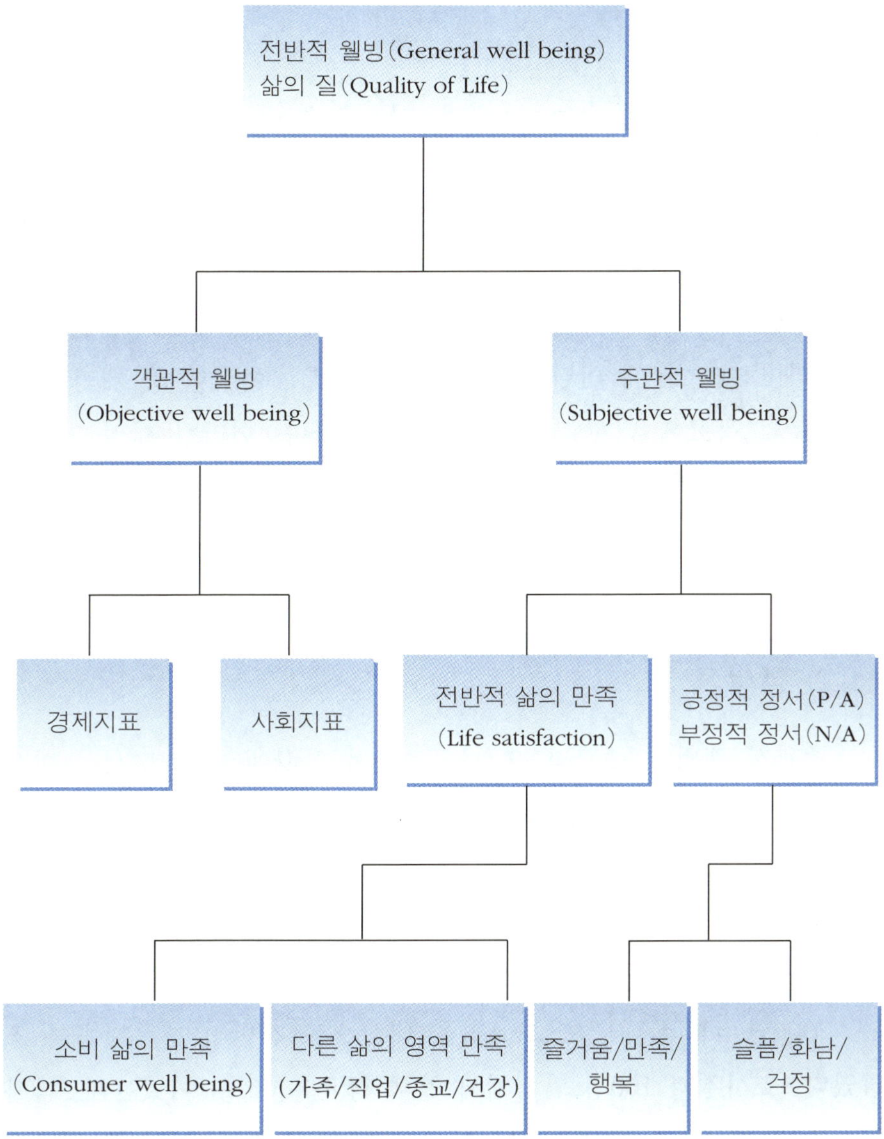

차이를 의미한다(Diener, 1994). 즉, 주관적 웰빙은 인지적 요소와 정서적 요소의 합이다.

1) 인지적 요소

주관적 웰빙의 인지적 요소는 인지적 측면에서의 전반적 삶에 대한 만족(life satisfaction), 삶에 대한 욕구충족도 등을 의미한다. 주관적 웰빙의 인지적 요소는 전반적 삶 전체에 대한 인지적이고 전반적인 판단을 의미하며, 삶에 대한 장기적인 만족 및 자아실현 등 개인이 추구하는 삶의 목표에 대한 달성 정도를 의미한다. 이러한 삶의 만족도를 평가하는 대표적인 요소로 Diener(1984)의 SWLS scale, Andrews and Withey(1976)의 D-T scale 등이 있다.

2) 정서적 요소

주관적 웰빙의 주관적 요소는 구체적 상황에 대한 정서적 반응을 의미하며, 이에는 행복감 등 삶에 대한 긍정적 정서와 우울함 등의 삶에 대한 부정적 정서가 포함된다. 이러한 삶의 상황에 대한 단기적이고 정서적인 반응을 정서적 요인이라 하는데, 이에 대한 측정방법으로 Affect Balance scale, PANAS 등이 있다.

2006년 5월 국내 성인 806명을 대상으로 전반적 행복지수를 조사하였다. 조사결과 100점 만점에서 전체 평균은 66.2점이었는데, 남자는 64.6점, 여자는 67.9점으로 여성의 행복지수가 높게 나타났고, 미혼 66점, 기혼 68.1점으로 기혼자의 행복지수가 높게 나타났다. 소득에 있어서는 월 100만원 이하가 55점, 월 400만원 이상이 72점으로 나타났고, 연령에 있어서는 20대 70점, 30대 68점, 40대 64점, 50대 62점으로 나타났고, 직업에 있어서는 학생 72.2점, 화이트칼라 67.8점, 주부 67점, 블루칼라 66점, 농림업 64점으로 나타났다. 소득이 낮을수록, 나이가 들수록 행복지수가 감소하는 것을 알 수 있는데, 대신 나이가 들더라도 소득이 높으면 행복지수를 높게 유지하는 것으로 나타났다.

3) 인지적 요소와 정서적 요소의 관계

주관적 웰빙을 구성하는 인지적 요소와 정서적 요소간에는 어떠한 관계가 있는 것일까? 연구에 따르면 정서적 행복감과 인지적 삶의 만족은 완전히 독립적이지는 않지만, 상호보완적인 정보를 제공한다고 한다. 즉, 정서적 행복감과 인지적 삶의 만족에는 정(+)의 상관관계가 있다(Pavot and Diener, 1993). 정서적 요인을 구성하는 긍정적 정서(예: 기쁨)와 부정적 정서(예: 우울, 불안)는 부(−)의 상관관계를 지니며, 이 둘은 웰빙에 각각 독립적으로 영향을 미친다. 따라서 긍정적 경험과 부정적 경험은 따로 측정되어야 한다. 이러한 소비경험이 주관적 웰빙에 미치는 영향은 정서경험의 강도보다는 정서경험의 빈도가 미치는 영향력이 더 큰 것으로 확인되었다(Diener, Sanvik, and Pavot, 1991). 연구결과에 따르면, 정서경험의 강도가 주관적 웰빙에 미치는 영향은 0.25인 데 반해, 정서경험의 빈도가 주관적 웰빙에 미치는 영향은 0.50으로 훨씬 크다는 것을 알 수 있다.

결론적으로 주관적 웰빙은 삶의 질에 대한 주관적 평가로서, 여기에는 전반적인 삶에 대한 만족도, 긍정적 정서 및 부정적 정서를 포함한다. 이러한 주관적 웰빙은 긍정심리학, 성격심리학 등의 분야에서 주요 연구과제였으며, 현재도 많은 연구들이 진행중에 있다.

3 개별 삶의 영역 웰빙(Domain Specific Well Being)과 전반적 웰빙(Overall Well Being)

그렇다면 삶 전반에 대한 만족감과 개별 삶의 영역 웰빙은 어떤 관계를 가지는가? 이를 크게 상향적 전이효과, 하향적 전이효과, 수평적 전이효과로 설명할 수 있다. 첫째, 상향적 전이효과(bottom-up spillover effect)에 대해 살펴보면 다음과 같다. 전반적인 삶에 대한 만족감은 각 개별 삶의 영역에 대한 만족감에 의하여 형성이 된다. 이들 개별 삶의 영역에서 얻어지는 만족감이 전반적 삶에 대한 만족감을 형성하는데, 이를 상향적 전이효과라고 한다. 상향적 전이효과는 소비생활 영역에서의 만족감, 즉 소비자 웰빙이 전체적인 삶에 대한 만족으로 전파되는 것을 말한다. 예를 들어, 유기농 식품을 구매/소비함으로써 얻어지는 만족감이 개인 소비자로서 삶에 대한 만족감으로 전파되는 것이다. 웰빙마케팅에서 강조하는 소비자 웰빙은 소비경험의 총체적인 만족이 전체적인 삶의 만족으로 전이되는 상향적 전이에 초점을 맞추고 있다.

둘째, 하향적 전이효과(top-down spillover effect)는 상향적 전이효과와는 반대로, 삶에 대한 전반적 만족감이 개별 삶의 영역에 대한 만족감에 영향을 미치는 것을 말한다. 이는 소비자의 성격, 혹은 정서 등이 개별적인 소비 삶의 만족에 영향을 주는 경우를 말한다. 예를 들어, 전반적인 삶에 대해 낙천적이고 행복을 느끼는 사람은 개별 삶에 대한 영역에 또한 긍정적인 태도로 임하고, 결과적으로 그 영역에 대한 만족감이 커진다. 반면, 전반적인 삶에 대해 부정적이고 비관적인 사람은 개별 영역에서의 삶의 만족 또한 그리 높지 않다. 이처럼 하향적 전이효과는 전반적인 웰빙이 개별 삶의 영역에 대한 만족감에 미치는 영향을 말한다.

마지막으로, 수평적 전이효과(horizontal spillover effect)는 한 개별

삶의 영역에 대한 만족감이 다른 삶의 영역에 대한 만족감에 수평적으로 영향을 미치는 것을 말한다. 예를 들어, 두 가지 주요 삶의 영역인 가정생활 만족과 직장생활 만족의 관계를 보기로 하자. 직장생활의 만족이 가정생활의 만족으로 이어지기도 하는데, 이를 삶의 영역간 만족의 수평적 전이효과(horizontal spillover effect)라고 부른다.

본서의 주 관심은 소비자 웰빙과 그의 수직적 상향전이를 통한 전반적 웰빙의 향상이다. 즉, 소비자 웰빙 모델은 소비의 구체적인 경험이 소비자 웰빙을 구축한다는 상향적 전이효과이론에 근거하고 있다. 〈그림 1-3〉에서 살펴볼 수 있듯이, 상향적 전이이론에 근거하여 소비생활 속에서의 여러 경험과 그 욕구(경제적 욕구 · 사회적 욕구 · 자존적 욕구)의 충족이 소비자의 웰빙을 형성하며 이는 다른 부문의 삶의 만족과 더불어 전반적 웰빙을 만족시키게 된다.

그림 1-3 **상향적 전이이론**(Bottom-up Spillover Theory)

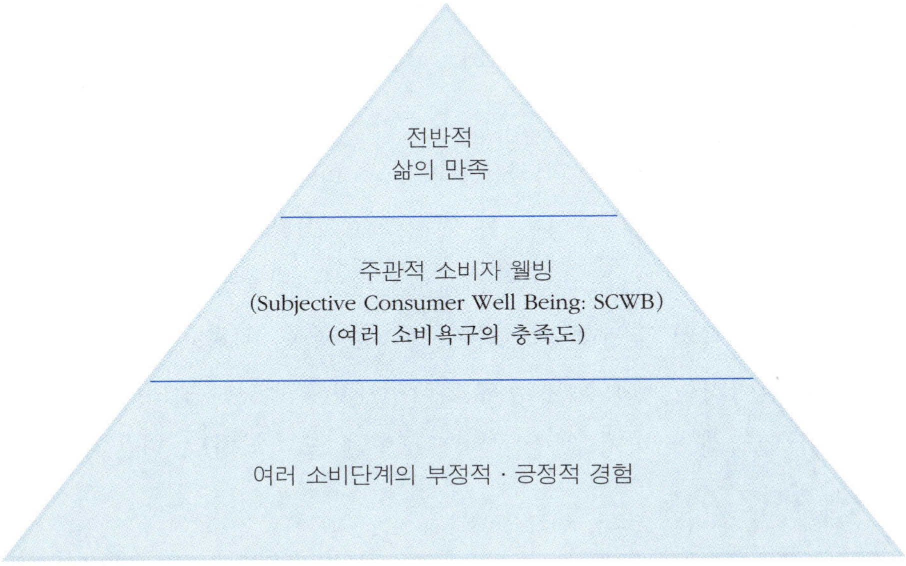

4 소비자 웰빙

4.1 주관적 소비자 웰빙

앞서 언급한 대로 전반적 웰빙은 여러 삶의 영역에 대한 웰빙에 의해 결정된다. 개인의 삶의 만족을 결정하는 요인으로는 가정생활 전반에 대한 만족감, 직장생활 전반에 대한 만족감, 육체적 · 정신적 건강에 대한 만족감, 사교적 생활에 대한 만족감, 교육에 대한 만족감, 소비생활에 대한 만족감 등 다양한 삶의 영역에 있어서의 만족감 등에 의하여 결정된다. 소비자 웰빙은 소비자가 소비생활 속에서의 여러 소비경험을 통한 여러 욕구에 대한 충족도인 인지적 CWB와 정서적 CWB로 정의된다.

그러므로 소비자 웰빙은 한 제품의 소비를 통해서 느끼는 일시적인 주관적 만족감과는 차이가 있다. 한 제품/서비스를 통하여 느끼는 소비자 만족은 일시적이고 구매단계에 국한되는 경향이 있다. 하지만 소비자 웰빙은 제품의 구매단계에서부터, 사용 · 유지 · 처분에 이르는 각 소비단계의 장기적인 여러 소비경험을 통해 느끼는 다양한 욕구충족의 총체를 의미하는 인지적 CWB와 PA(Positive Affect)-NA(Negative Affect)인 정서적 CWB의 합으로 구성된다. 인지적 CWB를 구성하는 요소를 구체적으로 살펴보면 PA는 즐거움, 자랑스러움, 만족, 행복의 감정으로 얻어지는 긍정적인 정서를 의미하며, NA는 슬픔, 외로움, 우울함 등의 감정으로 얻어지는 부정적인 정서를 의미한다.

앞서 언급한 소비자 웰빙(CWB) 모형을 도식화하면 다음의 〈그림 1-4〉와 같다.

그림 1-4 **주관적 소비자 웰빙**(SCWB)

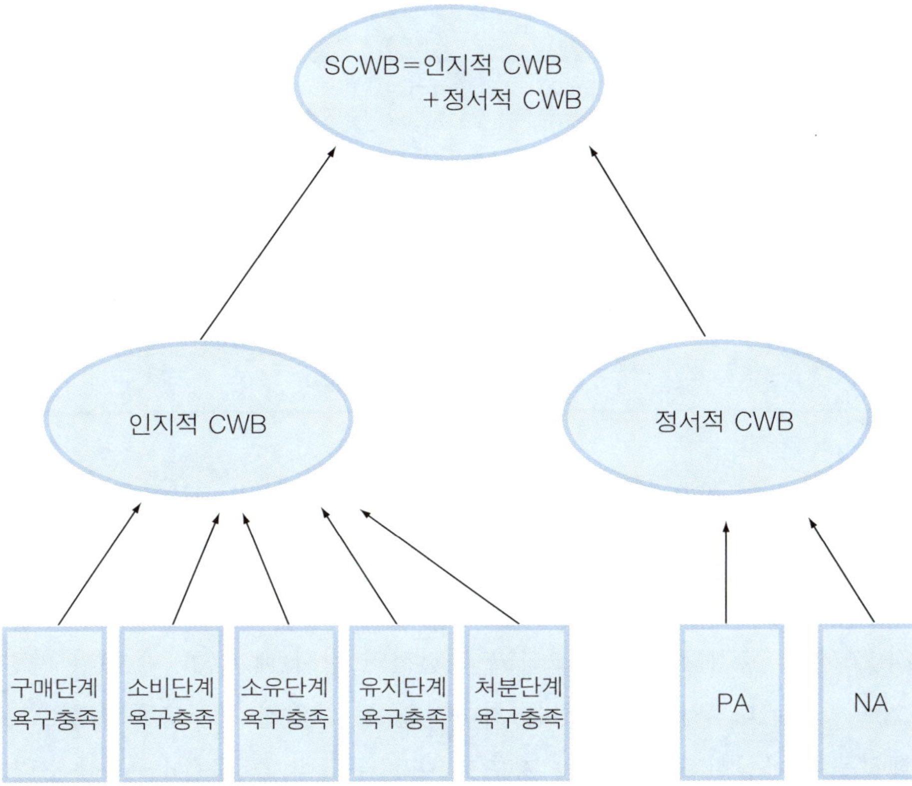

1) 소비자 웰빙의 개념 및 차원

본서에서는 소비자 웰빙을 소비자가 제품의 소비를 통하여 느끼는 소비생활 영역에서의 주관적 웰빙이라고 정의한다. 즉, 제품의 소비를 통해서 느끼는 소비생활 영역에 대한 주관적 웰빙이다. 따라서 전반적 웰빙의 관심인 전반적 삶이나 여러 삶의 영역보다는 그 중의 한 영역인 소비생활(consumer life domain)에 대해 느끼는 주관적 웰빙을 소비자 웰빙이라 칭한다.

표 1-1 소비자 웰빙을 구성하는 인지적 요소와 정서적 요소

	인지적 요소	정서적 요소
정 의	삶 전체에 대한 인지적이고 주관적인 판단	상황/사건에 대한 정서적 반응
시 간	장기적 관점	단기적 관점
영향요인	가치 및 추구목표	구체적 상황 및 분위기
하부요소	세부영역 삶의 만족	긍정적 정서/부정적 정서
측정방법	SWLS/D-T	Affect Balance(PA-NA)

소비자 웰빙은 인지적 차원과 정서적 차원으로 구분된다(〈표 1-1〉). 인지적 차원은 소비 삶에 대한 만족 또는 소비 삶 속에서의 욕구 충족도를 의미한다. 정서적 차원의 소비자 웰빙은 소비자로서의 긍정적 정서(예: 행복감, 기쁨), 그리고 부정적인 정서(예: 불만, 슬픔)의 차원으로 구성된다. 인지적 웰빙은 자아실현 등 다양한 욕구충족의 합으로 행복을 자아실현 욕구충족의 정도로 보는 유다이모니즘(Eudaimonism)적인 행복관에 기초를 두고 있다.

반면, 정서적 행복은 행복을 정서적이고 쾌락적인 정서적 경험의 합으로 보는 쾌락주의적이고 실용적인 헤도닉(hedonic)한 행복관에 근원을 두고 있다.

다음의 〈그림 1-5〉는 소비자 웰빙의 주요 개념을 보여주고 있다.

그림 1-5 주관적 웰빙의 주요 개념

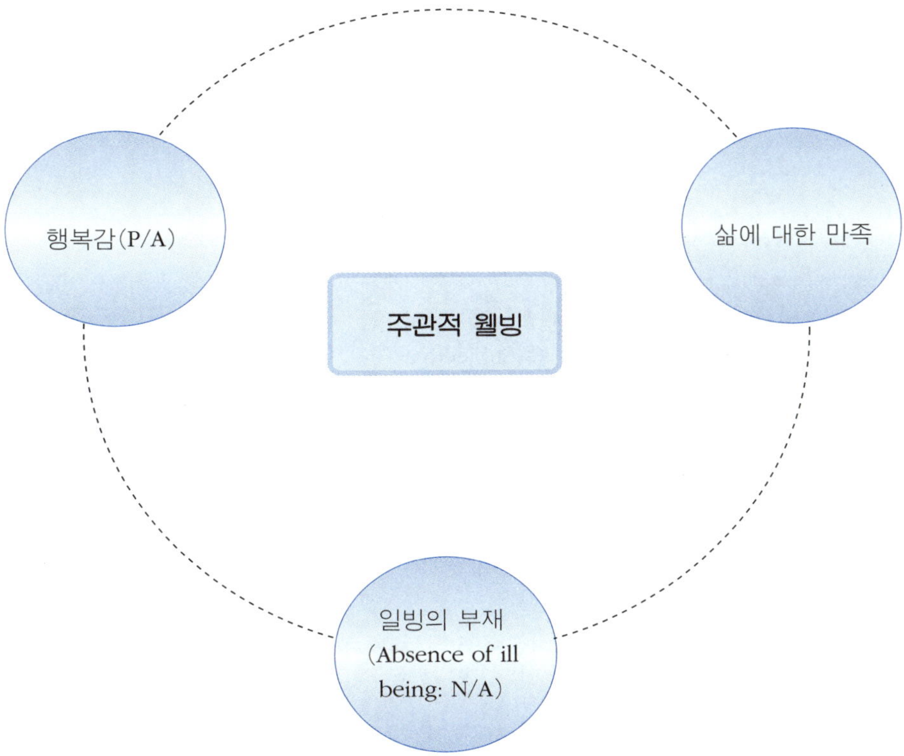

2) 마케팅과 소비자 웰빙의 관계

웰빙마케팅의 노력은 여러 소비단계에서의 소비자 욕구충족을 통해서 소비자의 인지적인 욕구충족도(소비 삶의 영역에 대한 만족)를 증진시킨다. 또한 여러 소비경험을 통해서 소비자는 여러 가지 긍정적이고 부정적인 정서경험을 하게 되는데 이들의 총합이 소비자 웰빙이다. 이와 같이 마케팅은 삶의 영역 중의 하나인 소비 삶에서의 웰빙인 소비자 웰빙의 증진을 통하여 전체 삶의 주관적 웰빙향상에 기여하게

그림 1-6 웰빙마케팅과 전체 삶의 주관적 웰빙향상

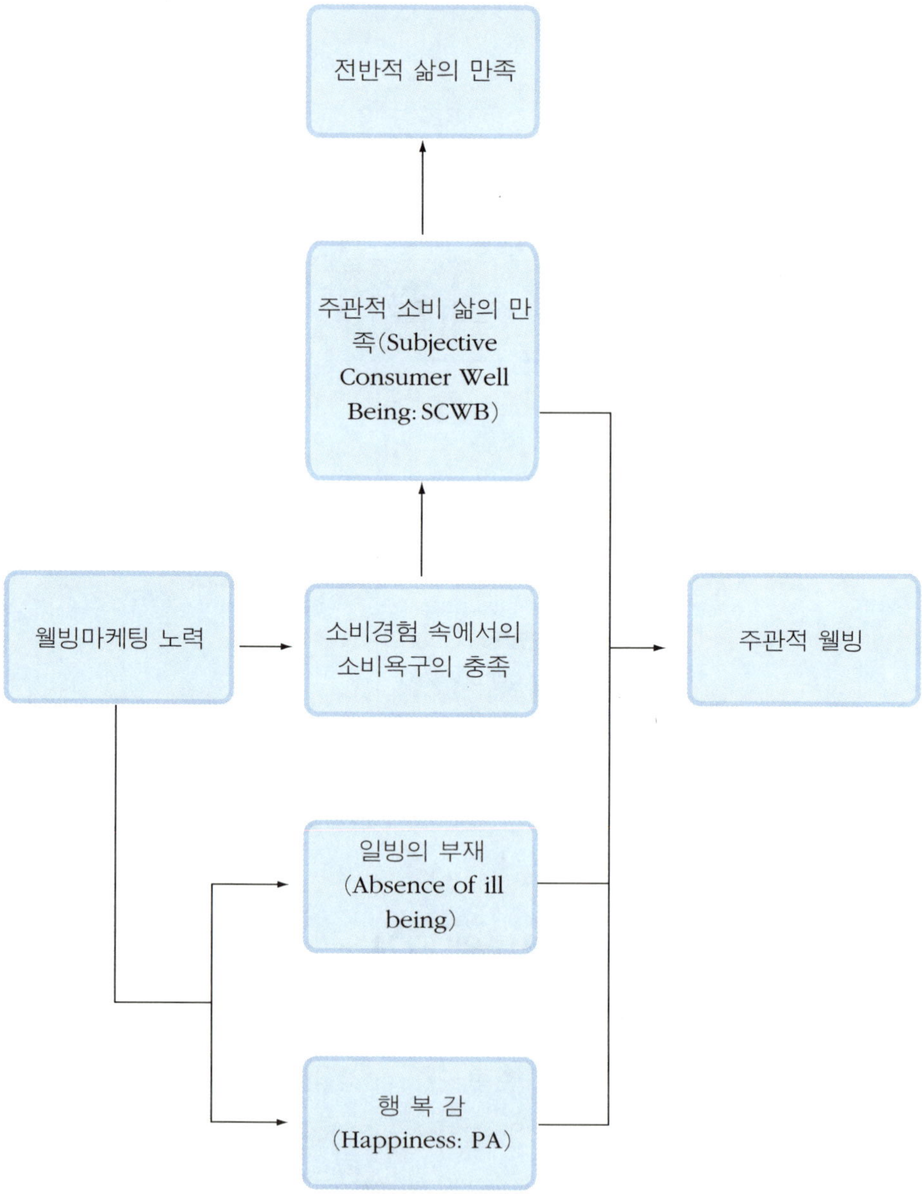

된다.

웰빙마케팅은 소비자의 웰빙을 향상시키려는 마케팅 활동의 총체이다. 전반적 웰빙은 각 소비과정에서 고객을 만족시키고, 지속적으로 행복감을 제공하고, 웰빙의 전제조건인 건강한 상태를 유지시켜 줌으로써 장기적인 삶의 만족을 제공하고자 한다. 즉, 웰빙마케팅은 소비자의 웰빙을 향상시킴으로써 소비자의 전반적인 웰빙을 향상시키고자 하는 마케팅 노력 전체를 말하는 것이다. 이를 정리하여 보면 〈그림 1-6〉과 같다.

4.2 인지적 소비자 웰빙

인지적 소비자 웰빙은 여러 소비단계별 욕구충족도의 합이다. 제품은 소비하는 동안에만 고객에게 영향을 미치는 것이 아니라, 제품의 구매, 소유, 소비, 유지 및 처분단계의 전반적인 과정에서 영향을 미친다. 이러한 각 소비단계에 걸친 다양한 소비경험이 소비욕구의 충족을 가져다 준다. 인지적 소비자 웰빙의 계산은 다음과 같은 과정을 통해 이루어진다.

첫째, 먼저 주요 소비경험의 파악에 있어서 웰빙측정 시간의 틀을 결정해야 한다. 상호작용 활동에 의해 영향받을 기간을 결정해야 하는데, 장기는 소비자가 지닌 성격이나 가치관 같은 인성에 의해 영향을 받고, 단기는 상황이나 분위기에 영향을 받기 때문에, 적절한 웰빙측정 기간을 정하는 것이 중요하다. 관련 연구에 따르면 3개월에서 6개월 이내에 발생한 사건이 웰빙에 영향(Suh et al., 1996)을 미친다고 하므로, 이를 기준으로 사용하는 것이 바람직하다고 할 수 있다.

둘째, 소비단계별 주요 소비경험을 도출해야 한다. 웰빙측정의 시간의 틀이 정해지면 각 소비단계에 있어서 긍정적이고 부정적인 경험을 가져오게 한 소비경험을 회상하게 한다. 예를 들어, 구매단계에 있어서 회사와 상호작용하면서 가졌던 세 가지 주요 긍정적이고 부정적인 경험을 말하게 하는 인터뷰 등을 통하여 주요 소비의 경험을 만들어 낸다.

셋째, 도출된 주요 소비경험에 대하여 각 개인이 받은 여러 욕구충족의 총합을 계산한다. 즉, 각 소비경험을 통하여 각 개인이 받은 안전 및 건강의 욕구, 경제적 욕구, 사회적 욕구, 자존적 욕구, 그리고 자아실현욕구의 충족분을 합산하는 것이다. 이는 각 소비단계 내에서의 주요 소비경험에 대하여 여러 욕구의 만족도와 불만족도를 계산하고, 그에 대한 총합을 특정 소비단계에서의 욕구충족도로 계산된다.

소비생활을 통해 누적된 욕구에는 매슬로우(Maslow)의 욕구단계 구분에 따른 생리적 욕구, 안전의 욕구, 사회적 욕구, 자존적 욕구, 그리고 자아실현의 욕구가 있다. 소비자 웰빙은 여러 제품에 걸쳐 누적된 장기적이고 다양한 소비경험으로부터의 욕구충족의 정도를 의미한다. 소비자 웰빙이 여러 제품의 소비 주기상의 총체적 경험을 다루는 이유는 이러한 소비경험의 축적이 소비생활 전반에 대한 개인의 욕구충족감을 형성하게 되고, 이러한 소비자 웰빙이 전반적 삶의 만족에 영향을 미치게 되기 때문이다.

넷째, 단계별 몰입도를 계산한다. 구매단계에 대한 몰입도는 쇼핑몰입도(shopping involvement), 소비단계에 대한 몰입도는 소비몰입도(consumption involvement), 소유단계의 몰입도는 물질주의(materialism), 유지단계에 대한 몰입도는 유지몰입도(care of maintenance), 그리고 처분단계에 대한 몰입도는 처분몰입도(environmental concern; care of disposition)라 한다.

다섯째, 인지적 소비자 웰빙은 각 단계별 소비자 욕구충족도의 합을 몰입도에 의해 가중평균함으로써 계산된다. 이렇게 소비욕구충족도를 구매단계별의 몰입도에 의해 가중평균하는 이유는 소비경험의 중요도가 각 소비단계별로 다르기 때문이다. 소비내구재의 경우 초기에는 가격/성능 등의 중요도가 비슷하지만, 후기로 갈수록 성능의 중요도가 커진다. 마찬가지로 자전거의 경우 초기에는 안전성의 중요도가 크지만, 소비단계가 발전함에 따라 스피드 및 성능으로 그 중요도가 변화한다. 또한 개인별로 각 단계별 중요도가 다르므로 이를 반영하여 각 개인이 소비경험 전체를 통해 느끼는 욕구충족도의 총합을 그 단계별 중요도인 몰입도에 의해 가중평균하는 것이 필요하다.

소비자 웰빙은 〈그림 1-7〉과 같이 소비 삶에 있어서의 다양한 욕구(안전욕구, 경제적 욕구, 사회적 욕구, 자존적 욕구, 자아실현욕구)충족 정도에

그림 1-7 인지적 소비자 웰빙의 개념

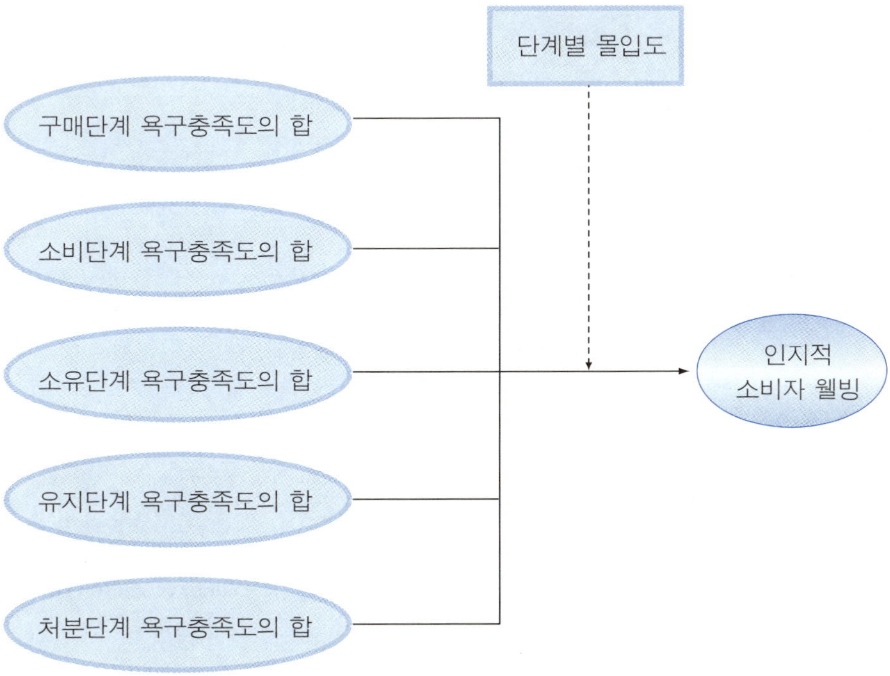

대한 총체적인 판단을 의미한다.

인지적 CWB $= \sum D_i S_i$

$D_i = \sum[P_i(E\times I) - N_i(E\times I)]$: 단계별 욕구충족도

$S_i =$ involvement in that domain: 단계별 몰입도

$P_i(E\times I)$: 각 단계에서의 긍정적 욕구충족 경험

$N_i(E\times I)$: 각 단계에서의 부정적 욕구충족 경험

앞서 언급한 내용을 정리하면 〈그림 1-8〉과 같다.

그림 1-8 인지적 소비자 웰빙의 도출

구매단계별 소비상황(i)의 파악

↓

구매단계별 소비상황에서의 욕구만족도(P_i) 및 욕구불만족도(N_i) 파악

↓

구매단계별 욕구충족도의 파악: $D_i = \sum(P_i - N_i)$

↓

욕구충족도의 종합 SCWB $= D_i \times S_i$
(단계별 욕구충족도×단계별 몰입도)

1) $P_i = (E\times I)[E=$만족도$(0, 10)$, $I=$중요도$(1-10)]$
2) $N_i = (E\times I)[E=$만족도$(1-10)$, $I=$중요도$(1-10)]$
3) $[P_i(E\times I) - N_i(E\times I)]$와 $[P_i(I)-N_i(I)]$는 정적상관(0.95): Diener et al.(1991).

인지적 소비자 웰빙의 도출을 위한 구체적인 내용을 살펴보면 〈표 1-2〉와 같다.

표 1-2 인지적 소비자 웰빙의 도출

소비욕구 / 구매단계	몰입도(S_i)	건강 욕구	경제적 욕구	사회적 욕구	자존 욕구	자아실현 욕구	합 계
구입단계	쇼핑몰입도 (S_1)						구매단계 욕구 충족도(D_1)
소비단계	소비몰입도 (S_2)						소비단계 욕구 충족도(D_2)
소유단계	물질주의 (S_3)						소유단계 욕구 충족도(D_3)
유지단계	유지몰입도 (S_4)						유지단계 욕구 충족도(D_4)
처분단계	처분몰입도 (S_5)						처분단계 욕구충족도(D_5)
합 계							인지적 CWB $=\Sigma D_i S_i$

4.3 정서적 소비자 웰빙

1) 정서적 웰빙의 차원

앞에서 소비자 웰빙을 구성하는 두 가지 요소 중 인지적 소비자 웰빙에 대해서 알아보았다. 그렇다면 이제 남은 한 가지 요소인 정서적 소비자 웰빙을 살펴보도록 하자. 정서적 소비자 웰빙은 긍정적 감정과 부정적 감정의 차이로 정의된다. 정서적 소비자 웰빙 모형을 살펴보면 〈그림 1-9〉와 같다.

2) 정서적 경험의 측정

정서적 소비자 웰빙을 측정하기 위해서는 주요 소비경험에 대한 감정의 빈도를 측정한다(Diener, Fujita, and Smith, 1995). 이때 측정되는 긍정적 감정과 부정적 감정은 각각 독립적으로 영향을 미치기 때문에, 정서적 소비자 웰빙은 긍정적 정서와 부정적 정서의 차이로 정의된다. PA(positive affect)는 회사의 제품과 상호작용하는 동안에 개인이 겪는 긍정적 정서의 빈도(1=전혀 없음, 10=항상 겪음)를 말하며, NA(negative affect)는 회사의 제품과 상호작용하면서 겪는 부정적 정서의 빈도(1=전혀 없음, 10=항상 겪음)를 의미한다(Diener, 1994).

정서적 경험을 하는 빈도에 의하여 긍정적 혹은 부정적 정서를 측정하는 것은 비율척도(ratio scale)의 특징을 가진다(Diener et al., 1991). 다시 말해서, 정서적 CWB는 정서경험의 강도보다는 정서경험의 빈도에 의해 영향을 받는데, 이는 빈도가 기억하기에 용이하기 때문이다. 또한, 강도는 좀더 주관적이므로 개인간 비교가 어려운 경향이 있다. 마지막으로, 6개월이 넘으면 경험이 미치는 효과가 감소하는 경향이 있으므로 최근 경험에 더 큰 가중치를 둔다.

3) 통제변수

감정들을 측정에 있어 성격(예: 외향성), 인구통계적 변수, 문화적

그림 1-9 정서적 소비자 웰빙

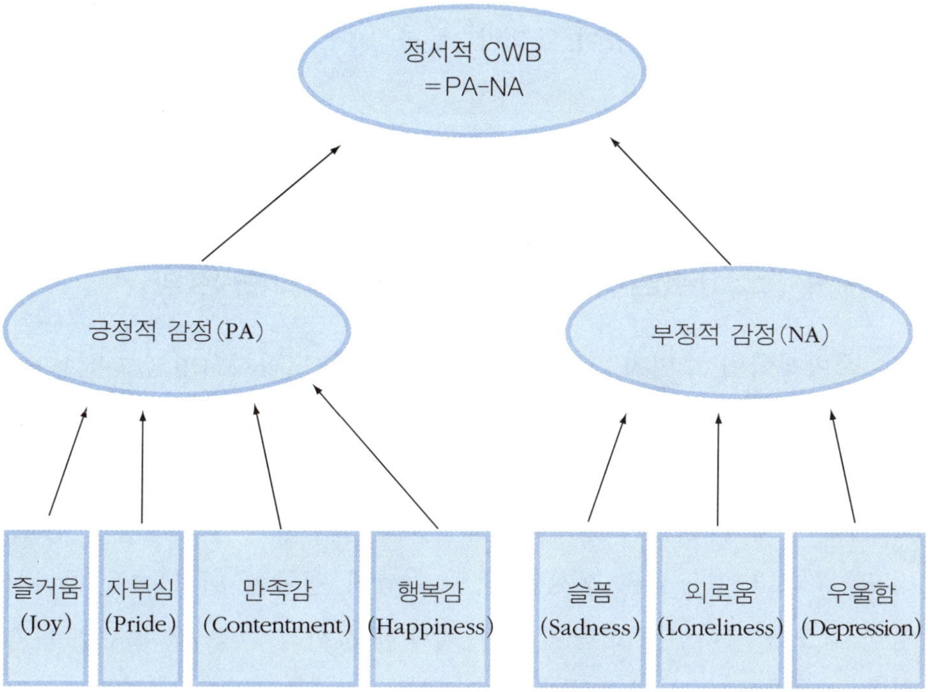

1) 긍정적 감정(PA)
   회사의 제품과 상호작용하는 동안에 개인이 겪는 긍정적 정서의 빈도(1=전혀 없음, 10=항상 겪음)
2) 부정적 감정(NA)
   회사의 제품과 상호작용하면서 겪는 부정적 정서의 빈도(1=전혀 없음, 10=항상 겪음)
3) PA, NA의 독립적 영향(PA−NA)
4) 주요 소비경험 상황(context)을 제시하여 상황적, 회상에 의한 왜곡(mood/recall bias) 줄임, 개인특성 통제

가치(예: 집단주의) 등이 미치는 영향력이 커질 수 있으므로 이들을 통제요인으로 설정한다. 일반적으로 성격에는 외향성, 정서적 안정성, 성실성, 창의성, 유순성 등이 있으며, 문화적 가치에는 개인주의, 집단주의적 가치 등이 있다.

4.4 소비경험이 소비자 웰빙에 미치는 영향

소비경험이 소비자 웰빙에 미치는 영향을 도식화하면 〈그림 1-10〉과 같다. 여러 소비단계에서의 주요 소비경험들은 소비자들로 하여금 그 경험을 인지하고, 해석하며 평가하게 하는데 이는 소비자들로 하여금 여러 정서적 반응을 일어나도록 한다. 이러한 정서적 반응의 빈도, 강도, 그리고 최근성은 정서에 대한 기억에 영향을 미치는데, 따라서 강한 강도를 지니면서 최근에 자주 발생한 정서적 반응 및 욕구충족 경험을 소비자들은 잘 기억하게 된다.

이러한 소비자들의 정서적 경험 혹은 욕구충족의 경험의 총합은 그 단계별 몰입도에 따라 가중평균하여 소비자 웰빙을 산출한다. 즉, 소비단계별 욕구충족의 총합이 인지적 측면의 소비자 웰빙이며, 여러 소비경험을 통한 여러 긍정적 정서 및 부정적 정서의 차이가 정서적 측면의 소비자 웰빙이다. 이러한 인지적이고 정서적인 소비자 웰빙은 전반적 웰빙에 영향을 미친다.

그림 1-10 **소비경험이 소비자 웰빙에 미치는 영향**

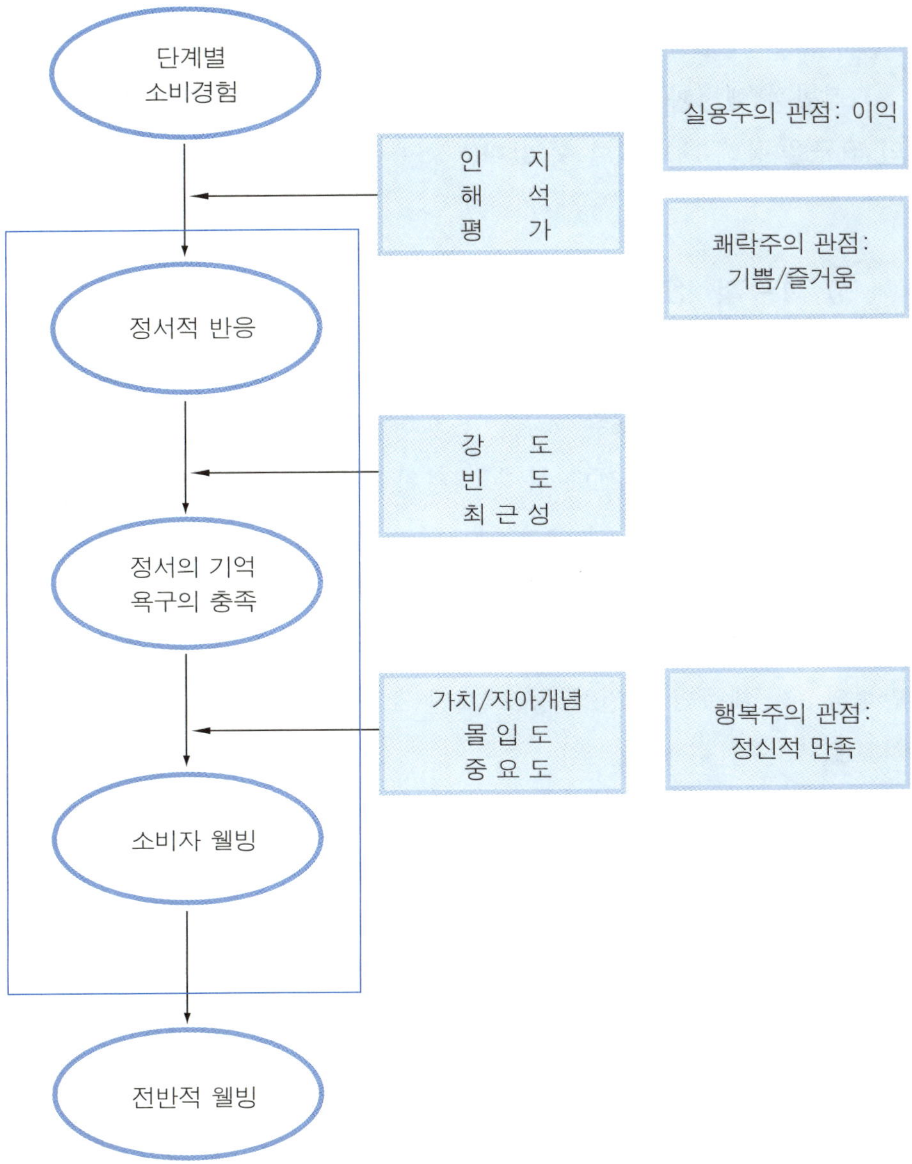

5 소비자 웰빙에 대한 주관적 지수 및 객관적 지수

전반적 웰빙과 마찬가지로 소비자 웰빙도 주관적인 접근과 객관적인 접근을 통해 개념화할 수 있다.

1) 객관적 소비자 웰빙지수

객관적 의미의 소비자 웰빙은 객관적 소비 여건, 즉 소비자의 소득, 구매력, 물질의 소유 정도, 소비자 만족지수, 소비자 불만사항의 접수 정도, 품질수준 정도 등의 객관적 지수에 의해 측정될 수 있다. 즉, 소비자의 소득이 높을수록 구매력이 높아지고 소비를 통한 소비자 웰빙의 향상이 가능해진다. 물질의 소유 정도 또한 소비자 웰빙의 주요 지표이다. 더불어 소비자 만족지표, 고객불만 접수 정도, 고객불만율, 반품의 수, 제품의 안전성 등도 개인 소비자 웰빙을 나타내는 객관적 지표로 사용될 수 있다.

2) 주관적 소비자 웰빙지수

주관적 소비지표는 소비자들이 구매과정에서 느끼는 여러 욕구의 충족도, 주요 소비 이벤트에 대한 만족도, 소비를 통한 자아실현감 등의 다양한 방법에 의해 측정될 수 있다. 즉, 소비자가 소비의 각 단계에서 제품의 소비를 통해 많은 만족감과 욕구의 충족을 느낄 때, 소비자의 웰빙은 높다고 할 수 있다. 더불어 제품이 소비자의 라이프 스타일을 강화하거나, 소비자의 자아 이미지를 강화시킬 때 소비자 웰빙은 높아지게 된다.

그림 1-11 **소비자 웰빙 모델**

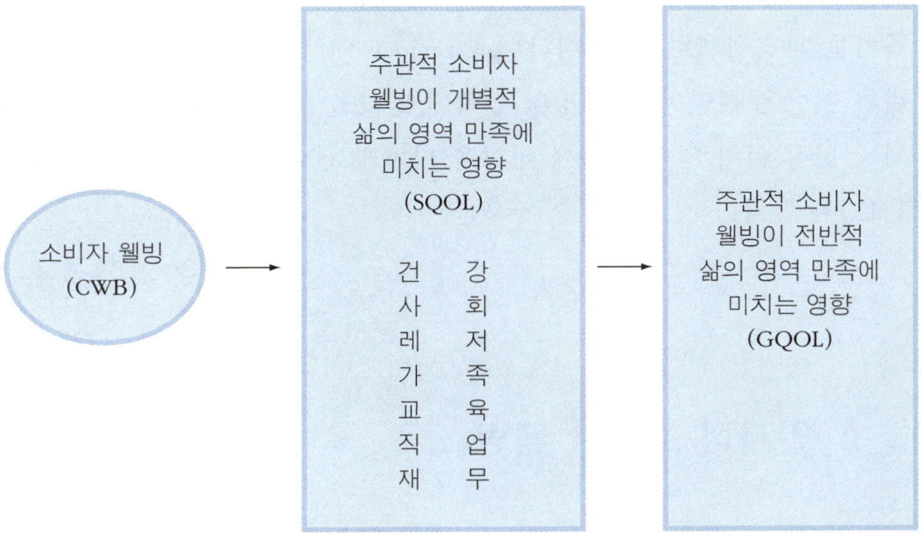

일반적으로 객관적 소비자 웰빙은 주관적 웰빙에 영향을 미친다. 객관적 소비자 웰빙이 높은 경우, 이는 소비자의 다양한 욕구충족(예: 여가 및 문화생활)에 많은 가능성과 기회를 제공하기 때문에 소비자의 웰빙이 향상될 수 있다. 그러나 아무리 객관적 소비지표가 높다 하더라도 소비자들이 주관적으로 느끼는 소비자 웰빙지수는 높지 않을 수 있다. 즉, 소득이 높다 하더라도 풍족한 소비상황에 금방 익숙해져서 그 혜택을 더 이상 느끼지 못한다는 적응이론 및 한계효용체감의 법칙을 통해 설명될 수 있다.

이처럼 객관적 소비자 웰빙이 항상 주관적 웰빙에 비례하지는 않는다. 또 소득이 주관적 웰빙에 미치는 영향은 한계효용체감의 법칙처럼 기본욕구의 충족에는 많은 도움을 주지만 시간이 지나면서 상위욕구의 충족에는 큰 도움이 되지 않는다. 따라서 본서에서는 소비를 통한 각 구매단계에서의 욕구충족 정도로 소비자의 웰빙을 평가하고자 한다. 소비자의 웰빙을 소비단계별로 분석해야 하는 이유 중의 하나는 소비자의 웰빙이 단순한 소비욕구충족에 있는 것이 아니라 그 욕구를 충족하는 과정에 있기 때문이다(Csikszentmihalyi, 1991). 이러한 주관적 소비자 웰빙은 개별적 삶의 영역 만족에 영향을 미치고 이는 결국 소비자의 전반적 삶의 영역 만족에 영향을 미치게 된다. 이를 정리하면 〈그림 1-11〉과 같다.

6 인지적 소비자 웰빙

인지적 측면의 소비자 웰빙은 개별적인 소비에 대한 만족감이 아니라, 소비 삶에 있어서의 다양한 욕구(안전욕구, 경제적 욕구, 사회적 욕구, 자존적 욕구, 자아실현욕구)충족 정도에 대한 총체적인 판단을 의미한다. 즉, 소비경험을 통하여 느껴지는 다양한 욕구충족의 총합이다.

매슬로우의 욕구단계이론에 따르면 인간의 욕구는 생리적 욕구(배고픔, 갈증, 수면 등 기본 생리적 욕구), 안전의 욕구(신체적 · 정신적 위험으로부터 보호받으려는 욕구), 소속감의 욕구(우호적인 관계를 맺고 안락감과 유대감을 지니려는 욕구), 자존의 욕구(인격체로서 존경받고 싶은 욕구), 그리고 자아실현욕구(의미 있는 일을 해 보려는 욕구, 자신의 이상과 꿈을 실현하고자 하는 욕구)로 구성되어 있다. 이 이론에 따르면 인간의 욕구는 계층적으로 형성되어 있고 가장 기본적인 욕구, 즉 하층의 욕구가 충족될 때 인간은 상층욕구를 실현하고자 한다.

1) 생리적 · 경제적 욕구의 충족

소비자는 제품의 소비를 통하여 기본적인 욕구를 충족시킨다. 이를 위해 제품을 필요로 하는 소비자들에게 적시, 적량의 제품이 공급되도록 해야 한다. 소비자가 원하는 제품을 싼 가격에 공급하여 소비자의 경제적 욕구를 충족시키고, 또한 소비자 웰빙을 향상시킬 수 있다.

2) 안전의 욕구

정신적 · 신체적 안전욕구의 충족을 말하며, 유기농 등 신체의 건강에 도움을 주는 제품, 건강하고 안전한 제품, 정신적 건강에 도움을 주는 제품 등의 소비를 통하여 소비자의 안전욕구 충족도가 높아지고 소비자 웰빙이 향상된다. 안정된 소득(예: 취업) 또한 소비자 웰빙을 높이게 된다. 반면 유해제품, 덜 안전한 식품 및 의약품 등 소비자의 안전에 위협이 되는 제품 등은 소비자 웰빙을 저해하는 요소들이 된다.

3) 사회적 욕구

친구와의 관계, 사랑받는 느낌 등을 통하여 소비자들은 행복함을 느낀다. 때문에 단순히 기능성을 넘어서서 자아를 표현할 수 있는 제품을 제공하는 것이 중요하며, 이를 위해 제품과 소비자의 정서적인 애착관계를 고려한 제품의 개발이 필요하다. 예를 들어, 브랜드-소비자 관계는 소비자의 브랜드에 대한 애착, 사랑과 정열, 친밀감 등을 그 차원으로 하고 있다. 따라서 브랜드의 정서적 가치를 함양하고 소비자들간의 관계를 긴밀하게 해 주도록 하는 것이 필요하다. 앞서 언급한 것처럼 고객간의 정서적 유착이 소비자와 브랜드의 애착으로 이어지기도

하므로 친밀감을 유발하는 제품을 공급해야 할 것이다.

4) 자존적 욕구

소비자는 제품을 기능적으로만 사용하는 것이 아니라 자아를 표출하는 수단으로 사용한다. 따라서 가격이나 품질에 대한 욕구충족을 넘어서서, 스스로 소비자로서의 높은 사회의식을 지니도록 해야 할 것이다. 예를 들어, 친환경적인 라이프 스타일이나 소비의식은 이러한 자존적 소비자의식을 표출한 것이 되므로 소비자로서의 자긍심이 표현되는 제품의 개발과 마케팅이 필요하다.

5) 자아실현의 욕구

소비자의 보다 높은 목표의 달성, 개인이 추구하는 소비가치의 구현 등이 자아실현욕구에 해당된다. 즉, 웰빙 소비자로서의 소비가치의 예로는 여유로움, 친환경성, 그리고 건강한 삶에 대한 추구 등이 있다. 소비자가 소비를 통하여 이러한 상위가치를 구현할 수 있도록 제품을 개발하고 소비자들이 이러한 가치에 도달하는 데 도움이 될 수 있는 방향으로 제품을 마케팅하려는 노력이 필요하다. 단순히 기능적 가치나 저렴한 가격 등은 웰빙 소비자가 궁극적으로 도달하려는 이상적 자아 이미지에는 영향을 미치지 못할 것이다.

7 웰빙마케팅 노력

웰빙마케팅이란 개인의 삶의 영역 중 소비자로서의 삶의 영역에 대한 다양한 욕구의 충족을 제공하는 마케팅 제반 활동을 의미한다. 웰빙마케팅은 웰빙 소비자의 소비가치를 충족시키거나, 자아 이미지 및 웰빙 라이프 스타일에 부합되는 제품/서비스를 제공하고 고객의 신뢰를 얻기 위한 마케팅 노력을 통해 가능하다. 웰빙마케팅 노력에는 다음과 같은 것이 있다.

1) 자아 이미지 일치도

소비자가 제품소비를 통해서 자아의 이미지를 구현하고 실현할 때, 자아 항상성 욕구의 충족 및 자아 이미지의 향상효과를 볼 수 있다. 이러한 자아 이미지의 일치를 통해서 소비자 웰빙은 향상된다. 로하스(LOHAS: Life styles Of Health And Sustainability)는 건강과 지속적인 성장을 추구하는 생활방식이나 이를 실천하려는 사람을 말한다. 웰빙 라이프 스타일은 친환경적이고, 선택적 소비를 추구한다. 소비자들이 이러한 환경친화적인 소비 라이프 스타일을 가질 때 소비자 웰빙이 향상된다고 볼 수 있다.

2) 기능적 일치도

웰빙 소비자는 제품의 소비를 통해서 다양한 욕구를 충족시킨다. 제품이 소비자의 기능적 기대를 충족시키지 못한 경우, 소비자의 기본적인 욕구충족이 어렵게 된다. 제품이 소비자의 품질 및 기능에 대한 욕구를 충족시킬 경우에 만족을 하게 되고, 그 제품의 소비를 통해서 웰빙의 향상을 기대할 수 있게 된다.

3) 윤리 마케팅

소비자의 브랜드에 대한 신뢰를 얻기 위한 마케팅 노력들은 소비자의 웰빙에 긍정적인 영향을 미친다. 브랜드 신뢰는 브랜드 성능에 대한 만족의 제공(competency), 사회적 · 윤리적 기대가치의 충족(integrity), 그리고 고객에 대한 배려(benevolence)로 나뉘어진다. 소비자들의 신뢰를 얻게 하는 기업 사회적 책임 마케팅은 소비자 웰빙을 위한 윤리적 접근을 가능하게 한다. 사회적 책임 마케팅은 윤리 마케팅을 실행하고 기업의 사회적 책임을 다하여 고객의 신뢰를 확보하는 마케팅 노력 제반을 의미한다.

8 관계마케팅과 웰빙마케팅의 차이점

웰빙마케팅이 소비 전 단계에 걸친 고객의 욕구충족도인 소비자 웰빙을 증진시키기 위한 마케팅 노력이라면, 웰빙마케팅은 관계마케팅과는 어떻게 다른가? 관계마케팅은 고객의 만족을 통하여 재구매를 유도하는 데 그 궁극적인 목적이 있다. 그러므로 많은 경우 고객만족은 기업의 수익성 창출을 위한 수단적 개념으로 이해되곤 한다. 즉, 관계마케팅의 가장 큰 초점이 구매단계의 소비자 만족에 있는 것이다.

반면에 웰빙마케팅은 소비자의 웰빙향상을 그 궁극적인 가치로 두고 있다. 소비자의 웰빙향상을 통하여 고객에게 소비자로서의 행복감을 제공하고, 그들의 삶의 질 향상에 도움을 줌으로써, 기업과 고객은 자연스럽게 장기적인 관계를 유지하게 된다. 그러므로 마케팅의 노력도 구매시점에 초점을 두기보다는 구매에서 처분에 이르는 소비 전 단계에서의 경험과 그 경험들 속에서 구체적인 소비욕구의 파악과 그 욕

그림 1-12 **관계마케팅 vs. 웰빙마케팅**

	관계마케팅	웰빙마케팅
고객에 대한 인식	• 고객생애가치 • 장기적 수익의 원천 • 합리적 소비자 • 효율적 관리의 대상	• 능동적 소비주체 • 소비자 웰빙향상이 궁극적 가치 • 일방적 제공보다 상호 교감
마케팅 목표	• 만족을 통한 재구매 • 고객당 수익향상	• 니즈 충족에 따른 소비자 웰빙 향상 • 고객의 감동 및 행복
분석의 초점	• 구매 시점 및 재구매 시점 • 만족/충성도	• 소비 전 과정 (구매-보유-소비-유지-처분) • 소비자 웰빙 (단계별 소비욕구충족도의 합)
마케팅 의사결정 기준	• 구매와 재구매 중심 • 수익성, 성과향상	• 전 소비과정에서의 고객의 니즈 충족 • 소비자 웰빙에 대한 영향

구충족에 초점을 맞추고 있다. 즉, 기업에서 일어나는 모든 마케팅 의사결정의 기준은 소비자의 웰빙이 된다. 따라서 웰빙마케팅에서는 비록 수익성에 도움이 되지 않더라도 소비자 웰빙에 도움이 되는 마케팅 노력을 적극 추진하게 된다. 웰빙마케팅에서의 수익성은 수단적 가치로서, 마케팅의 목적이라기보다는 소비자 웰빙의 구현을 통해 자연스럽게 따라오는 결과로 간주된다. 관계마케팅과 웰빙마케팅의 차이를 요약하면 〈그림 1-12〉와 같다.

고객중심적이고 장기적 관점에서 소비욕구충족을 위해 노력한다는 점은 유사하지만, 관계마케팅이 제품/서비스를 통해 고객만족을 추구하려 했다면 웰빙마케팅은 토탈 솔루션을 제공함으로써 고객만족을 추구한다는 점에서 차이가 있다. 즉, 웰빙마케팅은 소비의 전 과정에 대하여 다양한 소비경험을 통한 포괄적인 소비욕구의 충족을 추구한다는 점에서 구매단계에 초점을 맞춘 관계마케팅과 차이가 있다. 즉, 관계마케팅은 특정 제품의 소비를 위한 활동뿐 아니라 전 소비과정에 걸친 모든 활동을 촉진시키는 마케팅 활동을 말한다. 이를 위해서 고객의 욕구를 만족시키기 위한 제품뿐 아니라 제반 관련 서비스를 문제에 대한 해결책(solution)으로 제공하는 토탈 웰니스 서비스(Total wellness service)를 제공하는데, 〈그림 1-13〉에 이러한 관계가 잘 나타나 있다. 이러한 확장된 서비스 개념의 예로는 대형유통업체의 은행/신용카드 업무기능을 통한 편리성 증대노력이 있다. 더불어 자동차 구매 관련 서비스뿐 아니라 최고의 조건검색, 대출 및 보험가입 서비스, 보증 서비스 등 관련 서비스를 통합적으로 제공하는 서비스도 이러한 토탈 솔루션을 제공하는 기업의 예라고 하겠다.

즉, 웰빙마케팅은 웰빙 소비가치를 제공함으로써 소비자 웰빙을 증진시키고 이는 전반적인 삶의 질에 대한 만족과 기업에 대한 신뢰에 영향을 준다. 웰빙마케팅을 통해 기업이 신뢰를 얻게 되면 명성과 함께

그림 1-13 **웰빙마케팅의 목표**

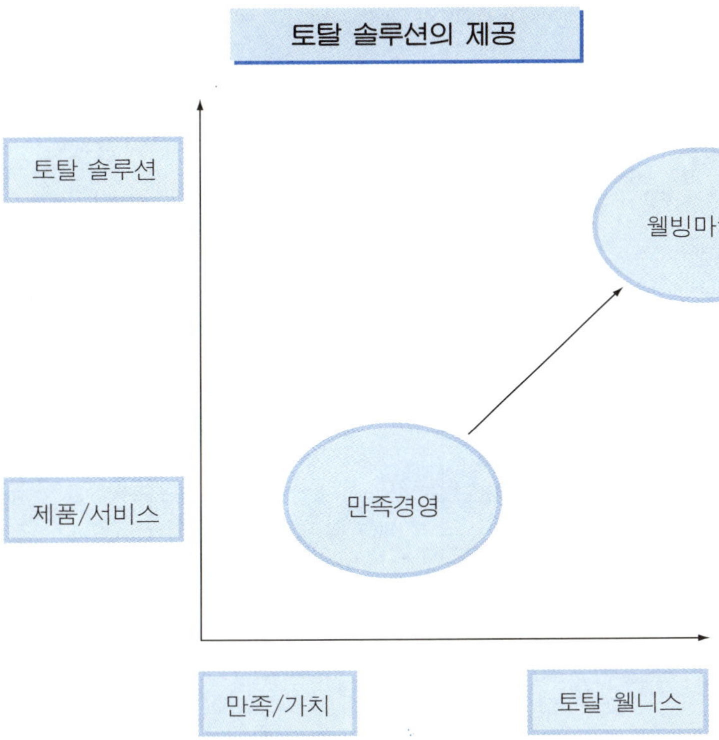

소비자들이 그 기업에 대해 우호적인 애착을 갖고 구전활동을 하는 등의 이득을 보게 된다. 결국 소비자 웰빙을 향상시키려는 웰빙마케팅은 고객과의 장기적인 관계를 가능하게 하고 긍정적인 성과를 가져오게 된다.

이러한 웰빙마케팅의 효과를 도식화하면 〈그림 1-14〉와 같다.

그림 1-14 웰빙마케팅의 효과

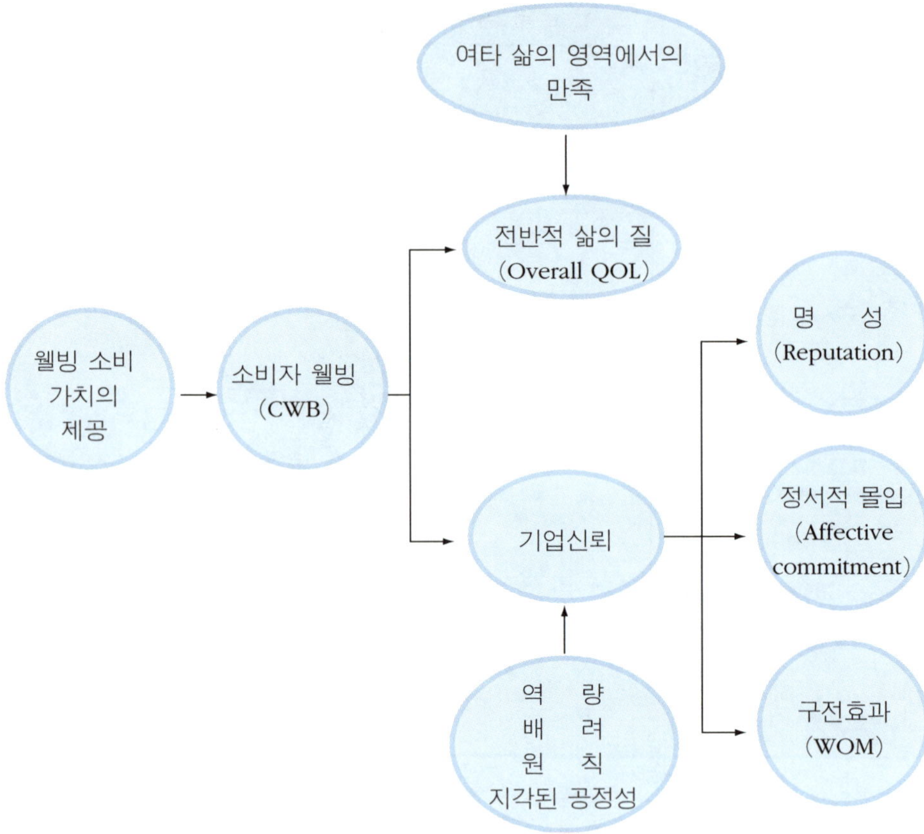

제 2 장

웰빙 트렌드와 웰빙 소비자의 소비가치

1 웰빙 트렌드

1.1 웰빙 트렌드

1) 웰빙 트렌드의 확산

몇 년 전부터 우리나라에 불기 시작한 웰빙 트렌드는 여전히 확산 일로에 있으며, 전 세계적으로도 웰빙 트렌드는 확산추세이다. 예를 들어, 미국의 웰빙시장의 규모는 현재 3,000억 달러 규모지만, 2010년에는 1조 달러에 육박할 것으로 전망되고 있다. 또한 미국 전체 소비자의 30%가 건강과 친환경을 중시하는 로하스(LOHAS) 소비자로 구분되고 있다. 일본의 경우, 웰빙시장은 기능성 식품을 중심으로 급성장하고 있다. 한국에서의 웰빙 트렌드는 다양한 소비계층 및 산업분야로 급속히 퍼지고 있다. 특정 계층을 위한 소비패턴에서 전 소비자 계층으로, 그리고 기능성 제품에서 벗어나 모든 제품으로 그 추세가 확산되고 있다.

이러한 웰빙 트렌드의 확산이 일시적 현상인가 혹은 소비가치의 지속적 변화인가에 대해 많은 의견들이 있다. 저자의 웰빙 관련 조사에 의하면 웰빙족과 가장 관련 있는 것으로 생각되는 단어는 운동(14%), 여유와 자연스러움(14%), 유기농 식품(12%), 자기만족(10%), 정신적 가치(7%)의 순으로 나타났다. 또한 많은 소비자들이 웰빙을 사치나 명품 선호와는 다른 소비가치의 변화로서 인식하면서도, 현재의 웰빙은 지나치게 상업적으로 이용되고 있다고 느끼는 것으로 나타났다. 따라서 웰빙 트렌드는 일시적 유행이라기보다는 소비가치의 변화와 라이프스타일의 변화를 수반하는 장기적이고 광범위한 현상으로 이해해야 할 것이다.

2) 웰빙 트렌드의 빠른 변화

웰빙제품 트렌드의 급속한 변화는 웰빙 소비자들의 유목민적 성향을 반영한다. 소비의 유목민적 현상은 나를 표현하고자 하는 자아표현적 소비성향과 맥을 같이한다. 즉, 나만의 이미지를 표출할 수 있는 제품을 선호하고, 비슷한 제품의 선호를 통해 배타적인 소속감을 지향하지만 너무 많은 대중이 소유한 제품에 대해서는 곧 열정이 식어버리는 소비패턴을 보인다. 그러므로 기업들은 제품개발의 사이클을 단축시키고, 빠른 제품 변화를 추구하는 것이 필요하다. 예를 들어, 패션에서의 패스트패션(Fast fashion) 트렌드는 디자인의 급속한 변화, 혁신적인 제품 리뉴얼, 제품수명주기가 갈수록 더욱 짧아지고 있는 현상을 말한다. 이는 소비자들의 민감한 유목민적 성향을 반영하고 있다.

웰빙 트렌드는 패스트푸드에 대한 소비자의 인식과 소비패턴을 변화시키고 있다. 맥도날드의 경우, 건강하고 신선한 음식을 강조하는 웰빙 열풍으로 국내 매장수는 2005년 350개에서 300여 개 점포로 줄었고, 매출은 2003년 15% 감소, 2004년에는 8% 감소를 보였다. 즉, 패스트푸드에 대한 인식이 나빠지면서 매출이 급감했다. 이러한 변화에 맞서 맥도날드는 매장을 먼저 변화시켰다. 즉, 빨리 먹는 패스트푸드가 아니라 슬로우푸드로서의 웰빙문화를 매장에 도입하였다. 장시간 쉴 수 있는 푹신한 의자 등 인테리어를 고급화하고, 공기청정 시설을 설치하였으며, 소파, 테이블 등을 리모델링하고 메뉴를 고급화·다양화하였다. 고급 원두커피를 공급하고 다양한 주스 및 젤리 제품을 공급한 이후, 맥도날드 리모델링 매장의 매출은 10% 이상 증가하였다.

1.2 웰빙산업의 확대

웰빙산업에는 어떤 산업이 포함되는가? 웰빙산업은 크게 세 가지 차원으로 나누어 볼 수 있다.

첫째는, 건강을 유지하는 차원으로 기능성 건강식품 및 유기농 식품, 피트니스 등의 운동 관련 산업 등이 여기에 포함된다.

둘째는, 유지된 건강으로 적극적인 여가를 즐기는 차원이다. 여기에는 스포츠, 엔터테인먼트, 여행 등의 레저산업이 포함된다.

셋째는, 나와 가족의 건강을 넘어서 친환경적인 요소를 강조하는 것으로 친환경 관련 제품 및 서비스 등이 여기에 속한다.

웰빙에 대한 수요는 기능성 제품(자연식품, 유기농, 영양보조제, 다이어트 관련 제품)에서, 건강산업(피트니스, 요가, 대체의학 및 자연요법)으로, 또한 여행/레저 및 친환경산업으로까지 그 범위가 확산되고 있다. 유럽/미국의 웰빙은 사회적 웰빙을 강조하면서 요가/유기농/건강식품이 주로 강조되고 있지만 한국은 기능성 식품 위주에서 전 품목으로 확산되고 있다.

1) 식음료 시장

한국의 웰빙 식음료 산업을 살펴보면, 연 3조 4천억원에 이르는 음료시장 중에서 기능성 음료는 총 1조 4천억원에 이르고 있으며, 이러한 기능성 음료는 매년 10% 이상의 성장을 보이고 있다. 이러한 기능성 음료는 미용 음료(예: 콜라겐, 팻다운), 비타민 음료(비타 500), 숙취해소 음료(예: 컨디션), 그리고 이색 재료 음료(석류, 마늘, 식초음료)로 구분된다.

2) 외식 · 레저 시장

한국의 외식 · 레저산업의 발전속도도 빠르다. 예를 들어, 급성장하고 있는 패밀리 레스토랑의 경우 2006년 4월을 기준으로 아웃백의 매장수는 79개, 빕스는 54개, TGIF 54개, 베니건스 28개, 시즐러 7개이며, 특히 샐러드바를 강조하는 빕스의 경우에는 70%의 성장률과 1,300억원의 매출실적을 올리고 있다. 그 이유는 건강식에 대한 선호, 전체 고객의 80%나 되는 주부 및 여성고객에 대한 효과적인 타깃팅, 수도권 및 외곽 상권의 공략이 주효했기 때문인 것으로 보인다.

커피시장을 보면 스타벅스가 160개 매장에 910억원, 할리스(Hollys)가 70개 매장에 215억원, 커피빈이 60개 매장에 380억원의 매출을 올리고 있다. 할리스(Hollys)는 웰빙 트렌드를 반영하여, 커피의 신선도를 위하여 산지 직송의 1개월 이내 볶은 원두만을 사용하고 있다.

3) 친환경 시장

친환경 제품은 연 40% 이상의 빠른 성장을 기록하고 있다. 이러한 친환경적 제품에 대한 선호는 특히 2000년 이후 황사, 조류독감, 광우병 등 환경재해에 대한 염려, 건강에 대한 관심의 고조, 그리고 친환경적인 라이프 스타일에 대한 가치의 변화를 통하여 급속도로 높아져 가고 있다. 그 예로, 유기농 제품의 수요는 20% 이상 증가하고 있으며, 공기청정기 판매는 최근 몇 년간 10배 이상 증가하였음을 볼 수 있다.

1.3 웰빙 소비자

웰빙 소비자들은 몸과 마음의 건강을 추구하는 소비가치 및 친환경적이고 건강한 라이프 스타일을 소유한 소비자들을 의미한다. 소비패턴에 따른 웰빙 소비자에 대한 또 다른 정의로 Natural Marketing Institute(NMI)의 정의를 볼 수 있다. 이에 따르면 웰빙 소비자들은 건강제품, 기능성 제품에 대한 소비를 많이 하며, 보수적인 수용자들인 동시에 보통 이상의 소득을 지닌 균형감 있는 라이프 스타일을 지향하는 소비자로 정의된다.

2 소비가치의 변화

2.1 소비욕구의 변화

웰빙 소비자 계층 및 웰빙산업의 확대는 웰빙 소비자들의 욕구의 변화를 수반한다. 주요 소비욕구의 변화에 따른 웰빙 트렌드를 살펴보면 〈그림 2-1〉과 같다.

소비욕구는 물건을 구매하는 이유(motivation to buy)를 의미하는데, 웰빙 트렌드 확산 및 소득의 증가에 따라 웰빙 소비자들은 웰빙제품 구매시의 주요 소비욕구의 변화를 보인다. 초기에는 '있으면 좋다'는 기본적인 기능적 욕구를 추구했다면, 이후 성장 및 풍요시대에는 타인 모방, 타인 비교, 개성을 반영하는 사회적 욕구를 추구했고, 이후에는 나만의 취향, 스스로 납득할 만한 것을 추구하는 자존적 욕구를 추구한다. 마지막으로, 최근의 소비욕구는 자아실현적 욕구를 추구한다. 즉,

그림 2-1 웰빙 트렌드: 주요 소비욕구의 변화

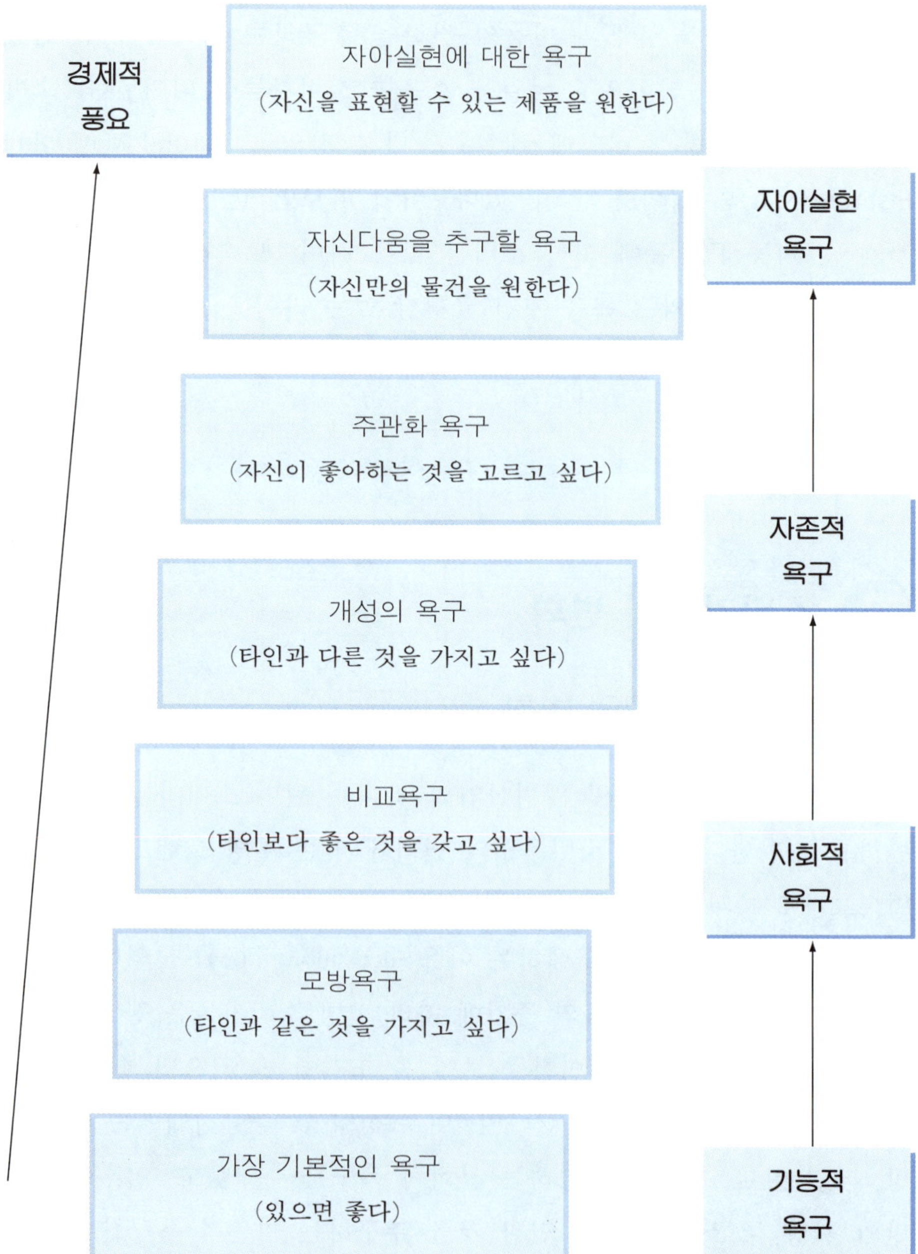

소득의 증가 및 웰빙 트렌드의 확산에 따라 기능적 욕구에서 사회적 욕구로, 그리고 자존적 욕구 및 자아실현의 욕구로까지 웰빙 소비자의 주요 소비욕구의 변화가 이루어지고 있는 것이다.

우리보다 일찍 웰빙 트렌드의 확산을 거친 일본의 경우를 보면, 60년대의 성장기에는 기능적 욕구 중심으로 소비자들의 욕구가 형성되어 있었는데, 70-80년대의 풍요의 시대를 거치면서 자신의 필요를 충족시키거나 나만의 취향을 추구하는 경향을 보이게 된다. 이러한 경향은 90년대에 이르러 스스로 납득할 만한 것을 추구하고 제품을 통한 이상적 자아 이미지의 구현이라는 자아실현의 욕구충족 경향으로 변화하게 되었다.

1) 웰빙 소비자들의 소비가치의 변화

웰빙 트렌드는 웰빙 소비자들의 소비가치 변화를 반영하는데, 이러한 트렌드는 다음과 같은 변화로 요약된다.

첫째, 웰빙 소비자는 이성적 소비가치보다 감성적 소비가치를 중시한다. 기능성 및 건강성이 중요하지만 이러한 가치는 감성적 가치인 '자아표현', '사랑', '효' 등의 정서적 가치를 통해 표출된다. 웰빙제품의 경우, 경쟁이 심해짐에 따라 기능성 위주에서 차별화된 정서적 가치를 통하여 소비자와 브랜드의 정서적 관계(브랜드 관계의 질: Brand Relationship Quality)를 정립하는 것이 중요하게 되었다.

둘째, 웰빙 소비자는 소수 제품에 대한 선택적 소비를 한다. 많은 제품의 소비보다 소수제품을 선택적으로 소비하는 이러한 트렌드는 고가시장과 저가시장 간의 뚜렷한 양분화를 가져왔다. 웰빙제품을 판매하는 기업 역시 분명한 목표시장을 설정하며, 불분명한 포지셔닝을 지양해야 한다. 저가시장에 대해서는 높은 가격민감도를 보이지만 고가의 웰빙제품에 대해서는 앞서 언급한 감성적 소비가치가 중요해지고 더불어 낮은 가격민감도를 보인다.

셋째, 웰빙 소비자들은 개인주의적 소비문화를 추구한다. 집단주의 중심의 단순모방을 지양하고 개성화된 자아 이미지의 표출을 강조한다. 따라서 타인을 의식한 과시적 모방소비보다는 가치지향적이고 합리적인 소비패턴을 보이기도 한다.

넷째, 웰빙 소비자들은 제품을 통한 자아표현 및 자아실현의 가치를 추구하며 친환경적이고 친사회적인 소비가치 및 윤리의식을 추구한다.

2) 웰빙제품의 주관적 소비가치

오늘날 웰빙소비가치는 기능적 건강성 등을 중시하는 이성적 소비가치보다 감성적 소비가치가 대두되고 있다. 이와 함께 소비자들이 선택적 소비를 하는 경향이 강해졌다. 소수 제품 중심의 편중소비, 고가시장과 저가시장의 양분화가 바로 그것이다. 따라서 웰빙제품에 대한 낮은 가격민감도를 보이고, 기타 기능적 제품에 대해서도 높은 가격지불 의사를 갖는 주관적 소비 웰빙가치는 〈그림 2-2〉와 같이 도식화될 수 있다.

① 건강성 · 기능성

주관적 소비가치의 하나인 건강성은 신체적 및 정신적 위험의 제거, 신체적 및 정신적 건강의 증진, 그리고 사용의 편리성을 포함한다.

건강성에 대한 강조는 기능성 제품에서 출발하여 점차 전 품목으로 확산되는 경향을 보이고 있다. 최근의 한 국내 조사에 의하면 웰빙을 중시하는 영역은 생활용품(73%), 자동차(70%), 식음료(66%), 서비스(61%)의 순으로 나타났다. 패션제품에서 건강성과 기능성을 강조하

그림 2-2 주관적 소비웰빙가치

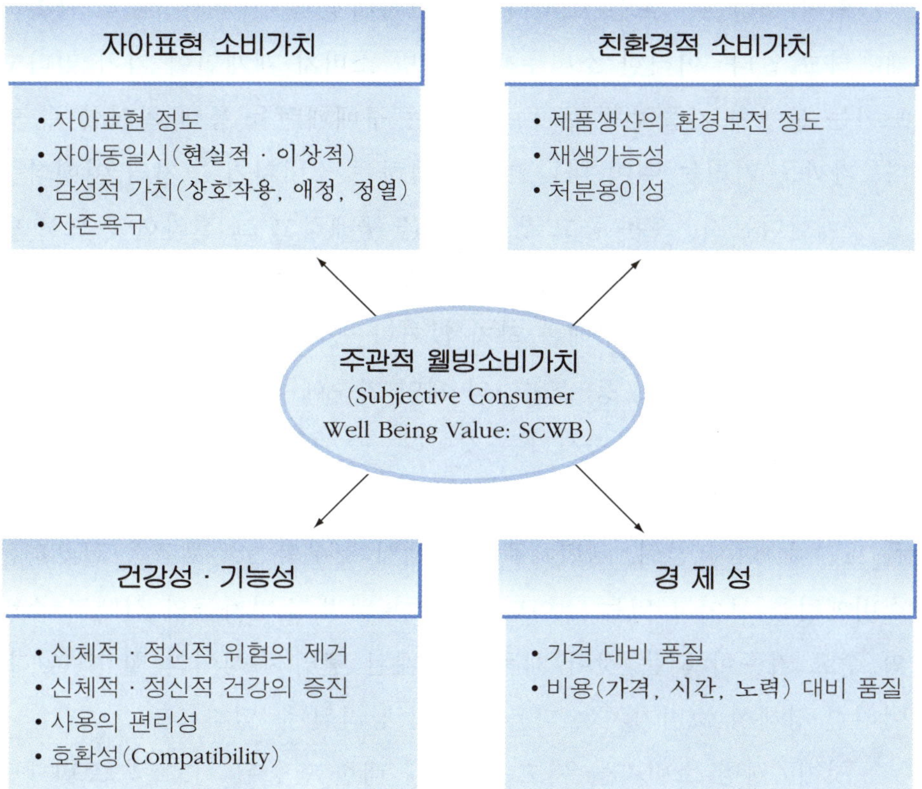

고 있으며, 유기농 제품을 통해 친환경/건강성이 부각되고 있다. 주거분야에서는 새집 증후군의 영향으로 청정성이 강조되고, 금융분야에서는 웰빙 라이프 스타일을 지원하는 금융상품 등이 등장했다. 가전제품분야에서는 항균작용을 하는 은나노 가전이 주목을 받고 있다. 웰빙제품은 사용의 편리성 및 호환성을 고려해야 하는데, 호환성은 기존의 제품과 잘 어울리는지의 여부를 의미하며, 편리성은 사용에 있어서의 간편함을 의미한다.

② 경 제 성

웰빙 소비 트렌드는 소비시장을 고가시장 및 저가시장으로 급속히 재편하고 있다. 이러한 소비추세는 웰빙 소비자 개개인이 가치 있다고 느끼는 분야에 가중치를 두어 소비하는 구매패턴을 통해 확인할 수 있다. 가까운 거리는 걸어 다니면서 절약하는 소비자가 고가의 여행상품을 구매한다든지, 혹은 중고 생필품들을 구매하고 그 절약한 돈으로 원하던 고가의 새 물건을 구매하는 등 상반된 소비패턴을 보이고 있다. 즉, 어떤 항목은 아예 구매를 하지 않거나 급격히 줄이고, 어떤 항목은 오히려 소비를 늘리는 등 소비자의 개인 기준에 의해 의미 있다고 생각되는 분야에 소비를 집중시키는 것이다. 즉, 웰빙 특성을 반영하는 자아표현적인 제품에 있어서는, 소수의 품목에 대해 편중된 소비의 성향을 보인다. 다시 말해, 웰빙제품군 안에서 소수의 고가제품을 선호하는 소비패턴을 보이고 있는 것이다. 이러한 웰빙 소비자들의 선택적 소비의 주요 기준이 되는 것이 제품에 내재된 웰빙 속성이라 할 수 있다. 이러한 경제성 소비가치는 다음과 같이 정리될 수 있다.

첫째, 웰빙 소비자들은 고가제품에 대한 편중된 선호 및 소비패턴을 보인다. 소수의 고가제품에 대한 선택적 추세를 반영하듯 신명품(New Luxury)에 대한 수요가 증대하고 있다. 즉, 시장은 고가와 저가의 실용시장으로 양분화되고 있으며, 고가와 저가의 가격차이가 현저하게 나타나고 있다. 고가와 저가의 양분이 분명한 시장에서 중간 가격대의 평균적인 고객을 노리는 전략은 그 효과가 떨어지는 것으로 평가되는데, 이러한 마케팅 오류를 '표준화의 함정'이라고 한다. 안경테 메이커인 서전의 경우, 해외 고가 브랜드와 국내의 저가 사이에서 분명한 자리매김을 하지 못하여, 경영상의 어려움을 겪게 되었다. 또한 최근의 한 조사에 따르면, 저가품목과 고가품목의 평균 가격차이가 기존의 3-4배에서 5-10배로 더욱 벌어지는 결과를 보이고 있다고 한다.

신명품은 기존의 제품을 업그레이드한 제품들로서 고가이지만 구매가능한 제품을 칭한다. 이러한 신명품은 매스티지(Masstige) 제품이라고도 불리는데, 이러한 신명품 제품에 대한 수요는 전체 소비의 19%를 차지하며, 연 10% 내지 15%의 빠른 성장을 보이고 있다. 예를 들어, 합리적 가격대와 접근 가능한 명품의 이미지를 표방한 코치(Coach)는 그 실용적 디자인과 빠른 디자인 수명주기로 지난 3년간 2배 이상의 성장을 거두어 165개 매장에 1억 달러의 매출을 올리고 있다.

이러한 고가의 제품에 대한 선호는 전체적으로 소수의 고가품목에 대해 소비가 편중되는 현상(rocketing)으로 나타난다. 제한적이지만 지불 가능한 선에서 설정된 고가의 제품은 오히려 소비의 증가를 가져온다. 아멕스 카드는 경쟁사인 다이너스 클럽 카드보다 회비가 비싼 데도 고객의 수가 훨씬 많으며, 신발 제조회사인 팀버랜드도 경쟁사보다 높은 가격을 책정하지만 더 많은 매출을 올리고 있다. 네이티브 아메리칸 주얼리(Native American Jewelry)의 경우에는 가격의 반액 할인 캠페인 과정에서 실수로 가격을 두 배로 올리는 과오를 범했음에도 매출은 증대되는 기현상이 벌어지기도 했다. 이러한 매스티지 제품에 대한 마케팅 전략으로서 소비자의 선택적 소비욕구에 부합하는 제품을 공급하되, 가격경쟁 위주의 물량 공세보다는 고품질의 제품에 자아표현적 가치를 담아 차별적으로 제공하는 전략을 펼쳐야 할 것이다.

둘째, 웰빙 소비자들은 합리적 소비가치를 유지하려는 경향을 보인다. 이들은 고기능성과 감성의 가치를 지닌 제품을 최저의 가격으로 구현하기 위하여 할인카드, 쿠폰, 리필 등을 적극 활용하며, 온라인과 오프라인의 지식검색을 통해서 이러한 할인기회에 대한 정보탐색에 많은 노력을 기울이고 있다. 이러한 경향은 젊은 계층으로 갈수록 높아지는데, 젊은이들이 주로 이용하는 패밀리 레스토랑의 최근 매출 추이를 보면 고객의 수는 증가하되 1인당 매출액은 약간 감소하고 있는 것으로 나타났다.

셋째, 웰빙 소비자들은 외부 지향의 과시적 소비보다는 실속과 내면의 소비가치를 더욱 중시한다. 명품 소비자에게서 흔히 발견되는 '베블린 효과(Veblin effect)'란 개인적 비교를 중시하기 때문에 가격이 비쌀수록 오히려 그 효용가치가 높아지는 비합리적인 소비행위를 말한다. 반면 웰빙 소비자는 아무리 좋은 제품이라도 필요하지 않은 제품은 구매하지 않으며, 타인을 의식한 일상품의 고가 브랜드 구매보다는 실속과 소비가치에 부합하는 구매결정을 내린다. 즉, 비슷한 고가/명품제품의 구매를 통한 차별화를 추구하는 명품족과는 달리 웰빙 소비자는 의식 있는 소비행위를 통해 의식 있는 소비자로서의 자아 이미지를 표출하고 싶어하는 것이다.

③ 자아표현적 소비가치

웰빙 트렌드의 또 다른 중요한 특징 중의 하나는 개인의 개성을 중시하는 방향으로 소비가 변화하고 있다는 것이다. 인터넷상에서의 자신의 이미지인 아바타 관련 소비가 1,400억원에 이르고 있다는 사실이 이를 잘 말해 주고 있다. 이와 함께 다른 사람들과의 차별화를 시도하는 소비욕구는 빠른 제품수명주기로 나타나고 있다. 즉, 남들과 차별화되는 빠른 패션 변화와 개성을 중시하는 트렌드가 자리잡아 가고 있다. 이를 뒷받침하듯 패션제품의 수명주기가 점점 짧아지고 있으며, 전 세계적으로 자아표출 수단으로서의 휴대폰 수명주기가 1.6년으로 짧은 경향을 보이고 있다. 이렇듯 개성 및 자아 이미지를 강조하는 소비패턴은 개인화되어 가는 인구통계적 트렌드와 무관하지 않다. 딩크족, 캥거루족, 코쿠닝족, 그리고 독신 라이프 스타일의 증가는 1인용 제품에 대한 수요, 배달 및 테이크아웃(take-out) 서비스 제품들에 대한 수요를 빠르게 확산시키고 있다.

웰빙 소비자의 소비가치에 부합하는 마케팅 활동은 소비자로 하여금 자아 일치감을 느끼게 하며 이러한 소비자 자아 일치감은 자존욕구의 충족, 자아 항상성 욕구의 충족, 그리고 개성적인 자아표현을 통한 자아실현의 욕구를 충족시켜 줌으로써 소비자 웰빙을 증대시킨다. 더불어 기업은 소비자에 대한 고객화를 추구하고, 맞춤형 서비스를 제공하기 위하여 노력해야 한다. 자아표현적 제품의 대표적인 예로 화장품을 들 수 있는데, 우리나라가 1인당 화장품 소비 세계 1위라는 최근 통계는 이러한 자아표현적 제품 및 서비스에 대한 욕구의 정도를 보여주는 한 예라고 하겠다.

④ 감성적 소비가치

소비의 트렌드가 이성적 가치에서 감성적 가치로 급속도로 이전하고 있다. 소득의 증대와 여성 소비력의 증대에 따라 제품구매시에 이성적 인식과 평가에 의존하기보다 점차적으로 총체적인 경험들을 중요시하게 되었다. 이를 위해 기업들은 자사제품에 대한 체험공간을 제공하고 있으며 이러한 체험은 소비자의 감성적인 반응을 유도한다. 첨단제품의 경우에도 기능성뿐 아니라 감성적 가치를 담아 차별화되고 개인화된 소비를 유도하고 있다.

감성적 소비는 체험의 선호, 그리고 열정, 추억 등 정서적인 소비를 추구하게 하며, 체험을 통한 감성적 제품을 선호하는 트렌드는 직접 조립/제조하는 상품(Do It Yourself: DIY 제품)의 선호 및 예술작품에 대한 선호로 발전해 가고 있다. 또한 제품에 대한 정서를 삶의 추억으로 연결하려는 복고풍의 제품 등에 대한 선호가 생겨나고 있다. 추억의 문구와 사진을 새긴 가구, 가마솥을 연상시키는 압력솥 등이 그러한 제품의 몇 가지 예이다. 고객이 지닌 제품에 대한 열정을 구체적인 차원으로 세분화하려는 노력 또한 이러한 감성적 소비에 대한 관점을 잘 설명해 주고 있다.

이러한 트렌드를 살펴볼 때, 제품의 기능보다는 의미나 가치의 중요성이 더욱 부각되고 있다는 것을 알 수 있다. 즉, 소비자가 판매의 대상이고, 기업은 기능적 제품을 공급하던 관계에서 벗어나, 소비자와 브랜드 간에 상호 교감이 있고, 브랜드를 통해 자아를 표현하며 이러한 브랜드와의 정서적 일체감에 근거한 정서적 가치가 중요시되는 것이다. 예를 들어, 맥심 커피 브랜드에서도 맛이나 향기보다 관계, 추억, 만남 등을 강조하는 정서적 포지셔닝을 실시하고 있으며, 올림푸스 디지털 카메라도 마이 디지털 스토리(My digital story)라는 주제를 통해 공감과 추억을 강조하고 있다. 오늘날의 소비가치에서 소비자 삶과의 연관성, 일체감, 정서적 상호작용이 중요시되고 있음을 확인할 수 있다.

합리적 기능이나 가격, 그리고 성능 등 인지적 요소에 근거한 기능적 가치는 일정 수준이 충족되면 그 이후에는 당연시되는 경향이 있다. 하지만 정서적 경험이 중시되는 감성적 가치는 욕구가 충족된 이후에도 그 중요도를 유지하는 경향을 보인다.

일반적으로 소비가 타인에게 보여지는 경우(visible products), 제품의 기능적 차별화가 어려운 경우, 디자인, 색상, 이미지에 의한 차별화가 어려운 경우, 그리고 전형적인 고객집단에 따른 이미지 차별화가 어려운 경우에 감성적 가치가 더욱 중요시되는 경향이 있다.

⑤ 친환경적 소비가치

건강과 환경에 대한 사회의식의 발전은 친환경, 자연주의적 제품에 대한 소비를 증대시키고 있다. 이에 따라 친환경적인 제품에 대한 수요도 급증하고 있다. 유기농 농산물의 매출은 20%의 증가를 보이고 있으며, 공기청정기 시장도 빠른 속도로 성장하고 있다.

환경에 대한 관심은 친환경적 디자인에 대한 욕구를 불러일으켰다. 예를 들어, 휴대폰업체인 노키아는 부품 전체를 교체하는 대신 케이스만을 교체할 수 있게 하여 소비자가 민감한 유행을 따르면서도 과소비를 줄였으며, 부품의 재활용을 통해 성공적인 친환경적 제품을 개발하기 위해 노력하고 있다.

친환경적 제품은 제품생산과정에서의 환경보존의 정도, 재생가능성, 그리고 처분의 용이성에 의해 결정된다. 로하스(LOHAS) 소비자들의 경우, 높은 가격을 지불하더라도 친환경 제품을 소비하겠다는 태도를 보이고 있다. 웰빙마케팅을 구현하기 위하여 회사는 자연주의적 트렌드에 부합하는 무공해 제품을 공급하고, 그린 패키징 및 환경인증을 실시하며, 지속가능성 공법에 의한 친환경제품, 유기농 제품의 공급에 노력해야 한다. 즉, 건강과 환경을 중시하는 마케팅을 확산하고, 환경친화적 기업 이미지 창출 및 웰빙 컨셉을 잘 반영하는 제품의 개발에 노력해야 한다.

앞서 언급한 내용을 토대로 소비자 웰빙향상을 위한 소비가치 관리단계를 살펴보면 〈그림 2-3〉과 같다. 즉, 웰빙제품에 대한 목표고객을 분명히 하여야 한다. 각 세분 시장별 소비가치 및 웰빙제품가치의 중요도가 다르므로, 제품중심의 매스 마케팅(Mass marketing)보다는 보다 분명한 목표시장의 설정이 필요한 것이다.

일단 목표시장이 확보되면 그들 소비자 웰빙에 영향을 주는 주요 소비가치를 파악하고 이러한 소비가치의 충족에 영향을 주는 주요 소비욕구가 무엇인지를 파악하는 것이 중요하다. 이렇게 파악된 소비욕구를 구체적인 구매경험, 서비스 속성, 그리고 마케팅 프로그램으로 연결하여 보는 것이 중요하다. 예를 들어, 사회적 욕구가 중요한 경우, 커뮤니티를 활성화하고 의견선도자를 통한 구전을 활성화한다. 개인적 욕구가 중요한 경우, 개성을 강조하거나, 고객화를 하고 또한 이미지 광고를 강화할 수 있다. 이러한 구매경험상의 욕구충족도를 보고 각 욕

그림 2-3 소비자 웰빙향상을 위한 소비가치의 관리

Step 1: 목표고객의 확인

↓

Step 2: 소비자 웰빙에 영향을 주는 주요 소비가치를 파악

↓

Step 3: 소비가치에 영향을 주는 주요 소비욕구 및 차원을 확정

↓

Step 4: 파악된 소비욕구를 구체적인 구매경험(서비스 속성 및 마케팅 프로그램)으로 연결
사회적 욕구: 커뮤니티 활성화, 의견선도자를 통한 구전
자아표현욕구: 개성 강조, 고객화, 이미지 광고강화

↓

Step 5: 구체적인 구매경험상의 욕구충족도 우선순위를 결정하고 마케팅 프로그램 실행

구에 대한 우선순위를 결정하여 마케팅 프로그램을 실행하는 것이 필요하다.

제 3 장

웰빙 소비자의 시장세분화

1. 웰빙제품지식과 사용 정도에 따른 시장세분화
2. 웰빙제품 구매동기에 따른 시장세분화
3. 체험욕구에 따른 시장세분화
4. 소비자가 추구하는 제품가치에 따른 시장세분화
5. 웰빙 라이프 스타일에 따른 시장세분화
6. 인구통계학적 시장세분화
7. 웰빙제품에 대한 소비자태도에 따른 시장세분화
8. 구매단계별 몰입도에 따른 시장세분화
9. 주요 소비가치에 따른 시장세분화

지금까지의 웰빙마케팅은 소비자를 웰빙이라는 단편적인 테마로 구분하거나 제품중심의 매스 마케팅을 실시하는 형태로 표현되었다. 하지만 고객의 욕구와 소비가치가 다양해진 오늘날에 있어서는 웰빙제품에 대한 시장세분화를 통한 목표시장의 명확화가 절실히 요구되고 있다. 따라서 이 장에서는 목표시장을 설정하기 위한 전제조건으로서 웰빙 소비자에 대한 시장세분화의 틀을 분석해 보기로 한다.

1 웰빙제품지식과 사용 정도에 따른 시장세분화

웰빙 소비자는 웰빙제품에 대한 지식의 높낮이와 사용 정도의 차이에 따라 크게 네 개의 집단으로 세분화할 수 있는데, 그 첫 번째 집단은, 제품지식이 높고 사용 정도는 낮은 고객들이다. 이들은 잠재고객으로서, 제품지식은 높지만 웰빙제품의 사용 정도는 낮기 때문에 사용기회를 부여하고 유통 접근성을 제고시키는 방법으로 마케팅할 수 있다.

다음으로, 제품지식이 낮고 사용 정도도 낮은 고객집단을 들 수 있다. 이 집단은 두 가지 차원이 모두 낮으므로 제품지식의 함양과 구매를 늘리기 위한 장기적 마케팅의 노력이 필요하다.

이에 반해 세 번째 집단은 제품지식이 높고 사용 정도도 높은 고객들로 구성되어 있는데, 이들을 마케팅의 핵심고객이라고 할 수 있다.

마지막으로, 제품지식이 낮고 사용 정도는 높은 집단을 들 수 있는데, 이들에게는 웰빙제품에 대한 지식의 전달이 필요하며, 효용을 증대시키고 소비몰입도를 향상시켜 입소문 창출의 고객집단으로 끌어올리는 마케팅전략을 펼쳐야 한다. 따라서 제품과 서비스에 대한 쉬운 설명을 통해 제품에 대한 이해도를 높이고 그 사용의 정도를 높이기 위한 노력이 필요하다.

앞서 언급한 내용을 정리하면 〈그림 3-1〉과 같다.

그림 3-1 웰빙제품지식과 사용 정도에 따른 시장세분화

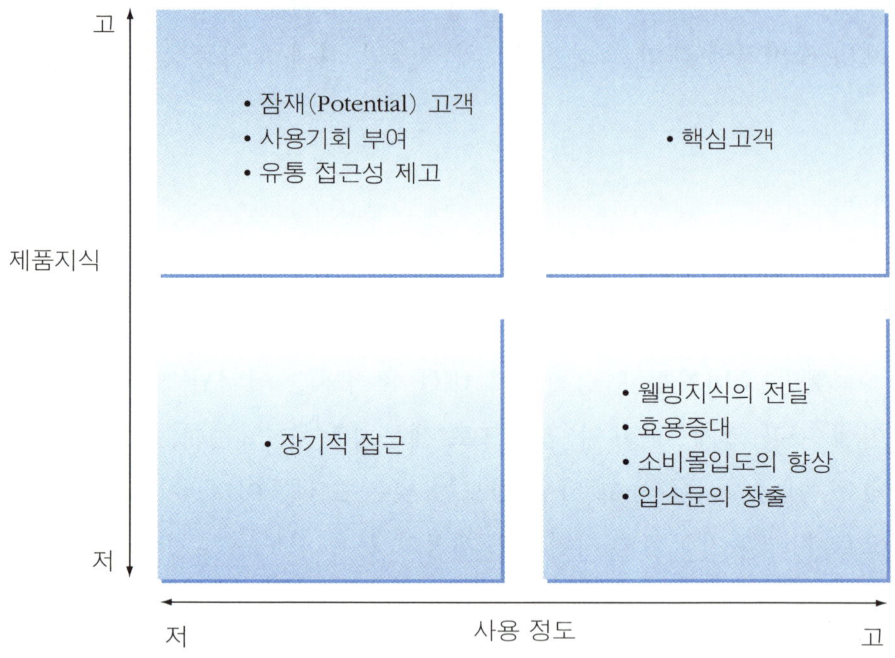

❷ 웰빙제품 구매동기에 따른 시장세분화

미국의 하트만 그룹(Hartman Group)은 건강과 웰빙(Health & Wellness) 관련 소비자 연구를 비롯하여, 관련 산업에 진출하려는 기업들에게 컨설팅 서비스를 제공하는 소비자행동연구소이다. 하트만 그룹(Hartman Group)은 소비자들을 핵심집단(Core level), 중간집단(Mid-level), 그리고 주변집단(Periphery level)으로 분류하는 핵심-주변 모델(Core-to-periphery model)을 제시하고 있다. 흥미로운 사실은 이 세 소비자 집단 모두가 건강과 웰빙이라는 목표를 위해 몸에 좋은 음식을 섭취하고자 하는 욕구를 공통적으로 나타내고 있다는 점이다. 하지만 이들의 웰빙제품에 대한 지식의 정도, 구매동기 등은 집단별로 다음과 같은 차이를 보인다.

1) 핵심집단(Core level group)

하트만 그룹의 모델에 따르면, 핵심집단(Core level)에 속하는 소비자들은 자연친화적이며 건강에 좋은 제품을 우선적으로 고려하는 능동적이고 적극적인 집단으로서, 이들의 특징적 구입동기들로서 제품의 진품 여부(Authenticity), 제품이나 환경에 대한 지식(Knowledge), 공동체적 이익(Community Benefits) 등을 들 수 있다. 즉, 이들은 웰빙제품이나 환경에 대한 지식이 많고 지역사회의 편익을 개인의 편익과 동시에 고려하며, 진정한 웰빙제품에 대한 욕구가 강한 집단으로서 웰빙의 핵심가치를 내면화하고 이를 실천하며 타 집단을 선도해 나가는 핵심고객집단이라고 볼 수 있다.

2) 중간집단(Mid-level group)

웰빙고객 중의 대다수를 차지하는 중간집단(Mid-level)에서는 유기농 제품/상점에 대한 체험을 중시하며, 웰빙이 단지 일시적 트렌드라고 믿지 않는다. 하지만 이들은 핵심고객에 비해 웰빙제품에 관한 전반적 지식이 부족해 전문가의 의견에 영향을 받는 편이다.

3) 주변집단(Peripheral level group)

주변집단은 웰빙제품의 내재적 특성보다는 일시적 유행에 편승하는 경향을 보인다. 제품에 대한 지식이 적으며, 유기농 제품이 다른 제품과 비교하여 가격이 크게 비싸지 않거나, 구입이 편리할 때 제품을 구매하는 소비자 집단이다. 이들에게는 편리성, 비교가능성, 그리고 가격이 중요 웰빙제품 구매기준이 된다.

표 3-1 소비자 각 레벨에 따른 유기농 제품을 구입하는 소비자들의 특성 분류(Hartman Group Model)

Internal Value (Health & Wellness) (건강과 몸에 좋은 음식을 구입하고자 하는 공통된 욕구)	핵심집단 (Core)	Authenticity	유기농 제품의 진위 여부
		Knowledge	유기농 제품, 환경에 대한 지식과 인식
		Community Benefits	공동체, 환경 측면의 이익
	중간집단 (Mid-level)	Experience	유기농 상점 및 유기농 제품 경험
		Expert Opinion	전문가의 의견
		Brand	선호하는 브랜드
	주변집단 (Periphery)	Price	구매가격
		Convenience	접근, 구매편의성
		Comparability	유기농 이외 제품과의 비교가능성

3 체험욕구에 따른 시장세분화

웰빙 소비자는 웰빙에 대한 체험욕구와 시간, 경제적 자원에 따라 크게 네 집단으로 세분화할 수 있다. 웰빙에 대한 체험의 욕구란 구매 전 기간에 걸친 다양한 구매경험을 통해 소비자의 웰빙향상을 추구하는 욕구의 정도이다. 높은 체험욕구를 가진 소비자들은 구매단계에서부터 유지처분단계에 이르기까지 다양한 구매욕구를 충족시킬 수 있을 것으로 기대한다. 이러한 구매 이후의 다양한 체험욕구 충족을 위해서 도요타는 차량에 대한 평생관리 시스템을 도입하고 한 영업사원이 판매에서 애프터 서비스에 이르는 전 과정을 체계적으로 관리하여 고객 접점을 통일하였으며, 체험전시관 등을 통하여 고객의 다양한 체험욕구를 충족시켜 주고 있다. 통신회사의 서비스 체험공간, 혹은 화장품의 체험관도 샘플의 제공 및 고객의 다양한 체험을 유도하는 등 고객의 다양한 체험욕구와 정보제공을 위해 운영되고 있다.

따라서 위와 같은 기준에 따른 분석을 통해 네 집단의 특성에 초점을 맞춘 해결책을 제시할 필요가 있다. 먼저 웰빙 체험의 욕구와 시간적 · 경제적 자원이 모두 높은 '웰빙 목표고객'은 체계적이고 지속적으로 관리하며, 웰빙 체험의 욕구는 적으나 시간적 · 경제적 자원이 높은 '체험욕구 부족고객'에게는 체험의 욕구를 높이기 위한 마케팅 프로그램 및 이벤트의 활성화가 요구된다. 그리고 웰빙 체험욕구는 높으나 시간적 · 경제적 자원이 부족한 세 번째 집단은, 판촉 등을 통해서 단기간의 혹은 저가의 시험적인 체험이 가능하도록 유도해 나가며, 웰빙 체험욕구와 시간적 · 경제적 자원이 부족한 '무관심 고객'의 경우에는 장기적인 접근이 필요할 것이다.

이를 정리하면 〈그림 3-2〉와 같다.

그림 3-2 체험욕구에 따른 시장세분화

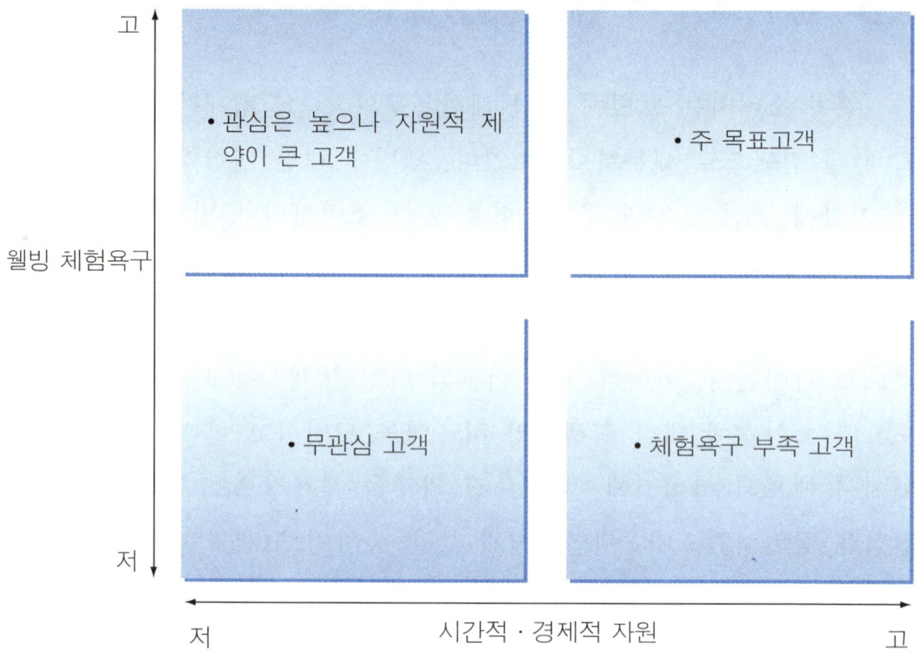

4 소비자가 추구하는 제품가치에 따른 시장세분화

소비자가 제품을 구매하는 데 있어서 추구하는 제품의 가치는 크게 기능성 가치(Functional value)와 자아표현적 가치(Self-expressive value)로 구분된다. 기능성 가치는 제품의 품질, 편리성, 가격 등의 기능과 관련된 가치를 의미하며 주로 소비욕구에 있어서의 경제적 욕구 및 안전욕구 등과 밀접한 관련이 있다. 자아표현적 가치는 자신의 이미지 표현, 자아의 소비가치의 표현 등을 포함하는데, 자기표현을 위한 사회적 욕구, 자존의 욕구, 그리고 자아실현의 욕구 등 상위욕구의 충족과 관련이 있다.

따라서 소비자가 중요시하는 소비가치에 따른 시장세분화가 가능해지는데, 제품구매시 기능성과 자아표현적 가치에 대한 중요성 인식 정도에 따라 네 개의 집단으로 나누어 볼 수 있다.

첫째, 자아표현적 가치와 기능적 가치의 욕구에 대한 중요도 두 가지 모두 낮은 집단은 가격중심의 고객이라고 하며, 저가구매로부터 오는 거래적 효용(Transactional utility), 즉 제품 자체에 치중하는 집단이다.

둘째, 자아표현적 가치는 높지만 기능적 가치에 대한 중요도가 낮은 집단을 감성적 가치집단이라고 하는데, 이들 감성적 가치추구집단은 특정 기능보다는 전체적인 체험을 중시하며, 브랜드와의 정서적 교감을 추구한다.

셋째, 기능성 가치의 중요성은 높지만 자아표현적 가치의 중요성은 낮은 고객집단을 기능성 가치추구집단이라고 하며, 이들은 제품의 기능성을 중요시하고, 기능성이 높은 제품에 대한 선택적 소비를 한다. 이들 기능성 가치를 추구하는 웰빙 소비자들에 있어서 가장 중요한 요소는 제품의 기능성과 가격이므로, 매스티지 제품 등을 통해서 제품의 기능성을 높이고 가치를 제공하는 것이 가장 중요하다.

넷째, 기능성 가치와 자아표현적 가치 모두가 중요한 집단은 자아표현고객으로, 이들은 제품의 기능성뿐 아니라 자아표현적 가치를 중시하므로 제품을 통해서 자아 이미지 및 친환경성 등의 개인적 소비가치를 표현하고자 한다. 이들은 제품의 기능적 욕구충족보다 성숙한 소비자로서의 자아 이미지를 표출한다.

이를 정리하면 다음의 〈그림 3-3〉과 같다.

그림 3-3 소비가치에 따른 시장세분화

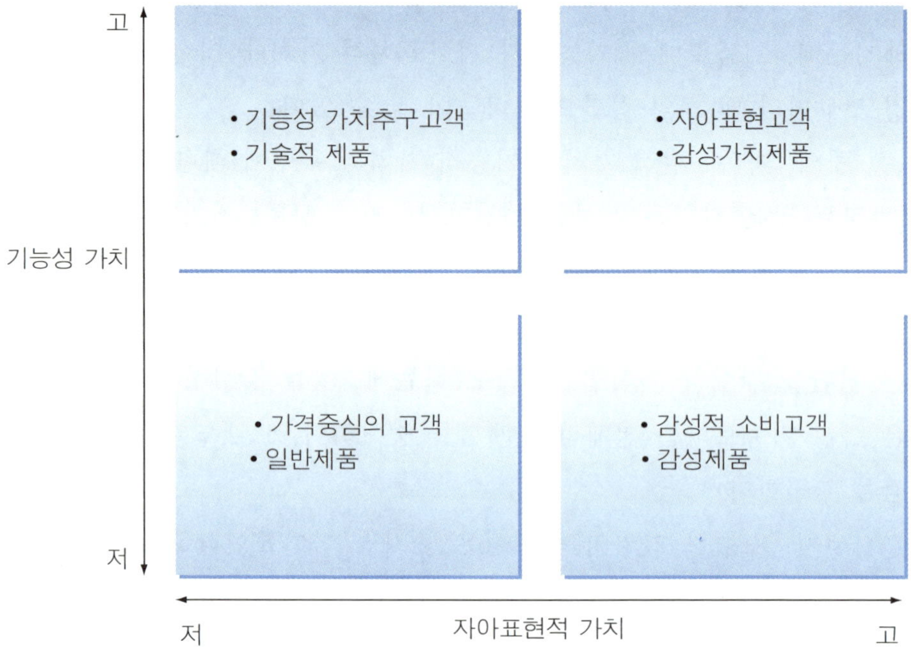

5 웰빙 라이프 스타일에 따른 시장세분화

5.1 웰빙 소비자

웰빙을 추구하는 트렌드의 급속한 발전으로 웰빙시장이 급성장하고 있으며, 웰빙 중심으로 소비가치 및 라이프 스타일이 재편되고 있다. 이러한 웰빙 소비자들은 소비가치와 소비패턴에 따라서 정의할 수 있다. 먼저 소비가치에 따른 웰빙 소비자에 대한 정의는 다음과 같다.

웰빙 소비자들은 기존의 기능적 · 자기 과시적 소비에서 몸과 마음의 건강을 추구하는 소비가치 및 라이프 스타일로 소비패턴이 바뀌고 있다. 웰빙 소비자들은 건강제품, 기능성 제품에 대한 소비를 많이 하며, 보수적인 수용자들이며, 보통 이상의 소득을 지닌 균형감 있는 라이프 스타일을 지향하는 소비자로 정의된다.

웰빙 소비자에 대한 접근은 결국 목표고객들의 주요한 소비가치에 대한 이해를 바탕으로 해야 하며, 이러한 소비가치가 구체화된 것이 다양한 웰빙 라이프 스타일과 소비패턴이다. 따라서 웰빙마케팅의 시작은 웰빙 소비자의 구체적인 소비가치와 충족욕구에 대한 체계적인 이해라고 할 수 있다. 소비가치에 대한 이해를 바탕으로 구매로부터 처분

그림 3-4 웰빙산업과 웰빙 소비자의 라이프 스타일

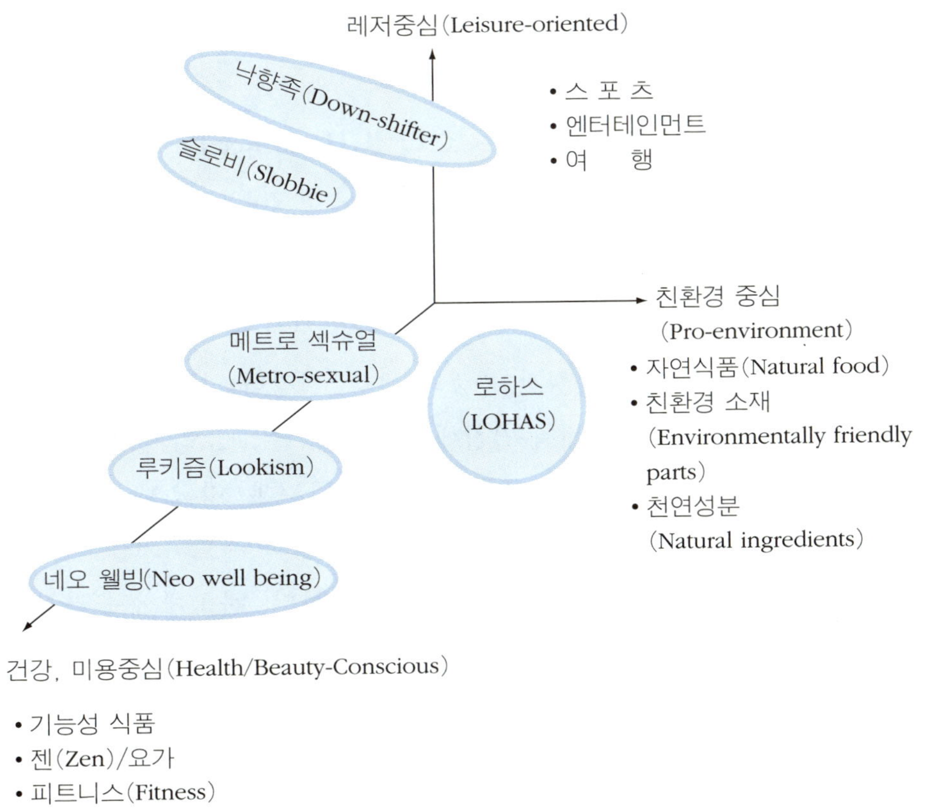

까지의 전체적인 소비경험 속에서 고객이 지향하는 소비가치, 그리고 그 안에 내재된 욕구를 충족시키려는 노력이 필요하다고 하겠다.

웰빙 산업과 웰빙 소비자의 라이프 스타일을 분류하면 〈그림 3-4〉와 같다.

5.2 웰빙 소비자의 라이프 스타일

웰빙 소비자의 라이프 스타일은 크게 세 가지로 나뉘어진다. 즉, 건강/미용중심 라이프 스타일, 레저중심 라이프 스타일, 그리고 친환경중심 라이프 스타일의 세 가지 차원이다.

1) 건강 · 미용중심 라이프 스타일(Health & Beauty-Conscious Life Style)

웰빙 소비자의 신체적 · 정신적 건강에 대한 관심은 웰빙 트렌드의 중요한 부분을 차지한다. 육체적 건강을 중요시하는 소비가치는 기능성 식품에 대한 소비, 친환경적 제품의 선호, 건강한 외모 가꾸기에 대한 열풍으로 진화한다. 육체적 건강에 대한 관심은 칼로리가 적고 단백질과 섬유질이 많은 제품에 대한 선호로 이어지는데, 미국 내 패스트푸드 체인점 1위가 맥도날드에서 신선한 야채중심의 샌드위치를 판매하는 서브웨이로 바뀐 점은 이러한 변화를 반영한다. 한국에서도 건강에 대해 지속적 관심을 갖는 소비자들이 계속적으로 증가하고 있으며 웰빙을 부착한 상표의 건수 또한 꾸준히 증가하는 추세이다.

몸과 마음의 건강에 대한 관심은 외모에 대한 관심으로 확대되고 있다. 루키즘(Lookism)과 메트로 섹슈얼(Metro-sexual) 트렌드에서 볼 수 있듯이 웰빙 소비자들은 외모를 중시하고 남성의 외모 가꾸기 경향으로까지 발전하고 있다. 우리나라의 1인당 화장품 소비액 세계 1위, 인구대비 성형률 1위라는 기록이 이러한 외모지향적 트렌드의 한 단면을 보여준다. 한 조사에 의하면 남성이 여성화되고 있다고 응답한 비율이 75%에 이르며, 남성의 경우에도 외모가 경쟁력이라고 판단하며(86%), 화장품 및 액세서리에 대한 착용이 가능하다(46%)고 응답하고 있다. 정신적 건강을 중시하는 트렌드는 요가, 참선 등에 대한 관심으로 나타나기도 한다. 네오 웰빙(Neo well being)이란 이러한 정신적 건강을 추구하는 라이프 스타일 전반을 칭한다.

2) 정신적 여유 및 자유로움 추구 라이프 스타일(Leisure-Oriented Life Style)

웰빙 소비자는 삶의 전반적인 여유와 정신적 풍요를 추구하기 때문에, 자기만족과 개성, 몸과 마음이 균형잡힌 건강을 얻고자 노력한다. 일 중심의 긴장된 삶보다는 삶의 여유를 추구하는 낙향족(Downshifter), 천천히 여유 있게 일하는 것을 추구하는 슬로비(Slobbie: Slow but better working people) 역시 성취지향적이고 일중심이던 일상에서의 탈출을 갈망한다. 이러한 성취지향적인 경쟁과 규격화된 일상에서의 탈출이 소비자들로 하여금 레저 및 엔터테인먼트 중심의 적극적인 삶의 질을 지향하는 라이프 스타일로의 변화를 불러일으킨다. 미국에서의 한 조사에 의하면 미국인구의 70%가 낙향족(Downshifter)의 라이프 스타일을 선호 및 동경하고 있으며, 이들의 비중은 증가되고 있는 추세라고 한다.

3) 친환경 라이프 스타일(Pro-Environment Life Style)

웰빙 소비자의 삶의 여유로움 추구, 나와 가족의 건강에 대한 관심은 결국 사회와 환경에 대한 관심으로 발전한다. 이는 환경에 대한 보호가 없이는 나와 가족의 웰빙이 불가능하다는 인식에서 출발하게 되었는데, 결과적으로 자기중심적 웰빙에서 사회적 차원의 환경중시로 소비가치의 변화를 가져온다.

로하스(LOHAS: Life Style of Health and Sustainability)란 친환경제품 및 지속가능성 제품을 선호하고 이에 더 많은 비용을 지불할 용의가 있으며, 환경보호 및 재활용제품의 적극사용 등 사회적으로 의식 있는 삶을 추구하는 소비 라이프 스타일을 말한다. 친환경소재에 대한 선호, 자연식품, 천연성분에 대한 선호가 이러한 소비욕구를 반영한다. 친환경적인 제품을 위해서 기꺼이 높은 가격을 지불하려는 이 라이프 스타일은 단지 친환경적인 제품이 건강에 좋은 제품일 것이라는 건강에 대한 욕구뿐만 아니라, 사회에 대한 책임의식 및 자아실현적 욕구충족이라는 점에서 기존의 건강중심의 웰빙과는 차이가 있다.

친환경성에 대한 조사에 의하면 소비자들은 환경마크 제품에 대해 우선적인 구매의향을 보이고 있다. 하지만 이들은 환경마크 등에 대한 추상적 혜택보다는 리필/에너지 절약 등의 실질적 혜택을 기대하는 것으로 나타났다. 이들은 기업의 환경단체가입 혹은 이벤트를 중요하게 생각하고 있으며, 제품의 친환경성이 세제, 비누, 스프레이, 벽지 및 페인트 등의 제품구매에 영향을 미치는 것으로 나타났다. 그리고 일회용 제품의 사용을 자제하고 쓰레기 등을 줄이는 데 노력하는 앞서가는 소비의식을 보이고 있으며, 이러한 의식에 대한 자부심을 지니고 있었다.

이러한 웰빙 라이프 스타일에 따라 구분되는 세 가지 집단을 그들이 중시하는 욕구에 따라 추가적으로 세분하여 볼 필요가 있다. 이러한 욕구에는 건강과 안전의 욕구, 경제적 욕구, 사회적 욕구, 자존의 욕구, 그리고 자아실현의 욕구 등이 있다. 예를 들어, 건강과 미용을 추구하는 라이프 스타일의 소비자들은 건강욕구 및 경제적 욕구에 대한 욕구가 강하며, 친환경적인 라이프 스타일을 강조하는 소비자들은 사회적 혹은 자아실현의 욕구가 상대적으로 강하다고 볼 수 있다. 웰빙 소비자 라이프 스타일과 소비욕구 시장세분화에 대한 표는 [표 3-2]와 같다.

표 3-2 웰빙 소비자 라이프 스타일과 소비욕구 시장세분화

소비욕구 / 라이프 스타일	건강 · 안전 욕구	경제적 욕구	사회적 욕구	자존 욕구	자아실현 욕구
건강/미용추구 (기능성 식품, 요가, 피트니스)					
삶의 여유추구 (스포츠, 엔터테인, 여행)					
친환경 (자연식품, 친환경 소재, 천연성분, 재생)					

5.3 웰빙 라이프 스타일에 따른 시장세분화

1) 로하스집단

개인의 소비가치 중 자아실현적, 자아 존중가치를 중시하며, 친환경적인 제품의 스마트한 소비를 통하여 사회적 가치를 지닌 의식 있는 소비자임을 표출하는 집단이다. 유기농 제품, 친환경적 공법에 의한 제품, 그린 패키징 제품, 환경운동의 취지에 맞는 제품들이 이들이 선호하는 제품군이 된다. 로하스 집단의 경우, 친환경적인 제품을 선호하고 주변에 친환경적인 제품을 적극 홍보하고, 환경보호에 적극적이다. 또한 지속가능성이 있는 제품에 추가비용을 지불할 용의가 있으며, 지속가능성 있는 공법에 의한 제품을 선호하고 사회 전체적으로 의식 있는 삶을 영위하고자 하며, 재활용 가능한 제품 및 원료를 적극 선호한다.

2) 낙향(Downshifter)집단

성취지향성이 높아 많은 시간을 업무처리에 할애하기보다는 삶의 여유를 추구하는 집단이다. 많은 연봉과 세속적 성공을 거부하고 한가한 전원생활을 추구하는 집단에서 유래되었으며, 여유와 레저 등 삶의 질을 추구하는 집단이라고 할 수 있다. 슬로비(Slobbie: Slow but better working people)는 성취지향적이고 직장 일에 모든 정열을 바치는 젊은 인터넷 엘리트를 칭하는 예티(YETI: young entrepreneurial, tech based internet elite)와 상반되는 개념이다. 이들은 빠르게 돌아가는 생활 속에서 건강과 여유를 찾고자 하기 때문에 디지털 문화를 향유하며 빠른 삶의 방식을 선보이는 '디지털족'과 대조가 된다. 슬로비족은 직장을 옮기지 않는 범위 내에서 맡은 일에 충실하고, 저축을 통해 자산을 불린다. 또한 이들은 가정을 중요하게 여겨 하루에 2시간 이상은 가족들과 함께 보낸다. 우리나라에 슬로비족이 등장한 것은 벤처와 주식 열풍이 거세게 분 시기였다. 이들은 벼락부자를 꿈꾸기보다 내 직장과 내 가정에 충실하려는 성향을 드러낸다. 여유를 추구하는 레저산업, 여행산업 및 체험 등을 강조하는 제품들이 이들이 선호하는 제품이 된다.

3) 외모지향집단

도시풍의 섹시한 건강미를 중시하는 메트로 섹슈얼(Metro-sexual), 그리고 외모지향적인 루키즘(Lookism)을 가진 소비자가치를 말한다. 피트니스, 피부관리 등 개인 미용관리 산업과 같은 외적 미를 지향하는 산업에 좋은 기회를 제공하게 되는 고객집단이다.

4) 정신적 웰빙지향집단

정신적인 웰빙을 추구하는 네오 웰빙(Neo Well Being)집단이 있다. 이들은 현재의 웰빙 열풍을 경계하고 삶의 진정한 행복을 추구한다. 전문가들은 이러한 다양한 웰빙 흐름들은 결국 몸과 마음, 일과 휴식, 가정과 사회, 나와 공동체 모두가 조화를 이루고, 어느 한쪽에 치우치지 않을 때 진정한 의미에서 웰빙이 이루어진다고 말한다.

6 인구통계학적 시장세분화

1) 연 령

연령대별로 웰빙 소비가치 및 라이프 스타일이 다르다. 10대의 소비자는 부모중심의 소비방식을 따르며, 20대 초반 소비자의 소비가치는 자신만의 독특한 소비방식을 강조하고 있으며 개성이 중시된다. 20대 중반에서 30대 초반까지의 웰빙 소비가치는 적극적인 자기개발을 주 가치로 하고 있다. 이들 중에는 자신만의 생활에 몰두하면서 집과 인터넷을 통해서 모든 소비생활을 해결하고자 하는 코쿠닝 현상을 보이는 집단도 있다. 이 연령대의 소비자들 중에는 독신자 라이프 스타일을 추구하는 계층이 있는데, 이들을 대상으로 한 소형가전(미니세탁기, 소형 전기밥솥) 등과 배달용 음식 등에 대한 선호가 있다. 30대 후반부터 40대의 웰빙 소비가치는 탈디지털, 과거의 여유로 돌아가고자 하는 성향이 주류를 이루고 있다.

50대의 장년층의 경우에는 경제적으로 안정되고 가처분소득이 높으며, 아이들이 독립적으로 분가하는 세대이다. 이들은 삶의 질을 추구하는 것을 소비의 최우선 과제로 한다. 즉, 높은 품질을 사기 위해 가격 프리미엄을 지급할 의향이 크며, 브랜드에 대한 높은 충성도를 보인다. 건강 및 미용에 대한 욕구가 특히 강하여 미용 및 성형제품, 유기농식품, 자연식품, 레저상품 등 다양한 웰빙에 대한 욕구를 가지고 있다. 또한 이들 소비자들은 가격에 덜 민감하고 오히려 고품질의 부가가치 상품을 선호하는 경향을 보인다.

노년층의 소비가치는 안정성과 편리성에 초점을 맞추고 있다. 실버폰/실버 케어 등 필수적인 제품은 편리성을 중시하며, KB 시니어 웰빙통장 같은 금융상품은 리스크보다는 안정성을 중시하고 있다. 이 밖에도 실버 라이프 스타일을 위한 다양한 제품들이 출시되고 있으며, 너무 많은 기능보다는 핵심기능에 충실한 간편하고 단순한 제품에 대한 선호가 증가하는 경향을 보이고 있다. 이와 함께 제품에 지나치게 나이를 강조하거나 너무 파격적이고 선정적인 것은 거부하는 경향을 보인다.

연령대에 따른 소비욕구 시장세분화에 대한 표는 〈표 3-3〉과 같다.

표 3-3 연령대와 소비욕구 시장세분화

소비욕구 / 연령대	건강 · 안전 욕구	경제적 욕구	사회적 욕구	자존 욕구	자아실현 욕구
10대 (부모중심)					
20대 (개성추구)					
30대 (자기개발)					
40-50대 (탈디지털/여유/탈도시)					
노 년 층 (건강과 안정)					

2) 성 별

여성 소비자의 소비 결정권이 커지면서 감성 위주의 소비 및 성별에 의한 시장세분화가 중요해지고 있다. 실제로 가전, 자동차, 금융상품 등 소비제품 결정의 대부분이 여성 소비자에 의해 이루어지고 있다. 그 예로 볼보코리아(Volvo Korea)에서는 여성 소비자를 위한 SUV 운전석 중간계단과 높은 굽 구두를 신는 고객을 위한 특수페달을 설치하였고, 뉴소나타 엘레강스 스페셜은 화장거울, 핸드백 걸이 등을 설치하였으며, K건설은 아줌마 평가단을 통해 현관 열쇠 고리/메모꽂이, 발코니 웰빙룸, 현관의 일괄 소등 스위치 등을 설치하였다. 이 밖에도 S물산은 입시강좌, 요리강좌, 노래교실, 재테크교실 등을 통해 여성소비자를 대상으로 마케팅을 실시하였다.

여성 소비자들은 기능적 제품에 대해서는 가격민감도가 높지만, 자아표현적 제품에 대해서는 가격민감도가 낮고 자아표현적 감성가치를 강조하는 경향이 있다. 뿐만 아니라 여성 소비자의 제품 추천의 가능성이 남성 소비자보다 높다. 이는 인지된 위험의 수준이 여성 소비자의 경우에 더 크고, 이를 줄이기 위해 구전에 더욱 의존하기 때문이다. 예를 들어, 김치냉장고인 딤채의 경우 무료사용과 사용 후 할인구매 옵션 등에 대한 입소문이 시장점유율을 급속도로 높이는 데 기여를 하였다. 이렇듯 구전효과의 중요성을 고려할 때, 여성 소비자들의 체험과 참여가 강조되는 다양한 마케팅 활동이 요구된다고 할 수 있다(예: 고객 제품 평가단, 사용후기 이벤트). 또한 여성 친화적인 제품 모델의 개발이 적극 요청된다고 하겠다.

7 웰빙제품에 대한 소비자태도에 따른 시장세분화

웰빙제품에 대한 소비자 태도에 따른 시장세분화를 살펴보면 크게 다섯 가지 집단으로 나뉘어진다.

첫째는, 인지집단인데 이들은 웰빙제품의 기능이나 존재 여부를 잘 알고 있으며 전반적 품질이나 기능성을 중시하는 특성을 가지고 있다.

둘째, 친밀감 집단은 웰빙제품에 대해 친밀감을 느끼는 특성이 있으므로, 브랜드 인지도의 향상이 가능하며 사용자 특성에 대한 파악이 중요하다고 하겠다.

셋째, 우호적 태도 집단은 웰빙제품에 대해 우호적 태도를 가진다.

넷째, 애착집단은 우호적인 태도를 넘어서 심리적 애착을 보인다.

마지막으로, 지지집단은 다른 집단과 달리 적극적으로 구전하며

표 3-4 웰빙제품에 대한 태도와 소비욕구 시장세분화

소비욕구 / 태도	건강 · 안전 욕구 추구 집단	경제적 욕구 추구 집단	사회적 욕구 추구 집단	자존욕구 추구 집단	자아실현 욕구 추구 집단
인지집단					
친밀감집단					
우호적 태도 집단					
애착집단					
지지집단					

유통경로에 웰빙제품의 구비를 요구하며 제품을 옹호하는 특성을 지닌다. 웰빙제품에 대한 태도와 소비욕구 시장세분화에 대한 표는 〈표 3-4〉와 같다.

8 구매단계별 몰입도에 따른 시장세분화

구매단계별 몰입도에 따라 소비자를 다섯 가지 집단으로 구분할 수 있다. 첫째, 쇼핑몰입집단은 쇼핑활동에 부여되는 중요도가 높은 집단으로 구매에 시간과 노력을 많이 할애한다. 쇼핑에 몰입하는 이들 소비자들은 타 지역에서의 쇼핑(Out-shopping)을 즐기며, 적극적으로 정보탐색을 하는 것이 특징이다.

둘째, 소비몰입집단은 웰빙제품 소비에 대한 관심과 흥미가 높은 집단으로 소비행위를 즐기며 소유보다는 소비, 쾌락을 추구한다. 이처럼 소비행위 자체에 몰입하는 집단에 대해서는 지속적인 만족도를 제공하는 것이 중요하다.

셋째, 소유단계에 집착하는 고객집단을 물질주의적 집단이라고 한다. 물질주의는 세속적 물건의 소유에 대한 집착, 타인에 대해 물건을 양도하지 않는 것, 그리고 타인의 많은 소유에 대한 시기 등의 세 차원을 포괄한다. 전반적으로 물질주의 집단은 물건 소유 및 부의 축적에 관심이 높고 소유물건에 대한 애착이 크며, 타인에게 나누어주기 싫어하고 타인의 소유에 대해 질투를 느낀다.

넷째, 유지몰입집단은 제품의 유지 · 관리에 대한 관심이 높은 집단으로 소유물건에 대한 지속적 애정을 보이며 관리한다. 이들은 제품의 보수, 수리, 유지에 많은 관심을 보이며, 구매보다는 기존 제품의 품질유지에 많은 노력을 들인다.

마지막으로, 환경몰입집단은 환경보존에 대한 관심이 높은데 이들은 로하스(LOHAS)적인 태도를 갖는다. 단계별 몰입도과 소비욕구 시장세분화에 대한 표는 〈표 3-5〉와 같다.

표 3-5 단계별 몰입도와 소비욕구 시장세분화

소비욕구 / 몰입도	건강·안전 욕구	경제적 욕구	사회적 욕구	자존 욕구	자아실현 욕구
쇼핑몰입도					
소비몰입도					
물질주의					
유지몰입도					
환경몰입도					

9 주요 소비가치에 따른 시장세분화

웰빙 소비자의 주요 소비가치에 따른 시장은 크게 다섯 가지로 나뉘어진다.

첫째, 건강성 추구집단은 웰빙제품의 소비를 통하여 건강에 대한 욕구의 충족을 추구한다. 이들은 신체적 건강과 정신적 건강의 균형을 중시하고 기능성 건강제품에 대한 관심이 크며, 피트니스 등의 운동, 미와 외모에 대한 관심 또한 크다. 더불어 요가와 참선 등을 통해 정신적 건강에 대한 중요성을 동시에 추구한다.

둘째, 경제성 추구집단은 웰빙제품의 소비를 통하여 경제적 가치(Economic value) 등 경제적 욕구의 실현을 추구한다.

셋째, 기능성 추구집단은 웰빙제품의 소비를 통하여 기능적 욕구를 추구한다.

넷째, 자아표현 추구집단은 웰빙제품의 소비를 통하여 소비자의 자존의 욕구 및 긍정적 자아 이미지 표출을 추구한다.

마지막으로, 친사회성 가치 추구집단은 웰빙제품의 소비가 친환경성 및 공익 등의 사회적 가치를 추구한다. 즉, 나와 가족의 삶의 질에 대한 관심을 넘어서서, 전체 사회 속에서의 한 차원 높은 소비가치를 추구하는 것이다. 이들은 환경보호에 적극적이며, 친환경적인 제품, 그린 패키징, 지속 가능 공법에 대해 관심을 가지는 집단이다.

제 4 장

소비자 웰빙향상방안

1. 소비자 웰빙향상을 위한 마케팅전략 프로세스
2. 웰빙제품의 소비가치
3. 웰빙마케팅의 제품전략
4. 웰빙제품의 광고 및 판촉전략
5. 웰빙제품의 가격전략
6. 웰빙제품의 유통전략
7. 웰빙마케팅의 실행조직구조 및 실행프로세스

소비자 웰빙향상을 위한 전반적인 전략적 마케팅 질문들을 살펴보면 다음과 같다. 첫째, 현재의 소비생활에 있어서 아쉬운 점과 향후 5-10년 후에 소비자의 삶은 어떻게 달라질 수 있는가에 대한 소비 트렌드의 분석을 통해 소비자 삶의 질 향상방안을 강구해야 한다. 둘째, 소비자의 삶을 더 편하게, 더 만족스럽게 하기 위해 제품이 어떻게 개발되어야 하는가에 대한 질문을 통해 주요 소비경험과 그 속에서 충족되는 소비가치의 종류와 정도를 파악한다. 마지막으로, 이 제품이 고객의 삶을 어떻게 향상시킬 수 있는가라는 질문을 통해 도출된 가치를 편익으로 전환하고 새로운 대안을 제시하며, 제품의 소비를 통해 새로운 고객의 경험을 창출해야 한다.

1 소비자 웰빙향상을 위한 마케팅전략 프로세스

소비자 웰빙을 향상시킨다는 것은 삶의 질을 향상시키는 것으로서, 웰빙개념에 기반한 마케팅을 하는 것이다. 웰빙개념에 기반한 마케팅의 목표는 소비 전 과정에 걸친 주요 소비경험 속에서의 다양한 소비욕구의 충족을 통해 소비자 웰빙의 향상과 함께 차별화된 웰빙기업 이미지를 구축하는 것이다.

이를 위해서 먼저 목표고객의 선정을 통해 이들에 대한 소비 전 과정에 걸친 주요 소비경험 속에서의 욕구충족도를 확인한다. 이러한 욕구충족도의 확인을 바탕으로 주요 웰빙 소비가치를 제공하여야 한다. 즉, 소비자의 기존의 욕구충족도에 따라 웰빙제품 속에서 충족되어야 하는 소비가치가 기능적 가치인지, 자아표현적 가치인지 혹은 사회적 가치인지를 결정하여야 한다. 소비자 및 제품에 따라서는 웰빙제품을

그림 4-1 소비자 웰빙향상 프로세스

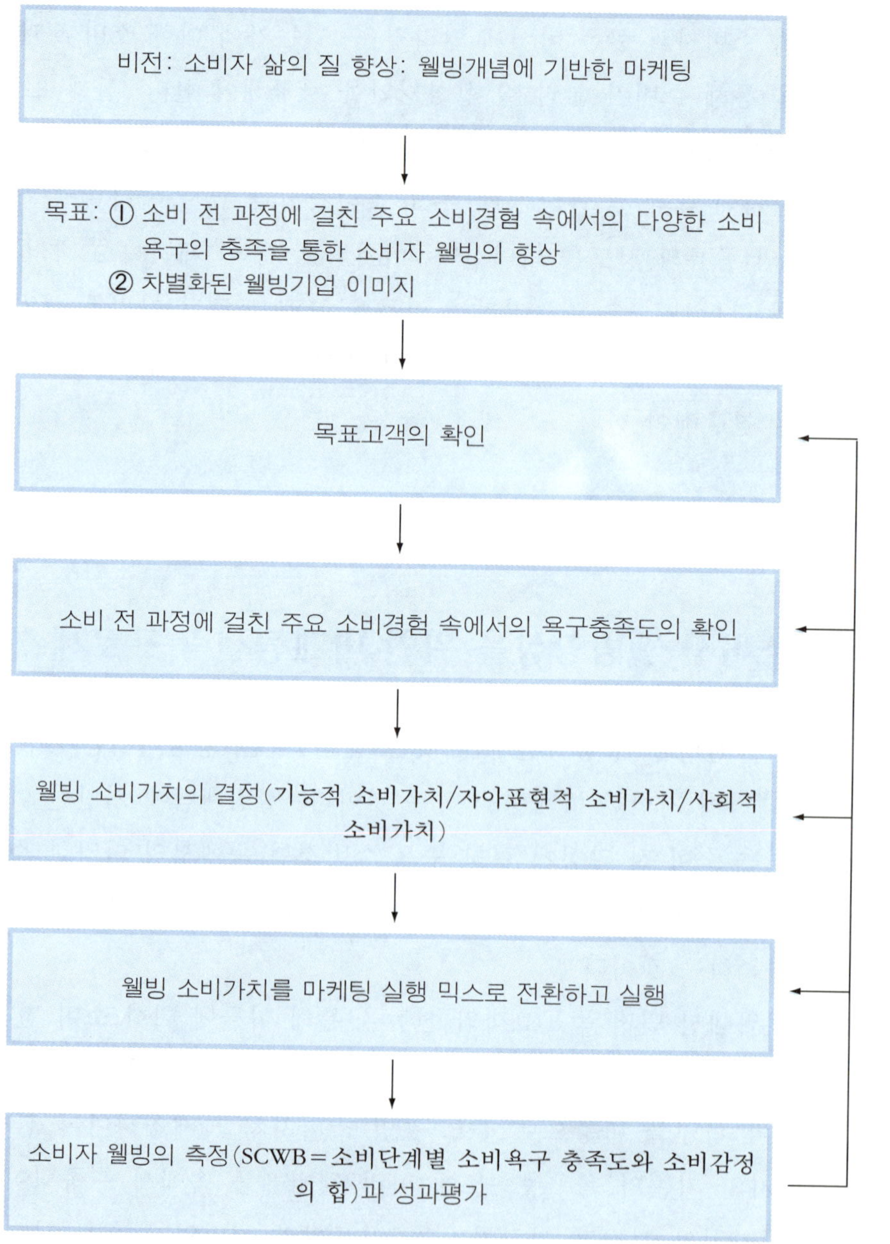

구매하는 동기는 기능적 욕구충족인 경우도 있고, 사회적 가치충족의 욕구인 경우도 있다.

이렇게 결정된 웰빙 소비가치를 마케팅 실행 믹스로 전환하고 실행한 이후에 소비자 웰빙의 측정 및 성과평가의 단계를 거쳐야 한다. 소비자 웰빙은 소비단계별 소비욕구 충족도 및 여러 소비경험 속에서 느껴지는 소비감정의 합으로 정의된다.

이러한 소비자 웰빙향상을 위한 전략 프로세스를 도식화하면 <그림 4-1>과 같다.

2 웰빙제품의 소비가치

웰빙제품의 소비가치는 특정 소비상황에서 제품의 소비를 통해 실현되기를 바라는 소비결과를 말한다. 이러한 제품 소비가치는 제품 특성 자체라기보다는 소비의 결과 소비자들이 느끼는 효용을 말한다.

웰빙 브랜드는 소비자 웰빙을 향상시키기 위한 것으로 소비자들에게 기능적 가치, 사회적 가치, 그리고 사회적 소비가치를 충족시킴으로써 소비자 웰빙을 향상시키게 된다. 웰빙 브랜드 3가지 차원의 가치를 각각 구체적으로 살펴보면 다음과 같다.

첫째, 웰빙제품의 기능적 가치는 제품 본래의 목적으로써 건강성, 기능성, 그리고 경제성을 포함한다.

둘째, 웰빙제품의 자아표현적 가치는 소유로부터 오는 자신감으로 개성 및 자존의 욕구를 의미한다.

셋째, 웰빙제품의 사회적 가치는 좀더 높은 차원의 소비가치로서 나와 가족의 건강뿐 아니라 사회적인 소비가치에 대한 욕구, 그리고 자아실현의 욕구를 의미한다. 즉, 친환경성, 자아실현욕구 그리고 공익에 대한 관심이 여기에 포함된다. 이러한 소비가치는 긍정적 결과(편익)와 부정적 결과(비용)의 차이에 의해 산출된다. 이러한 주관적 소비가치의 인식이 고객의 욕구충족으로 이어진다.

앞서 언급한 웰빙 브랜드의 가치를 도식화하면 다음의 〈그림 4-2〉와 같다.

소비자들은 웰빙 브랜드를 통하여 하위의 기능적 소비가치 충족으로부터 상위의 사회적 소비가치의 충족을 경험하게 된다. 다시 말해, 윤리적 마케팅을 기반으로 기능적 가치를 통해서 생리적(건강)·경제적 욕구의 충족을 가져오며, 자아표현적 가치를 통해서 자아실현적이고 자존적인 욕구의 충족을, 그리고 사회적 소비가치의 충족을 통해서

그림 4-2 웰빙 브랜드의 가치

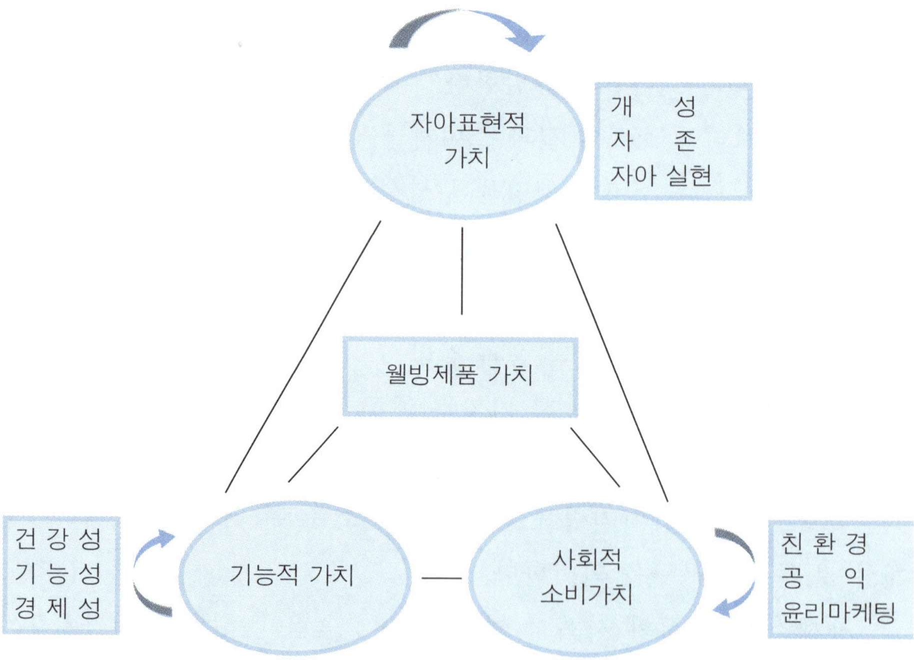

친환경 · 공익 등의 사회적 욕구를 충족하게 된다. 윤리적 마케팅은 이러한 소비가치의 충족이 사회적으로 정직하고 바람직한 방법에 의해 이루어지게 하는 토대가 된다.

이와 같은 소비자 웰빙향상단계를 도식화하면 〈그림 4-3〉과 같다.

그림 4-3 **소비자 웰빙향상 위계도**

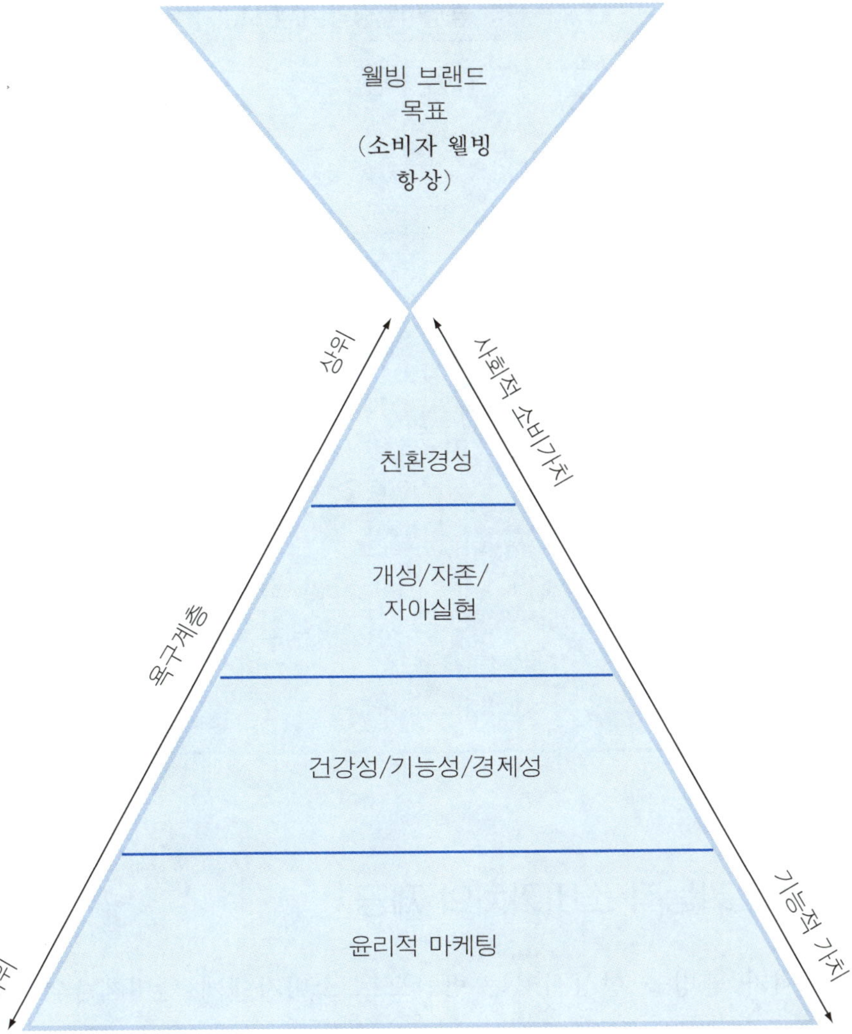

웰빙 브랜드의 소비를 통해 소비자 웰빙을 향상시키는 방법에는 기능적 일치도의 제공, 자아표현적 소비가치의 제공, 그리고 사회적 소비가치의 제공 세 가지가 있다.

앞서 살펴본 내용을 토대로 웰빙마케팅의 개념 모델을 세우면 〈그림 4-4〉와 같다.

그림 4-4 웰빙마케팅의 개념 모델

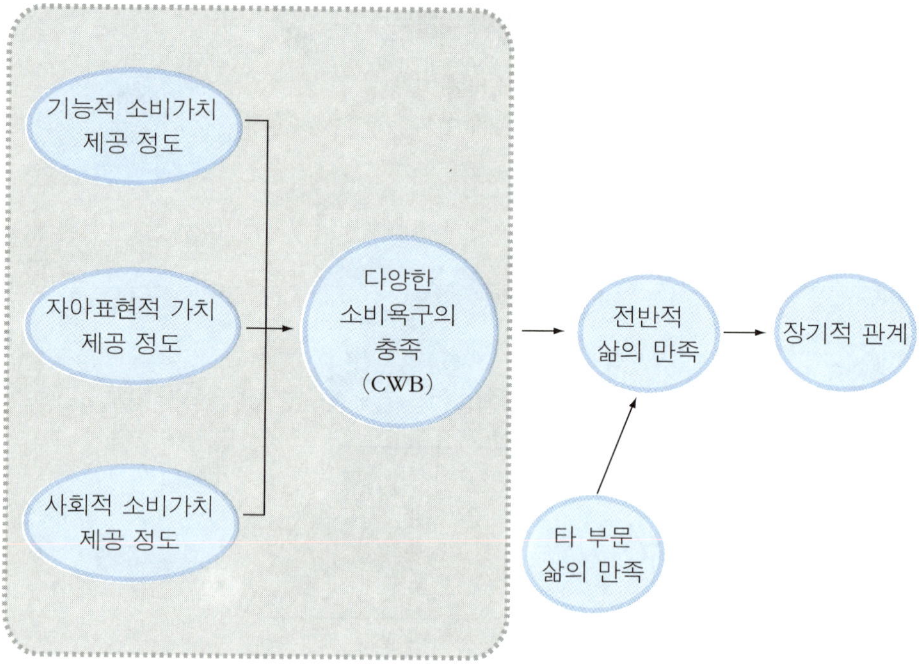

2.1 기능적 소비가치의 제공

소비자 웰빙을 향상시키는 방안으로 소비자에게 웰빙제품의 기능적 일치도를 높이는 방법이 있다. 기능적 일치도의 향상이란 소비자들에게 웰빙제품의 품질에 대한 기대를 충족시켜 주는 것을 의미하며, 이는 구체적으로 소비자 기대에 부응하는 건강성, 기능성, 그리고 경제성을 제공함을 뜻한다.

1) 건강성의 제공

건강에 유익한 유기농/친환경소재를 통해 건강성을 추구하는 것으로 식품, 가전, 섬유, 건설 등 의식주 전반에 걸친 건강 관련 제품 및 서비스가 크게 부각되고 있다. 즉, 유기농, 헬스 케어, 피트니스, 웰빙가전, 고기능 섬유, 친환경 거주공간 등 모든 제품군에서 건강의 가치를 담은 제품 및 서비스를 개발하고 있다. 이 밖에도 전자제품에 건강관련 기능을 부가한 제품들의 개발이 이루어지고 있다. 예를 들어, 체지방 측정기와 만보기, 혈당측정 기능을 휴대폰에 부가하고 있으며, 온라인 주치의 서비스도 제공되고 있다. 액정화면 글자를 확대시킨 제품, 음악을 이용한 심리 치료폰까지 개발되고 있다. 이러한 가치는 특정 계층을 넘어 폭넓은 소비계층으로 확산되고 있다.

이러한 제품의 건강성이 강조되면서 품질이 고급화되고 고가제품과 저가제품의 가격 차이가 심화되는 현상을 보이고 있다. 자아 관련성과 몰입도가 높은 제품에 대하여 고급제품 소비를 추구하는 경향을 보이고 있으며, 이에 따라 매스티지 제품은 17%, 자연주의적 제품은 연 40%의 성장을 보이고 있다. 제품가격의 평가기준에 있어서도 유기농/친환경 소재 등의 품질을 상대적으로 우선시하는 경향을 보이고 있다.

2) 기능성의 제공

소비를 통하여 더 나은 삶이 이루어진다는 확신을 주는 방법으로써, 주방 소형가전 론코 그릴은 100달러 정도의 가격으로 고기를 구울 때, 겉은 파삭하면서 속은 촉촉하도록 조리하는 기능을 제공하며, 오븐에 비해 시간 절약/전기 절약/청소용이/스트레스 없는 삶(쉬운 조리/주방에 매이지 않고 손님과 즐거운 시간을 가짐/여행중에도 사용가능)을 제공하는 것을 강조하여 기능적 일치도를 향상하고 있다.

저가 화장품 브랜드 또한 이와 같은 기능성을 강조한 제품군이다. 음식 성분을 원료로 만든 화장품(검은콩, 수박, 우유, 벌꿀, 사과)인 아이피어리스의 스킨푸드(Skinfood)는 단순한 기능과 감각적 디자인, 약간의 가격 프리미엄, 허브/사과농장 체험 이벤트, 구매와 무관한 샘플제공, TV 광고, PPL 광고, 입소문 등을 통해 성공을 거두었다. 이들은 매장조사를 바탕으로 전략제품 라인을 신속히 확대하고 반응이 적은 구색제품을 미련 없이 정리하였다. 미샤는 가격과 유통의 혁신을 통해 100호 점을 개점했고, 매출은 1,000억원을 넘었는데, 기존의 마케팅 비용을 줄이고 제품의 가격과 기능성에 대한 온라인 입소문 및 매니아 클럽(게시판, 채팅, 자료실, 제품 강좌, 잡지)을 통해 성공을 거두었다. 이 밖에도 기능성을 강조한 제품은 먹는 화장품(Inner beauty), 엔프라니, 식물나라(슈퍼마켓전용 화장품) 등이 있다.

또한 소비자들이 카펫 스팀청소 서비스를 받는 것보다 자신이 직접 수행하는 것을 좋아한다는 점에 착안하여, 권한적 소유의 기능성을 강조한 스팀청소기는 편리성, 경제성, 삶의 질의 향상에 큰 역할을 하였다. 이런 권한적 소유 기능성의 특징을 보여주는 다른 예로 가정용 에스프레소 메이커 시장의 성장(30%)을 들 수 있다. 이 밖에도 기존제품과의 호환성과 사용의 편리성, 주문절차의 편리성, 접촉의 편리성 등의 기능성 차원이 있다.

3) 경제성의 제공

경제성이란 현명한 소비를 통해 과시보다는 내면적 소비가치를 표현하는 것으로 설명될 수 있다. 웰빙제품군에 대해서는 기능성과 품질이 주요 구매요인이 되고, 비웰빙제품에 대해서는 가격에 더 민감한 동시에 웰빙제품군 내에서는 일점호화 소비, 즉 한두 품목에 대하여 고급화된 제품을 선호하는 경향이 있다. 하지만 웰빙제품에 대한 선호가 구매증가로 이어지지는 않는다. 웰빙 소비자들은 오히려 양보다는 고품질의 제품을 소량 구매하고 그에 대해 만족감을 지니는 경향이 있다.

최근 유행하는 매스티지 제품은 이러한 소비패턴을 반영한 것으로서 가치소비와 일맥상통하는 소비패턴이다. 매스티지의 대표제품으로 코치(Coach)를 들 수 있는데, 실용적 디자인과 짧은 제품수명주기를 통해 지난 3년간 2배 성장을 이루며 1조원의 매출을 올렸다. 따라서 웰빙 마케팅을 위해 기업은 제품의 웰빙 속성을 강화하고, 그 웰빙군 안에서 고급화 및 고품질화를 통해서 차별적 편익을 제공해야 한다. 또한 이러한 선택적 소비의 상황하에서 소비자들은 위험회피 경향을 보이므로, 웰빙제품의 경우 품질의 고급화 등을 통하여 차별적 우위를 확보하려는 노력이 필요하다.

웰빙 소비자들의 경제성 욕구를 충족시키기 위하여 몇 가지 가치 전략이 가능하다. 웰빙 소비자들의 기능성/건강성에 대한 욕구와 가격에 대한 스마트 소비욕구를 동시에 충족시키기 위해서는 가치 대체전략이나 가격 절감전략을 고려해 볼 필요가 있다.

첫째, 가치 대체전략은 소비자의 참여를 통하여 원가를 절감하는 동시에 참여에 따른 소비자의 가치를 높이는 전략을 의미한다. 고기능의 제품을 제공하되, 소비자가 직접 조립하고 또 운송비의 절감 등을 통해서 총 제품비용을 낮춘 아이케아(IKEA) 조립가구, 고객이 직접 수

속을 대신하는 렌터카 회사와 호텔, 재생가능성을 높여 친환경성을 높이고 원가를 줄이는 전략 등이 여기에 포함된다고 하겠다.

둘째, 가격 절감전략은 가격인하를 통해 소비자의 구매를 높이는 전략으로 소비자들의 경제적 욕구충족을 통해 소비 삶의 질을 향상시키는 것을 의미한다. 그 대표적인 예로 월마트(Wal-Mart)를 들 수 있는데, 절감전략을 통해 중산층 시장의 생활비를 1천억 달러 줄여줌으로써 소비 삶의 질을 향상시켰다.

웰빙 소비자들은 건강성과 기능성이 있는 고가의 제품을 선택하되, 선택된 제품에 대해서 가장 저가로 구매할 수 있는 방법을 적극 탐색하는 경제성 있는 합리적 소비의 경향을 보인다. 경제성과 기능성 등의 내면적 실속을 외향적 과시보다 더욱 중시하며, 합리적 가격과 실용적 디자인을 추구한다. 이러한 웰빙소비는 배타적이고 과시적 소비욕구인 명품 소비욕구와는 확연히 구분된다.

2.2 자아표현적 소비가치의 제공

소비자들은 제품의 소비를 통해서 자신의 사회적 욕구를 충족시키고자 한다. 특히 가치표현적 제품, 상징적 제품을 통해 자신의 개성을 표출하고자 하고 개성을 강조하는 트렌드는 차별화된 이미지에 대한 욕구를 강화시키며, 신제품의 출시 주기를 점점 빠르게 하고 있다.

1) 개성표현제품의 제공

개성표현은 감성적 제품과 광고에 영향을 받는데, 유목적 성향을 띠어 빠른 신제품 출시 주기와 리뉴얼 및 다양한 유통 접점을 활용하고 있다. 소비자들이 유행에 민감한 이유는 준거집단에 소속되고 싶은 욕구의 발현이고 동료로부터 인정받고자 하기 때문이다. 이러한 이유로 40-60%의 여성 소비자는 스타일을 위해 불편함을 감수하며, 자신의 정체성을 확인하고 싶어한다. 그들에게 쇼핑은 자신의 정체성을 발견하고 스스로를 더욱 세련되게 하는 일이므로 삶을 풍요롭게 만드는 제품을 구매하는 데 적극적일 수밖에 없는 것이다.

따라서 기업들은 웰빙고객의 자아를 가장 잘 표출해 줄 수 있는 제품을 개발하고 이를 마케팅해야 한다. 독특한 디자인, 한정판매, 고객화 등을 통하여 자신만의 제품이라는 느낌을 줄 수 있는 아이덴티티 제품을 개발하고 광고 역시 자아표현적 이미지를 중시하는 동시에 특별한 느낌을 줄 수 있도록 해야 한다. 자아표현적 가치를 높이는 마케팅 활동으로는 멤버의 이미지를 강화하고 비멤버와의 이미지를 차별화하는 광고가 효과적이다. 자아표현적 제품의 몇 가지 사례를 살펴보면 다음과 같다.

랄프 로렌의 블랙레벨은 한정판매를 통해 남들과는 다른 자아 이미지를 표출하여 자아의 표현욕구를 충족시켰다. 이 밖에도 파크 하이얏트 호텔(Park Hyatt)의 경우, 제품 독특성(Hiding Marketing)을 강조하기 위해 24층에 프론트 데스크를 위치시키고, 조그마한 로고를 사용하였다. 몇몇 브랜드들은 작은 로고조차 사용하지 않는 노로고(No Logo) 정책을 통해서 장식과 과시보다는 자신만의 개성을 표현하고 디자인을 차별화하였다.

이 밖에 전체 서비스 프로세스를 통해 자존의 욕구를 충족시킨 사례도 있다. 소비자 편의 및 소비자에 대한 존중이 기반된 구매절차를 통해, 소비자 여가의 가치가 증진되고, 따라서 삶의 질이 향상된 구매전 과정에 있어서의 소비자 중심적 접근이 그러한 경우이다. 엘지(LG)전자(3개 도시 콜센터 24시간 운영, 2시간 처리제, 불친절 요금 환불제)와 삼성

전자(서비스센터 해피콜제도, 2시간 이내 방문하기)는 이러한 서비스 프로세스 관리를 시행하고 있다. 하지만 친절한 콜센터 운영 및 사후관리에 중점을 두기보다는 제품소비 전 과정에 대한 전사적 통합관리가 체계적으로 운용되어야 한다.

2) 자아일치성을 제공하는 제품의 제공

자아일치성이란 브랜드 개성과 소비자 개성의 일치 정도를 말하는 것으로 브랜드 개성의 차원에는 진지함, 재미있음, 유능함, 세련됨, 강인함 등이 있다. 이러한 브랜드의 이미지가 목표고객의 자아 이미지와 일치할 때 소비자는 브랜드와의 긴밀한 유대관계를 형성하고 브랜드에 대해 애착 등의 정서적인 반응을 보이게 된다. 웰빙 소비자의 소비가치에 부합하는 마케팅 활동은 소비자로 하여금 자아일치감을 느끼게 하며 이러한 소비자 자아일치성은 자존욕구의 충족, 자아향상성 욕구의 충족, 그리고 개성적인 자아표현을 통한 자아실현의 욕구를 충족시켜 줌으로써 소비자 웰빙을 증대시킨다.

브랜드의 이미지가 목표고객의 가치와 유사하고, 독특하며, 고급스러울 때 소비자들은 비로소 그 브랜드의 이미지에 대해 매력을 느끼고 자아일치의 욕구를 충족시키게 된다. 자아일치감이 없을 때, 고객들은 인지적 부조화라는 불편함을 겪게 되며 아무리 좋은 제품이라도 자아와 연관을 짓지 못하게 된다. 브랜드의 고급스러운 이미지는 자아향상의 욕구를 충족시켜 주게 되는데, 고급스러운 이미지는 이상적인 자아 이미지의 실현을 가능하게 하며, 고객들은 이상적인 자아 이미지의 구현을 통하여 한층 향상된 자아 이미지를 표출하게 된다. 또한 브랜드 이미지의 독특성은 자아차별성의 욕구를 충족시켜 준다. 아무리 좋은 제품이라도 모두가 가지고 있는 제품은 희소성이 없으므로 소비자들은 그 제품에 대한 매력을 갖지 못하게 되기 때문이다. 차별화된 브랜드 이미지의 표출은 달라 보이고 싶어하는 개성의 표출이다.

소비자와 브랜드의 이미지가 일치되지 않을 때에는 목표시장의 변화를 통해 자아일치도를 향상시켜야 할 필요가 있다. 그 예로 조미료 다시다의 경우 어머니 층에서 젊은 주부로의 목표시장의 변화를 추구하였으며, 의류업체인 더 리미티드(The Limited) 역시 모든 고객층에서 젊은 층으로 고객의 범위를 한정하였다. 존슨 앤 존슨 베이비 오일의 경우 유아시장에서 20대 젊은 여성으로 목표시장을 확충하였다. 박카스는 국토대장정 캠페인으로 20대의 젊은 층과 정서적 유대를 확보하였으며, 기성세대에 대하여는 휴머니즘 광고를 통한 기존의 유대를 유지하였다. 야외복 업체인 팀버랜드는 보수적 고가 이미지에서 내구성이 강한 이미지로의 변화를 시행하였고, 펩시는 저가 이미지 대신 젊은 층에 대한 소구로서 이미지의 일치를 시도하였다.

3) 체험적 가치를 제공

웰빙 소비자들은 브랜드에 대한 체험을 중시하고, 그를 통해 창출되는 브랜드와의 정서적 가치를 중시하는 집단이다. 따라서 기업들은 소비자-브랜드 간의 정서적 관계의 증진을 통하여 소비자에게 브랜드와의 일체감 및 세련된 집단의 일원이 된 느낌을 제공해 주는 것이 중요하다. 이러한 고객의 체험적 소비가치의 충족을 위하여 다양한 소비자 참가 및 체험 이벤트를 개최한다(예: 소비자 시음대회, FTF TTL Zone, KTF Drama, 백세주 마을, 자동차 시승대회, 통화 시연대회, 무료 샘플, 무료 렌탈 서비스, 제품 평가단, 아이디어 공모전, 사용후기 대회). 이러한 소비자 체험 경험은 고객의 입소문을 창출하고 고객의 제품에 대한 애착 등의 정서적 반응을 유발하며 충성도를 강화하게 된다. 소비자의 적극적인 참여가 있을 때 고객들은 브랜드에 대한 친밀감 및 자아연관성을 갖게 되고 자아일치성을 향상시킨다.

4) 자존의 욕구를 충족시켜 주는 제품의 제공

웰빙 소비자의 소비 전 과정에 대한 이해를 바탕으로 소비자들의 정서적 삶과 연결되고, 그들의 삶을 더욱 의미 있고 풍부하게 하여 주는 제품/서비스가 창출되어야 한다. 즉, 이로 인해서 고객 자신의 정체성을 확인시켜 주고 자아 이미지를 향상시켜, 이상적 자아 이미지의 구현이 가능하게 한다. 이를 위해서는 편한 구매절차와 존경받는 서비스를 제공하며, 부분적인 서비스 개선보다는 소비의 전 과정에 대한 전사적 통합관리가 필요하다.

5) 고객커뮤니티의 활성화

소비자-브랜드 자아일치도를 향상시키기 위한 또 하나의 방법은, 고객커뮤니티를 활성화하는 방법이다. 정보지향적인 커뮤니티를 관계지향적인 커뮤니티로 전환하는 노력이 소비자-브랜드 상호작용을 활성화하고 관계의 질을 향상시키게 된다. 정보지향적 커뮤니티는 상품정보의 획득이나 정보의 공유에 치중하여 대개는 기능적이고 일방적 커뮤니케이션에 그치게 되기 쉽다. 관계지향적 커뮤니티는 쌍방향적이고 즉각적인 커뮤니케이션을 통하여 개성을 표현하고 감정을 공유하며, 친밀감을 구축함으로써 실질적인 공동체를 구축하게 된다. 온라인 토론, 경품 이벤트, 체험대회, 사용후기 공모전, 오프라인 사용자 모임 등 다양한 커뮤니티 활동을 통해 커뮤니티에 대한 소속감과 자부심을 심어주고, 경험을 공유하는 것이 중요하다. 이러한 관계지향적 커뮤니티의 구축은 소비자와 브랜드 사이에 다양하고 쌍방향적인 상호작용을 갖게 함으로써, 소비자가 브랜드에 대한 정서적 애착을 가능하게 한다.

2.3 사회적 소비가치의 제공

웰빙 소비자의 소비가치에 부합되는 제품은 소비자의 웰빙을 향상시키는데, 이러한 대표적인 소비가치로 친환경성이 있다. 웰빙 소비자들은 환경보호에 적극적이며, 친환경적인 제품, 자연주의적 제품을 선호하는 경향을 보인다. 따라서 기업들은 유기농 및 친환경적 제품을 공급하기 위해 노력하여, 계약재배 및 농산물 품질확보, 무공해 제품 및 친환경적 포장을 개발하고 지속 가능성 공법에 의한 식품 및 제품을 개발하는 등 소비자의 친환경적 가치에 적합한 마케팅전략을 구현해야 한다. 그런데 친환경성은 브랜드 단계보다는 회사차원에서 더욱 효과적으로 구현되는 개념이며, 이러한 친사회적 소비가치는 사회와의 연결을 가능케 해 준다. 이는 소비자들로 하여금 회사가 표방하는 사회적 가치에 동일시하도록 한다. 친환경 이미지의 회사로는 유한 킴벌리, 델, 스타벅스, 바디 샵 등이 있다.

이러한 친환경성이 바람직한 가치이기는 하지만 목표시장에 따라서는 받아들여지지 않는 경우도 있다. 예를 들어, LG생활건강의 한스푼이 가진 친환경적 특성은 세제 제품으로서 바람직한 가치이지만, 실제 구매에는 중요한 영향을 미치지 못했기 때문에 결국 경제성을 강조하는 것으로 포지셔닝이 전환되었다. 즉, 친환경성이 중요한 고려요소이지만 실제 구매결정시에 중요한 역할을 하지 못할 수도 있음을 보여주는 예라고 하겠다.

로하스는 건강과 행복을 추구하는 기존의 웰빙개념에 사회와 환경의 개념을 추가하였다. 예를 들어, 유기농 제품 구매의 경우 건강성을 중심으로 제품을 구매하던 단계에서 벗어나, 그 제조공법이 환경파괴를 하지 않았는지, 지속 가능 공법에 의해 사용되었는지 등의 환경적인 문제까지 고려한 상태에서 제품을 구매한다. 무공해 천연세제, 무공해 음식물쓰레기 처리기 등이 이러한 로하스를 반영한 관련제품의 예이다.

로하스 소비자의 경우 녹색연합, 환경연합 등의 사이트를 통하여 제품의 친환경성에 대해 적극적으로 검색하고, 생산량을 줄이더라도 지속가능 공법에 의해 재배한 유기농 제품을 구매하며, 친환경 아파트에 대한 선호를 보인다(친환경 소재, 생태하천, 친환경적 조경). 이들은 포장의 환경 유해성과, 천연추출물 여부, 제품의 재생 가능성까지 꼼꼼히

그림 4-5 **환경효율성 분석**(Eco-Efficiency Analysis)

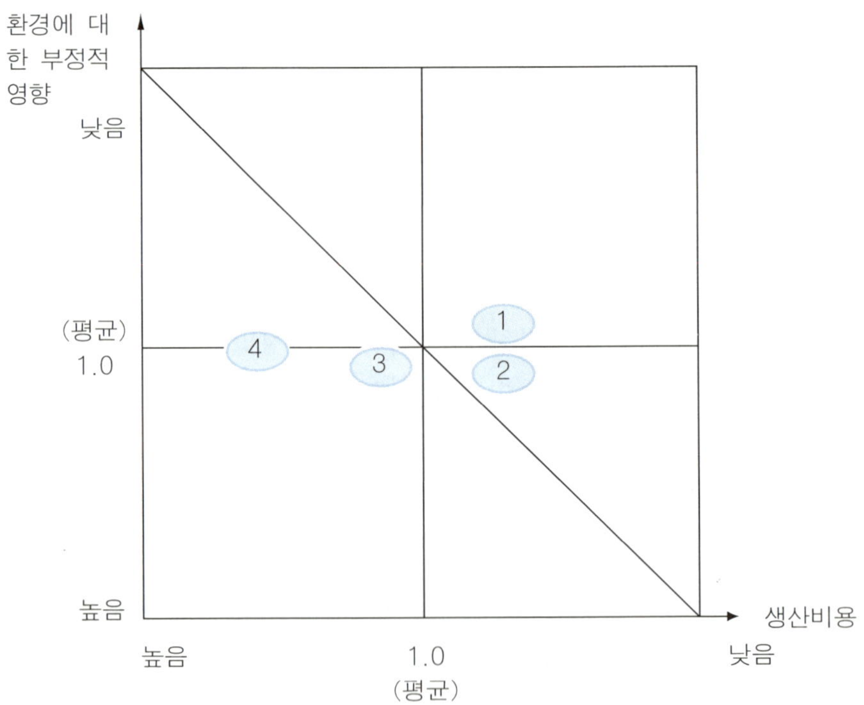

챙겨 소비한다. 이러한 사회적 웰빙의 가치를 추구하는 로하스는 기본적인 욕구의 충족을 넘어, 사회적 가치를 반영하는 높은 소비의식과 함께 사회적 인정, 자아가치의 실현 등 소비의 상위욕구에 대한 지향을 의미한다.

〈그림 4-5〉는 친환경성을 지수화하여 평가한 환경효율성 분석(Eco-Efficiency Analysis)으로 BASF에서 사용하고 있다. 생산비용을 토대로 한 생산효율성지수와 함께 환경에 대한 영향이 지수화되어 친환경적이고 효율적인 프로젝트를 선정하는 분석의 틀을 제공한다. 이 분석에 따르면 생산비용 및 효율성 기준으로 선정된 효율적인 1, 2의 프로젝트 중에 환경에 대한 부정적 영향이 낮은 1번 프로젝트를 선정한다.

1) 사회적 책임완수

사회적 책임을 다하는 기업에 대한 소비자의 신뢰 및 구매의향이 높아지고 있다. 한 조사에 의하면, 사회적 책임을 다하는 회사로부터 제품을 구매하겠다는 의견이 전체 소비자의 80%를 넘어서고 있으며, 환경보호에 대한 평판 역시 구매결정에 70% 이상의 영향을 미치는 것으로 나타났다. 이러한 소비자들의 트렌드를 볼 때, 기업은 이제 '사회적 책임'을 의무에서 적극적인 마케팅전략으로 전환하여 볼 필요가 있다. 즉, 마케팅 노하우, 기술지원, 일자리 제공 등을 통해 사회에 공헌하고, 내적 · 외적 이해관계자에게 긍정적인 기업 이미지를 제공함으로써 사회적 책임을 다하는 기업으로 거듭나야만 한다.

그러면 어떤 사업에 참여함으로써 앞서 언급한 목표를 달성할 수 있을까? 기업의 사회참여는 기업의 가치관 및 비즈니스 목표에 부합되는 분야, 핵심상품 및 시장에 관련된 사회적 이슈가 있는 분야, 브랜드의 인지도나 선호도를 높이는 데 도움이 되는 분야, 그리고 기업의 위기나 국가정책에 도움이 되는 분야에서 이루어져야 한다. 즉, 모든 문제에 대한 관여보다는 기업역량 및 목적에 비추어 구체적인 개선이 가능한 프로그램을 전사적으로 지원하고 이를 또한 기업홍보와 연결시키려는 노력이 필요하다.

기업의 사회적 책임을 구현하려는 마케팅 노력은 다양하다. 예를 들어, 치약회사인 크레스트(Crest)는 치과치료 및 구강위생교육을 실시하고 있다. 애플컴퓨터는 교육기관에 컴퓨터를 지원하고 제너럴 모터스(GM)는 자동차 안전 교육캠페인을 실시하며, 「뉴욕타임즈」(*The New York Times*)는 저널리스트 교육을 지원하고 있다. 또한 스타벅스(Starbucks)는 생물보전지역의 열대우림을 보호하기 위해 커피를 그늘에서 재배하도록 하고 이러한 그늘 재배커피에 대해 더 높은 가격을 지불하고 있다.

2) 공익연계마케팅의 실시

공익연계마케팅이란, 특정 공익활동과 기업의 활동을 연결하는 것을 의미한다. 예를 들어, 수익의 일정 비율을 기부한다든지 다양한 단체를 후원하는 것이다. 컴퓨터 회사인 델(Dell)의 경우, 환경기준에 적합한 컴퓨터를 생산하려는 노력의 일환으로 납 등 환경유해 성분의 사용절감을 통해 재활용 가능성을 높이고, 에너지 소비를 절감할 수 있는 방식으로 제품을 디자인한다. 또한 산재해 있는 중고 컴퓨터의 재활용을 위하여 무료수거 서비스를 제공하고 있으며, 수거에 참여한 고객에게는 재구매시 할인혜택까지 제공하고 있다. 이렇게 수집된 중고 컴퓨터는 수리를 거쳐 NGO 등 자선단체에 기증됨으로써 여러 측면에서 사회공익에 기여하고 있다고 할 수 있다. 이러한 공익 및 사회적 책임 마케팅은 소비자의 기업 및 브랜드에 대한 신뢰를 높인다.

국내기업 중 신세계는 구매영수증을 후원단체함에 넣으면 영수증 금액의 0.5%를 해당 단체에 후원하고 있으며, 삼성 테스코는 마케팅 비용의 5%에 해당하는 냉장고, 세탁기 등의 현물을 사회복지단체에 기부하고 있다.

3) 브랜드 신뢰의 제고

소비자의 브랜드에 대한 신뢰는 역량, 배려, 원칙의 세 가지 차원을 가지고 있다. 역량(Competency)은 전문적인 기술, 지식 및 능력으로 대표되는 신뢰로 장기적인 제품능력이 이에 속한다. 이 요인의 형성은 성과에 근간을 두며(Calculation process) 전문지식이나 실무적용능력(Tacit knowledge) 및 절차에 관한 훈련을 통해 제고할 수 있다. 기존의 전통적 이미지를 고수함으로써 소비자의 신뢰를 구축한 예로, 게스(Guess)나 켈빈 클라인(CK)의 패션진 트렌드에 대항하여 정통성을 강조한 리바이스 501진, 가볍고 소프트한 트렌드와는 반대로 무겁고 튼튼한 가방을 강조한 샘소나이트 가방이 있다. 또한 객관적 차별화를 통해 고객신뢰를 구축한 예로써 미쉐린 타이어는 월등한 내구성과 도로-타이어 마찰력을 가지고 있으며, 니치 분야 전문성을 자랑하는 은성 낚시대와 진웅 텐트 등이 있다.

배려(Benevolence)란 인간적 배려를 통해 소비자 신뢰를 구축하는 것을 말한다. 이는 자발적 정보공유 등 기업이 거래 상대방에게 도움을 주고자 하는 적극적 행위로 형성될 수 있는 신뢰의 요인으로서, 의도유추(Intentionality process)의 과정에 의해서 형성된다. 또한 소비자 지향적 문화, 소비자 중심의 경영을 통해 향상시킬 수 있다. 일본의 MK 택시의 경우, 고객을 위한 응급조치 서비스 제공, 심야 응급환자 수송서비스, 통역 및 관광 서비스 등 다양한 부가 서비스를 제공하고 있다.

하지만 고객에 대한 배려가 때로는 디마케팅의 성격을 띠기도 한다. 일주일에 한 번 이상은 오지 말라고 광고했던 프랑스 맥도날드는 고객들로 하여금 기업이 자신을 배려하고 있다고 느끼게 하여 고객신뢰를 확보하였다. 이 같은 사례에서 볼 수 있듯이 고객은 장점만 나열하는 기업보다는 장점과 단점을 모두 설명해 주는 기업에 대해 더 신뢰를 느끼게 된다. 다시 말해서, 브랜드 신뢰를 위하여는 고객에 대한 진정한 배려가 전제되어야 한다.

원칙(Integrity)은 기업이 정직하고 공정하며 계약에 대하여 성실한 이행을 보였을 때 형성되는 신뢰의 요인으로, 예측 가능성(Predictability process)과 일관성을 통해 형성될 수 있는데, 윤리적 기준 강화와 윤리적 조직문화 구축을 통하여 제고할 수 있다.

이러한 신뢰의 세 가지 차원은 구체적인 수치로 신뢰 지수화할 수 있으며, 동시에 신뢰를 형성하는 데 있어서 각각의 중요도를 파악하도록 한다. 형성된 고객의 신뢰는 재구매 의향 및 구전 등의 긍정적 효과를 보인다. 또한 기업에 대하여 신뢰를 가지고 있는 고객은 소극적 침묵보다는 불만표출이라는 적극적인 행위를 하는 것으로 나타났다.

브랜드 신뢰를 구축하기 위해서는 제품에 문제가 발생했을 때 최고경영자의 윤리적 리더십이 요구된다. 타이레놀(Tylenol)이나 코카콜라(Coca-cola) 등이 제품에 문제가 생겼을 때 시중 제품 전량을 회수 및 환불한 예는 유명한데, 모든 경우에 전액 회수가 반드시 좋은 것만은 아니다. 또한 문제가 발생했을 때, 바로 회수 대응하면 효과적이지만, 늑장 처리된 전량 회수는 오히려 역효과를 낳을 수도 있다. 그 예로 프랑스 페리에(Perrier) 생수를 들 수 있는데, 제품에 문제가 발생했을 당시 문제분석 후 8개월 뒤에 제품을 전량 회수하고 재출시하였으나 고객들의 반응은 더욱 냉담하였다.

또한 브랜드 신뢰의 형성을 위하여 긴밀한 노사 파트너십도 필요

하다. 예를 들어, 프로그램 회사에서 오류가 생겼을 때 주말이라 할지

그림 4-6 **윤리적 마케팅과 소비자 웰빙 모형**

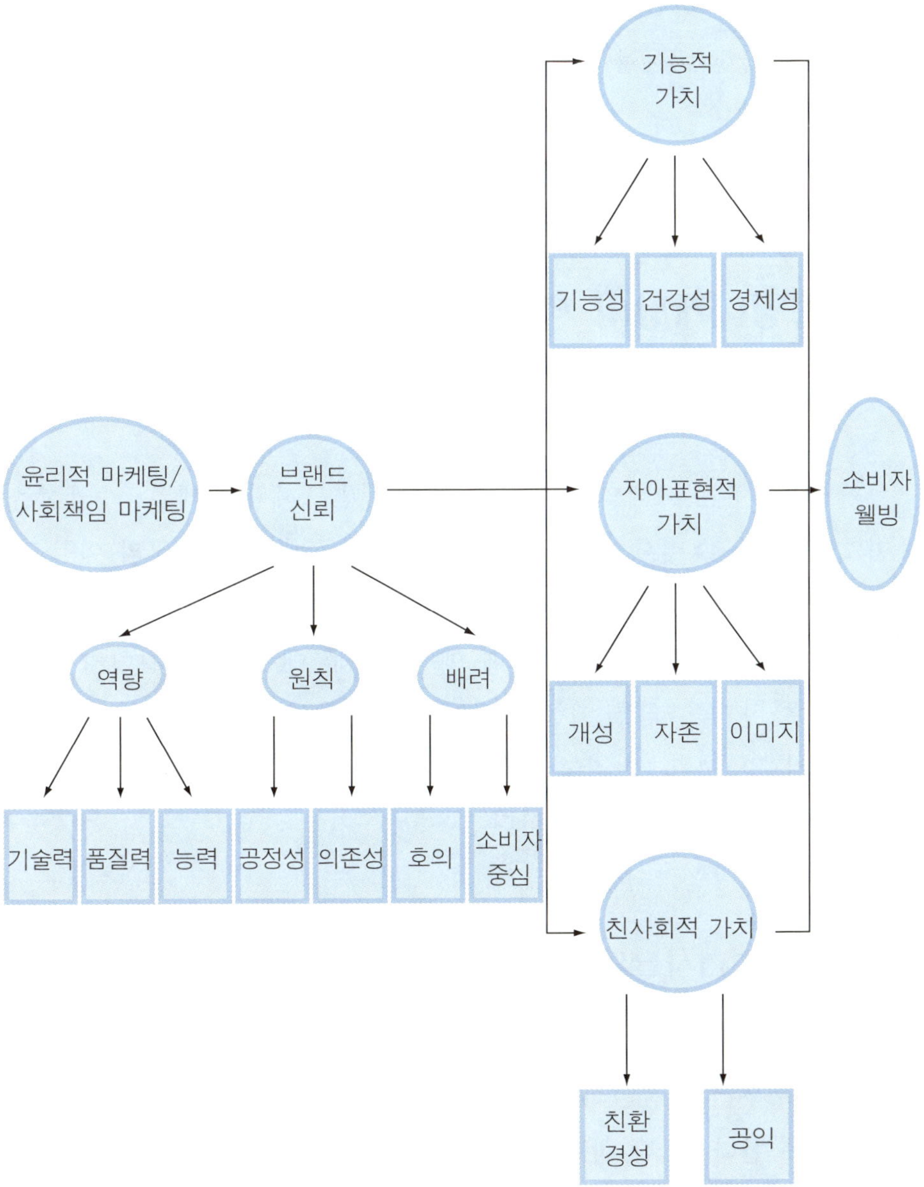

라도 문제를 먼저 처리하고, 나중에 보고 가능한 노사분위기를 만들어야 한다. 스타벅스(Starbucks)는 파트 타임 계약직 직원 포함, 전 직원의 의료보험을 제공해 노사의 관계를 긍정적으로 구축하려 노력했고 스톡옵션 방법도 시행하였다.

앞서 언급한 내용을 토대로 소비자 웰빙 모형을 도식화하면 〈그림 4-6〉과 같다.

3 웰빙마케팅의 제품전략

3.1 소비사슬의 분석

웰빙마케팅은 고객의 총체적인 경험을 변모시키는 데 그 주안점을 두며 그 핵심은 소비사슬을 통하여 고객의 제품에 대한 욕구와 이를 충족시킬 방식을 파악하는 것이다. 고객의 소비사슬(Consumption cycle)은 고객의 니즈 충족에 관련된 '구매'에서 '처분'에 이르는 일련의 소비 활동을 말한다. 즉, 최초 제품의 탐색에서 구입, 자금융통, 설치, 보관, 사용, 수리 및 교환, 그리고 최종 소비에 이르는 모든 과정에 이르는 전체적인 경험을 아우르는 것이다.

1) 소비경험사슬의 구축

먼저 타깃 세분시장을 선정하고, 고객들과의 접촉을 통해 그들의 니즈 인지로부터 제품과의 관계가 끝나는 지점까지 겪게 되는 경험을 묘사하도록 한다. 조직 내 다양한 부서 사람들, 다양한 고객 접점 매니저, 그리고 고객들에게 회사를 상대하면서 경험했을 구체적인 소비사

습을 그려보도록 한다. 그 예로, 자동차 소비자들의 니즈 인지에서부터 제품의 처분에 이르는 고객의 주요 경험 및 각 단계의 욕구를 묘사하면 다음과 같다.

① 구매단계의 욕구

전반적 구매경험, 정보획득의 용이성, 정보의 유용성, 시운전 경험, 선택 가능한 제품의 다양성, 판매원과의 상호작용, 협상과정, 구매의 재무적 조건

② 준비단계의 욕구

자동차에 관한 정보, 보험 취득과정, 자동차 등록과정, 보증, 서류작업의 편리성, 보험료, 초기단계의 자동차 상태

③ 소유단계의 욕구

주변의 자동차에 대한 인정, 주위의 부러움, 소유에 대한 자부심, 자동차의 감가상각 등 가치의 유지

④ 소비단계의 욕구

자동차의 성능, 신뢰도, 편리성, 연비, 악천후에서의 성능, 전반적인 운전에서의 느낌

⑤ 유지단계의 욕구

자동차 정비경험, 자동차 유지를 위한 비용 및 노력, 부품의 가용성, 자동차의 상태를 유지하는 데 드는 노력 및 비용

⑥ 처분 관련 욕구

처분시의 재무적 손실, 판매절차의 번거로움, 자동차 처분가격, 처분 관련한 자산가치의 손실

2) 소비경험사슬 속에 중요한 욕구의 확인

각 소비 구매경험에 있어서 중요시되는 욕구의 종류와 정도를 확인하도록 한다. 단계별 소비경험은 다양한 욕구들을 필요로 하고, 각각의 경험에 있어서 고객의 충족되지 않은 욕구와 구매동기를 확인한다. 더불어 이러한 욕구 각각의 중요도를 확인하여 의사결정의 초안이 되도록 한다. 이러한 각 단계별 경험에 대하여 소비자들의 중요도 및 그곳에 필요한 욕구의 종류를 규명하고, 각 소비경험에 있어서의 기능적 · 기본적 욕구, 사회적 · 자존의 욕구, 그리고 자아실현의 욕구를 파악하여 적합한 제품을 개발하는 것이 필요하다. 즉, 각 소비경험 단계별로 충족이 필요한 욕구를 중심으로, 그 욕구를 가장 잘 충족시킬 웰빙제품과 서비스를 제공해야 한다.

3) 소비경험사슬 속 욕구충족 방식의 확인

이러한 각 단계별 욕구에 대하여 어떤 방식으로 욕구를 충족시킬지를 연구하고 이에 부합하는 마케팅전략을 평가한다. 그 예로써 고객에게 새로운 소비경험을 선사하거나(새로운 기능), 더 많은 편의를 제공하거나, 구매동기를 충족시킬 마케팅전략을 구축한다. 그 후에는 선정한 방식에 대한 평가가 필요하다. 예를 들어, 소비자의 경제적 욕구 및 안전욕구의 충족을 위해서 구매 프로세스를 좀더 편리하게 해 주는 방식을 고려할 수 있다. 즉, 자동차의 전체 구매 프로세스의 시간을 줄이

기 위한 구매 프로세스의 디지털화(예: CarDirect.com), 인증된 협력업체 대리점을 통하여 재고가 없이도 계약을 완료하게 하는 방식, 가격의 투명성을 높이기 위한 보증제도의 개선(예: 최저가 보장제도) 등이 고려될 수 있다.

온라인 서점 아마존 닷컴의 경우 사회적 욕구의 충족을 위해 친구에게 책보내기 행사를 활용하며, 처분을 위해 책 되팔기 기능을 지원하고 있다. 구매 프로세스의 개선을 통해 소비자의 편의를 도모하고 자아이미지의 향상을 가져다 주는 고객화된 서비스의 예로는 호텔 체크아웃 동안 발레 파킹된 차를 가져다 주는 서비스, 레스토랑에 도착하기 전 음료 및 에피타이저(Appetizer)를 주문하는 서비스 등이 있다. 또한 슈퍼에서는 RFID 등을 이용한 구매 프로세스의 개선이 있는데, 슈퍼 내에서 바로 사용할 수 있는 쿠폰을 제공하는 동전 교환기, 재활용을 활성화하기 위해 재활용품을 쿠폰으로 교환해 주는 교환기 등이 고객의 소비경험 욕구충족을 높이기 위한 몇 가지 예라고 하겠다.

3.2 웰빙제품 속성의 우선순위 결정

소비사슬 분석을 통해 구매고객의 주요 경험과 중요 욕구를 파악함으로써, 기업은 여러 웰빙제품 속성에 대한 우선순위를 정할 수 있다. 웰빙제품의 속성은 안전성, 건강성, 환경성, 충족성, 그리고 사회성으로 구분되는데, 제품의 안전성은 소비자의 안전한 사용 가능 정도에 대한 판단을 말하며, 건강성은 상품의 속성 중 소비자의 건강을 증진하는 기능이 부가되고, 그 기능이 정상적으로 발휘되고 있는 정도를 의미한다. 제품의 환경성은 상품과 서비스의 설계 및 사용과정에서 친환경적 속성이 내재되어 있는 정도를 말하며, 제품의 충족성은 상품에 웰빙기능, 품질에 대한 소비자의 주관적인 만족 및 가치판단을, 제품의 사회성은 상품 및 서비스의 사회적인 공감성 및 사회발전, 산업발전에의 기여 정도를 의미한다. 이러한 웰빙제품들의 속성을 구체화함에 있어서 고객의 구체적 구매동기의 충족(만족요소의 제공, 불만요소의 감축), 직·간접적인 고객에게 부여되는 혜택, 경쟁적 차별화 가능성을 염두에 두고 핵심 소비시장에 대한 웰빙제품의 컨셉을 구체화해야 한다. 더불어 웰빙제품의 컨셉이 너무 복잡하지 않도록 단순화하는 것이 중요하다.

초기 웰빙제품에 대한 주안점이 건강성에 있었지만, 웰빙제품이 전 산업군으로 확산됨에 따라 그 제품별 중요 속성이 달라졌다. 소비자들은 생활용품의 경우에는 충족성과 건강성을, 자동차의 경우에는 안전성과 충족성을, 식음료에서는 건강성과 충족성을, 전자제품의 경우에는 충족성과 사회성을, 서비스 공간에서는 충족성과 건강성을 중요하게 생각하는 것으로 나타났다. 또한 패션의 경우에는 건강성과 기능성이, 식품에는 건강성과 환경성이, 주거에는 새집 증후군 등에서 보듯이 환경성, 건강성이 중요하게 대두되고 있다.

또한 소비경험의 중요도가 항상 일정한 것이 아니라 구매단계별로 변화한다는 점에 주목해야 한다. 예를 들어, 소비내구재의 경우 초기에는 가격과 성능이 동일하게 중요하지만, 소비 후기 단계로 갈수록 성능을 더욱 중요시하게 된다. 금융상품의 경우, 초기에는 대출 여부에 관심을 보이지만, 후기에는 대출의 편리성과 신속성에 더 주안점을 두게 된다. 일반적으로 웰빙제품은 건강과 실속을 중시하되, 이러한 실질적 성능의 향상과 더불어 디자인 등을 통한 감성적 · 체험적 가치를 동시에 제공해야 한다. 따라서 이러한 제품속성의 중요도 변화에 대한 면밀한 탐색이 필요하다.

3.3 소비자와의 장기적 관계구축

웰빙제품의 경우, 단기적인 판매보다 고객과의 장기적인 관계를 구축하려는 노력이 매우 중요하다. 고객들은 단기적인 편익/비용보다는 브랜드에 대한 정서적 애착과 일체감을 가질 때, 그 브랜드에 대해 장기적인 관계를 유지하는 경향이 있다. 따라서, 웰빙 소비자와의 관계에 있어서 관계의 정서적인 가치를 이해하고(사랑과 정열, 친밀감, 상호의존, 애착 등) 그러한 소비자의 정서적 반응을 향상시키기 위한 노력이 필요하다.

다이어트와 건강에 대해 소비자들이 관심을 보이면서 콜라에 대한 거부감이 커져가고 있다. 최근 이러한 탄산음료 기피현상은 미국 10대 주요 대학이 코카콜라 제품의 교내판매를 금지하는 데까지 이르렀다. 이러한 소비패턴의 변화 속에서 펩시는 사업다각화를 통해서 콜라에 대한 매출의 의존도를 20%로 줄이는 대신 과일주스와 생수, 이온음료, 스낵을 취급하는 종합 식품회사로 탈바꿈하였다. 특히 도리토스 등을 생산하는 펩시 계열의 프리토레이는 스낵시장의 60%를 차지하고 있다(코카콜라의 경우에는 여전히 콜라의 비중이 전체 매출의 80%를 차지하고 있다). 펩시는 또한 타코벨, 피지헛 등과의 전략적 제휴를 통해 판로를 개척하고 있으며, 시음대회와 버즈 마케팅을 통하여 차세대 젊은 층 공략(The choice of next generation)에 주력함으로써 이들과 장기적인 관계를 구축하는 것을 목표로 하고 있다. 이러한 사업다각화와 차세대 소비자와의 관계강화를 통하여 펩시는 2006년 현재 29조원 매출을 거둬 21조원 매출의 코카콜라를 제치고 업계 1위의 위치를 차지하고 있다.

또한 고객과의 장기관계를 위해서는 고객에 대한 신뢰를 확보하고 유지해야 하는데, 이를 위하여 제품정보 완전 공개와 윤리 마케팅의 도입 등을 실시할 수 있다. 즉, 단기적인 이익보다 소비자의 장기적 웰빙을 중심으로 의사결정을 하여야 하며 제품의 자발적 리콜이라든지(LG 전자 자동밥솥), 불만고객에 대한 적극적인 보상(예: CGV 쓴소리 고객 포상) 등이 몇 가지 예가 되겠다.

3.4 웰빙제품의 개발과 마케팅시 점검사항

웰빙제품을 마케팅할 때 제품과 관련하여 다음의 사항들을 점검해야 한다. 고객에게 운반, 주문, 조립에 있어서 편리함을 제공하고 있는가? 더 나은 제품을 위한 개발 프로세스의 개선은 가능한가? 소비자에게 건강과 실속이라는 기능적 욕구를 충분히 제공하고 있는가? 소비자의 친환경성, 건실한 소비 등 자아실현욕구, 자존의 욕구 등을 구현하고 있는가? 제품의 잔존가치를 보장하고 있는가? 가속되는 제품 진부화로 소비자에게 너무 잦은 구매를 강요하고 있지는 않은가? 소비자가 구매 이후 품질보증 및 수리를 받을 수 있는 시스템이 적절히 갖추어져 있는가? 제품 및 포장이 친환경적으로 개발되고 제조되는가? 이러한 웰빙제품 개발과정 관련 마케팅 감사는 소비자 웰빙을 높이는 마케팅 활동을 가능하게 만든다.

웰빙제품 개발 마케팅의 예로 LG전자를 들 수 있는데, 구매 프로세스간 연결 접점의 관리를 통해 구매상담-견적 프로그램을 실행하였고, 제품개발의 결과로 냉동실을 냉장실 아래로 옮겨 소비자의 니즈를 만족시켰다. 이 밖에 웰빙제품의 예로, KCC의 휘발성 유기화합물 함량이 없는 수성 페인트와 은입자 항균효과를 갖고, 오존파괴 없는 냉매를 사용하는 삼성의 지펠 냉장고, 동물실험을 배제하고 재활용 용기를 사용하는 바디 샵(Body shop) 등을 들 수 있다.

이러한 마케팅 점검사항은 기업으로 하여금 제품을 개발할 때 윤리적 이슈에 대해 민감하게 반응하게 만든다. 이렇듯 웰빙제품에 있어서 윤리적 문제가 중요하기 때문에 타이어 제조 회사인 화이어 스톤은 SUV에 장착되었던 타이어 접지부분에 문제가 생겼을 당시 문제의 타이어를 전량 리콜하였고, 교통안전 교육 프로그램에 기부를 하였다. 등산용구 제조회사인 파타고니아는 재활용이 가능한 등산용 로프 및 접지막대를 개발하였고, 친환경적인 유기농 목화재질의 야외 의류를 개발하였다. 또한 세전 이익 10% 또는 매출액의 1% 중 큰 금액을 환경단체 지원금으로 지원하는 등 윤리적인 마케팅을 펼치고 있다.

4 웰빙제품의 광고 및 판촉전략

4.1 웰빙제품의 광고전략

웰빙제품의 광고전략은 내용적 측면에서 제품에 대한 감성적 가치의 제공, 자아표현적 가치의 충족, 친환경적 이미지의 홍보, 그리고 희소성의 가치전달 등이 있다. 주로 사용되는 웰빙제품 광고의 유형은 정보 제공형과 입소문 창출형이 있다.

1) 웰빙제품의 광고내용

① 웰빙제품의 감성적 가치제고

웰빙제품의 광고는 고객이 제품의 소비를 통해서 느낄 수 있는 삶의 편익증대가 이해하기 쉽고 단순한 메시지로 전달되는 것이 중요하다. 단순한 커피보다 삶의 재충전/휴식이라는 메시지가 스타벅스의 웰빙 메시지를 보다 효과적으로 전달하도록 한다.

웰빙제품은 하나의 경험뿐 아니라 다양한 소비경험의 총합을 통해서 구현되므로 이러한 통합된 소비경험이 소비 삶의 질 향상을 가져온다는 핵심 메시지를 전달하는 것이 중요하다. 예를 들어, 잠바(Jamba) 과일주스는 제품 속성(천연재료의 사용, 풍부한 각종 비타민, 에너지 제공)뿐 아니라 소비경험 전체를 통해서 감성적 소비가치 및 브랜드 이미지의 차별화를 시도하였다. GE의 광고, '우리는 삶에 좋은 것을 가져다 준다(We bring good things to life)'는 캠페인의 경우도 이러한 삶의 질에 대한 기여를 단순하게 표현한 광고의 한 예라고 하겠다. SK에서 진행하는 '행복 날개' 캠페인 역시 고객의 행복을 최우선으로 하는 기업가치를 반영하는 광고이다.

② 고객의 자아표현적 욕구충족

웰빙제품을 광고함에 있어서 제품의 기능성 등과 더불어 소비자가 지니는 제품의 자아표현적 성향을 잘 이해하고 반영하는 것이 중요하다. 그 대표적인 예로 김치 냉장고의 경우, 싱싱한 보관기능보다는 특정 이미지를 표출하였는데, 이는 사회적 인정을 받고 싶어하는 소비욕구의 반영이기도 하다. 경동 보일러 광고의 경우, 제품보다는 '효'라는 정서를 제공한다. 이러한 정서적 가치의 충족은 풍부한 화젯거리를 창출하며 구매에 대한 입소문을 창출하게 된다. 웰빙제품 광고에 있어서 제품에 대한 필요성을 강조하기보다는 정서적 가치를 제공하는 것이 중요하다. 커피를 통해 제3의 공간, 편안함, 세련됨 등을 제공하는 것을 강조한 스타벅스와 패션 목걸이 같은 세련됨을 강조한 mp3회사인 아이리버가 적절한 예가 될 것이다. 또한 싸이월드를 통한 개인공간 꾸미기, 핸드폰 컬러링 등 다양한 아이덴티티 제품들은 이러한 소비자들의 자아표현적 욕구를 반영한 것이다. 이러한 자아표현적 욕구는 제품과 자아의 일치감을 통해 보다 상위의 욕구충족을 통하여 소비자 웰빙을 향상시키게 된다.

③ 친환경적 기업 이미지의 홍보

로하스(LOHAS) 고객을 목표로 하고 있는 경우, 제품의 친환경적 속성, 지속 가능 공법의 사용 등을 강조하는 것이 매우 중요하다. 친환경제품 풀무원의 경우, 자연/신선/안전이라는 브랜드 이미지를 강화하고자 제품에 있어서의 무방부제, 무보존료, 무농약, 무성장촉진제 원칙을 지켜나가려고 노력한다. 유통시스템도 자연산에 가까운 신선도를 유지하기 위한 콜드체인시스템(15일 이내의 자연산에 가까운 신선도 유지) 및 온라인 및 오프라인 쇼핑몰을 활용하고, 물류 추적 시스템을 통하여 원료별 세부관리를 하고 있다. 계약재배를 통한 친환경 농산물의 품질 확보, 회사-농촌의 교류를 통한 사회기여 활동 등 다양한 환경친화적 마케팅 활동을 벌이고 있고, 제품 재고 전 과정에 대한 투명한 공개를 하고 있으며 윤리적 기준의 강화 및 실천을 위해 노력하고 있다. 이러한 친환경적 농산물의 매출은 연 40%의 성장률을 보이고 있다. 화장품에 리필용기를 도입한 국내 한 화장품회사의 경우도 이러한 친환경적인 이미지를 강화한 사례로 볼 수 있다.

④ 웰빙제품의 희소성 가치 제공

웰빙제품들의 경우, 차별화된 기능과 더불어 한정 판매라는 희소성을 제공하는 것이 비교적 높은 가격의 웰빙제품 구매에 대한 정당성을 더하게 된다. 차별화된 가치를 제공할 때 중요한 것은 새로움이다.

신상품의 홍수 속에서 남들이 하지 않는 것, 나만이 즐기고 만족할 수 있는 것, 고유한 것을 찾는 사람들의 희소성 욕구를 충족시켜 주는 것이 중요하다(예: 카시오의 욕실용 방수액정 TV, 세븐 일레븐의 고가 주먹밥,

무소음의 롤스 로이스 자동차). 웰빙제품의 희소성을 유지하는 방법으로 제품의 수명주기를 단축시키거나 지속적인 리뉴얼을 통해 소비자의 욕구충족을 증대시키는 방법이 있다. 반면 모방에 의지한 많은 마케팅 제품들은 일시적인 효과밖에 보지 못하고 있다. 많은 경쟁업체가 난립하는 불닭 체인점들, 대동소이한 편익을 제공하는 포인트 카드들이 그러한 예이다.

2) 웰빙제품을 위한 광고의 유형

① 정보제공 유형의 광고

웰빙제품의 기능성을 보장하기 위해 기사형 광고, 정보제공형 광고, 그리고 전문가의 인증 등이 효과적이다. 웰빙제품의 키워드는 건강과 실속이다. 그러므로 정보제공형 광고의 경우, 일반 대중매체보다는 특정 라이프 스타일을 겨냥한 전문화된 매체를 사용하는 것이 더 효과적이다.

② 입 소 문

웰빙제품의 경우, 상품의 핵심 혜택과 차별화에 대한 홍보를 입소문을 통하여 창출하는 것이 효과적이다. 입소문에 의한 광고효과는 웰빙 소비자의 유목적 성향을 반영하는 것으로 인터넷과 더불어 정보의 빠른 전파를 가능하게 한다. 더 페이스 샵(The face shop)의 경우 구전과 입소문에 의해 이미지를 구축하고 급속한 매출을 이루었다. 이러한 입소문의 바탕에는 소비의 동질화에 대한 문화적 압력, 그리고 모방효과가 함께 작용했다. 입소문을 창출하기 위해서는 무엇보다 먼저 시연대회 등 차별화된 체험을 통한 풍부한 화젯거리를 먼저 제공하는 것이 필요하다. 하지만 의견선도자에 대한 관리 또한 체계적이고 지속적이어야 한다. 의견선도자는 관여도가 큰 만큼 불만을 가질 경우 사소한 충격에도 악소문을 내는 등의 역효과를 가져다 줄 수 있기 때문이다.

3) 웰빙제품의 광고시 점검사항

웰빙제품의 광고시 다음의 사항을 점검하여야 한다: 제품의 내구성과 신뢰성에 관한 모든 정보제공 여부, 제품의 안전한 사용방법에 대한 소개, 소비자의 자기표현적 가치 및 기능적 가치에 대한 효율적 홍보, 품질보증 프로그램에 대한 홍보, 환경오염 가능성에 대한 홍보, 친환경성에 대한 홍보 및 정보의 제공

4) 스폰서와 이벤트 간의 이미지 일치도(Sponsor-Event Fit)

이벤트와 스폰서 주관 브랜드의 이미지 일치도는 광고의 효과에 있어서 중요하다고 할 수 있다. 일반적으로 광고 내에서 스폰서-브랜드의 기능적 일치를 이루는 예를 살펴보면, 아디다스의 굿이어 오토 레이스(Goodyear-Auto race) 이벤트 지원, 몬타나와인의 음식박람회 지원, 일본의 고급자동차인 아큐라(Acura)의 PGA 스폰서십을 살펴볼 수 있다. 웰빙 브랜드와 스폰서십의 이미지 일치도가 중요하므로 스폰서십 결정에 있어서 이벤트에 대한 다양한 이미지 차원을 조사하는 것이 필수적이라 하겠다.

스폰서십에 대한 소비자들의 태도에 대한 연구들을 살펴보면 스폰서십과 이벤트 간 중간 정도의 이미지 불일치가 일어날 경우 소비자의 긍정적 태도 형성에 가장 효과적임을 알 수 있다. 즉, 소비자들은 중간 정도 이미지 불일치 > 이미지 불일치 > 이미지 일치 > 극도의 이미지 불일치 순으로 그들의 태도를 결정한다는 것이다. 완전한 일치는 당연한

것으로 받아들여지고, 불일치는 인지적 부조화를 일으키지만 적당한 정도의 불일치는 소비자로 하여금 정보처리에 노력을 기울이게 하고, 그 결과 찾아낸 의미상의 연결(Meaning transfer)은 소비자의 긍정적 태도를 유발하는 것으로 나타났다.

4.2 웰빙제품의 판촉전략

성공적인 웰빙제품에 대한 판촉을 위해서는 고객의 동기를 유발하고, 다양한 체험을 제공하며, 적극적인 의견선도자를 관리하는 것이 중요하다.

1) 목표달성 동기의 유발

고객의 적극적인 참여를 통해 보다 높은 성과를 달성하도록 하는 것을 말한다. 한정 판매하는 웰빙제품을 구매하기 위해 오래 기다리거나, 그 사용을 위해 많은 시간과 노력을 들이는 것은 소비자로 하여금 스스로의 선택을 합리화하게 만든다. 몸에 좋은 것은 맛이 없어도 감내해야 한다는 믿음, 엄격한 학습 및 노력을 요구하는 요가, 다이어트 프로그램 등이 이러한 동기달성을 자극하는 웰빙제품/서비스이다. 이는 고객들로 하여금 웰빙효과를 위해서 이런 정도의 노력은 해야 한다는 판단을 하게 하며, 이것이 때로는 웰빙제품에 대한 애착을 강화시킨다.

판촉의 경우에도 지나치게 잦은 판촉보다는 판촉의 시기를 기다리도록 유도하는 것이 필요하다. 더불어 적립형 보너스 포인트제도를 운영하여 즉각적인 보상보다는 지연보상이 가능한 고객관리시스템이 더 적절할 것이다. 또한 한정 판매 등을 통하여 제품에 대한 기대와 애착을 강화하는 것도 필요하다.

2) 다양한 체험의 제공

단순한 경품제공의 이벤트보다는 웰빙제품의 소비경험을 하도록 유도하는 것이 훨씬 효과적이다. 소비자의 참가를 적극 유도하고, 체험 이벤트, 제품 심사단을 통하여 화젯거리 및 입소문을 창출할 수 있다. 체험을 유도하는 방법의 하나로 샘플을 제공하거나 에스케이텔레콤의 티티엘 존(TTL Zone), 케이티에프 드라마(KTF Drama) 등의 체험공간을 제공할 수 있다. 자연주의 화장품인 시슬리의 경우 광고 대신 샘플의 제공을 통한 고객의 체험을 유도하는 마케팅을 성공적으로 수행하고 있다. 또한 태평양의 녹차 다원인 오설록은 녹차 제품을 판매하는 카페를 넘어서 소비자가 원하는 휴식과 여유로움, 다도문화를 전달하는 공간이다. 고객을 분류하여 원하는 좌석으로 안내하며, 오감을 충족시켜주는 오설록만의 가치전달 요소를 강화하여 고객의 다양한 체험을 유도한다. 오설록은 도심의 접근 가능하고 편안한 매장과 더불어, 인터넷을 통한 구전, 고객커뮤니티의 활성화, 그리고 다양한 체험 이벤트를 통하여 소비자의 다양한 욕구충족을 지향한다.

3) 의견선도자 적극적 관리

웰빙제품은 체험적 사건을 통한 입소문 및 정보에 민감하기 때문에 고객들 중 의견선도자 집단을 운영하는 것이 중요하다. 고객 모임지원, 고객의 참여 게시판의 활용, 채팅룸, 자료실, 제품강좌 등을 통하여 지속적인 고객간의 상호 커뮤니케이션을 활성화하고, 사용후기, 체험 이벤트, 제품 심사단 등의 운영을 통하여 의견선도자들을 지속적으로 관리해 나갈 수 있다. 이러한 브랜드의 매니아들은 브랜드의 전도사로서 효과적으로 입소문을 창출하게 될 것이다.

5 웰빙제품의 가격전략

1) 선택적 소비를 반영하는 가격설정

웰빙제품의 가격을 설정함에 있어서, 다음과 같은 사항을 고려하여야 한다.

첫째, 웰빙제품은 제품의 원가보다는 제품이 소비자에게 얼마나 중요한지에 따라 결정되는 경향이 있다. 따라서 원가플러스 방법보다는 구매의 가격탄력성 및 소비자의 제품에 대한 내재적 효용가치를 고려하여 가격을 설정하여야 한다. 다시 말해서, 웰빙제품의 가격을 정함에 있어서 우선 제품의 자아 관련도를 고려해야 한다. 만일 제품에 대한 관여도가 낮으면, 이는 생필품으로 간주되어 가격중심의 판촉이 더 바람직할 수 있다. 또한 소비의 양을 고려할 때 대량 유통되는 제품들의 경우에는 가격중심의 판촉이 더 효과적일 수 있다. 하지만 웰빙제품으로서 자아 관여도가 높고 소비의 양이 적은 제품의 경우, 매스티지의 제품으로써 고가의 가격전략을 구사할 수 있다. 실제 매스티지 제품의 상품의 경우 저가상품과의 가격차이가 이전의 3-4배에서 5-10배까지의 차이를 보이고 있다. 즉, 중간 가격대보다는 매스티지 제품으로서의 고가정책을 사용하든지, 아니면 가치상품으로서의 저가전략을 구사하여 양자간의 구분을 분명히 해 주는 것이 좋다.

둘째, 웰빙제품의 성격을 반영하여야 한다. 소비자의 선호에 좌우되는 선택적 웰빙 소비재인 경우, 웰빙제품의 가격은 고가정책을 견지하고 최고의 품질을 지향하는 것이 필요하다. 기능적 제품의 가격에 대해서는 가격민감도가 높지만 선택적 소비를 하는 웰빙제품에 대해서는 가격민감도가 높지 않은 것이 일반적이다. 예를 들어, 기능재인 커피믹스 가격에는 매우 민감하지만 사회적 가치 및 상징성이 강한 커피 전문점에서의 커피음료에 대해서는 가격에 전혀 민감하지 않은 소비자의 반응이 이러한 경향을 보여준다. 따라서 웰빙제품은 기능성뿐만 아니라 상징적 · 자존적 욕구를 충족시킬 필요가 있다.

셋째, 고객의 소비가치 및 라이프 스타일을 고려하여야 한다. 혁신적 수용자 또는 웰빙 소비자 가치 및 라이프 스타일을 가진 고객들에게 우선적으로 고가전략을 구사하는 것이 효과적이다. 작은 사치 혹은 선택적 소비라고 불리는 이 신명품(New Luxury) 제품은 전체 소비자 소비의 17%를 차지하고 있으며, 15%의 높은 성장률을 보이고 있다.

2) 실속형 소비를 위한 저가전략

웰빙제품이 꼭 고가를 의미하지는 않는다. 다양한 판촉행사나 할인 프로그램 등의 실행을 통하여 준거가격에 대비하여 절약했다는 느낌을 주는 것이 중요하다. 저가 화장품을 공략한 미샤의 경우 제조업체 및 유통업체의 마케팅 비용을 줄이고 직판 및 온라인 입소문에 의존함으로써 원가를 현저하게 줄이는 데 성공하여 높은 성공을 거두었다. 저가제품의 경우에도 그 기능적 가치인 건강과 실속을 충분히 전달한다면 성공적인 웰빙제품 마케팅이라 할 수 있을 것이다.

3) 고객의 필요를 반영하는 가격설정

필수적인 웰빙제품의 가격은 고객의 필요 욕구를 반영하여야 한다. 필수품의 경우에는 윤리적 기준인 소비자의 지불가능성(Price affordability)이 중요한 요소로 작용한다. 소비자의 기본적인 욕구인 건강 및 생리적 욕구에 중요한 의약품 및 생필품 등은 소비자의 지불가능성을 염두에 두고, 그 제품의 소비를 통해 웰빙의 향상을 가져올 수 있는 목표고객 전부에 제품을 공급하도록 해야 하기 때문이다. 즉, 고객의 필수적인 웰빙제품의 경우에는 고객들의 접근 가능성, 지불 가능성 등이 수익성보다 우선해야 한다. 이를 통해 고객의 웰빙이 최대화되는 것이 웰빙마케팅의 궁극적인 목적과 일치하는 것이며, 웰빙제품의 가격결정에 있어서 수익성보다 고객의 웰빙향상이 중요하다는 의미이다.

4) 웰빙제품의 가격책정시 점검사항

웰빙제품의 가격을 책정할 때 다음의 사항을 점검하는 것이 필요하다: 소비자의 필요 분석, 필요 소비자에 대한 가격지불 가능성 분석, 가격지불에 있어서의 공정성, 숨겨진 비용의 공개, 친환경적 제품의 수용을 높일 수 있는 정책 가능성

6 웰빙제품의 유통전략

1) 유통의 신뢰성 확보

웰빙제품에 있어서 특히 신뢰가 중요한 제품으로 농수산물을 들 수 있다. 농수산 제품의 경우, 웰빙 소비자들은 산지나 위생상태에 민감하다. 따라서 웰빙제품의 경우 그 제품의 원재료에 대한 생산경로가 파악되도록 하는 것이 소비자의 신뢰를 확보하는 데 중요하다. 즉, 제

품의 추적 가능성(Traceability)을 높임으로써 웰빙 소비자의 신뢰와 품질에 대한 관리를 철저하게 할 수 있게 된다. 이를 위해서는 상품의 산지, 유통이력 등을 RFID 혹은 바코드 등을 통해 파악 가능하게 해야 한다. 추적 가능성과 더불어 제품에 대한 품질보증은 고객들로 하여금 스스로 합리적인 선택을 했다고 납득하게 만들어 고객의 신뢰를 강화한다.

2) 접점의 다양화

웰빙 소비자들의 트렌드에 대한 민감도 및 유목적 성향을 고려할 때, 웰빙제품의 유통은 편리성과 신속성을 강조하는 다양한 유통조직의 동시 사용을 고려할 수 있다. 홈쇼핑, 할인마트, 샵인샵, 그리고 지역밀착형 유통망을 활용하고, 체험을 극대화하기 위한 체험공간을 제공하기도 한다(예: 오설록, 백세주 마을). 나이키(Nike)의 경우에도 여러 스포츠 신발을 착용하고 경험할 수 있는 나이키 파크(Nike Park)라는 체험관을 통해 여러 스포츠 신발에 대한 고객의 체험을 극대화하도록 하였다.

친환경 유기농 제품을 유통하는 올가의 경우, 1998년 풀무원의 유기농 사업부에서 분리된 후 간접유통이 중심이었기 때문에 유통에 대한 통제권이 약했다. 하지만 상품 대기시간을 최소화하고 품질의 신뢰성 및 신선도를 확보하기 위하여 계약재배를 시행하고 입소문 창출이 가능한 의견선도자(20~30대 강남 주부) 거주지역에 직영매장을 설치하였다. 이러한 직영매장은 온라인 쇼핑몰을 통하여 온라인 주문, 24시간 배송, 원스톱 서비스 등 직영 유통시스템을 강화하였다. 더불어 제공하는 제품 및 서비스를 다각화하여 고가 및 고품질의 친환경 농산물, 가공식품, 출장 뷔페 서비스 등을 제공하였다. 친환경 정책으로 포장비 징수, 친환경 사이트와의 연계를 통하여 친환경적인 이미지를 강화했는데, 이러한 노력의 결과 1998년 20-30억원대의 매출이 2004년에는 300억원으로 증가하였다. 또한 비타민 음료인 비타 500 또한 식음료 유통망을 통한 적극적인 유통이 의약품 유통에 의존하던 경쟁사 대비 많은 매출신장을 가져온 계기가 되었다. 결국 웰빙제품의 점점을 다양화함으로써 고객에게 편의를 제공하고 고객욕구에 대한 다양한 충족이 이루어지도록 하는 것이 소비자 웰빙에 중요하다.

3) 웰빙제품의 유통에 있어서의 점검사항

웰빙제품의 유통에 있어서 다음의 사항을 고려하여야 한다: 목표고객의 접근가능성 극대화 방안에 대한 분석, 사회적 책임이 있는 유통업자의 선택, 소비자의 안전한 사용을 극대화할 수 있는 유통회사의 선정, 친환경적인 재활용 서비스의 제공 여부, 유통에 있어서의 비윤리적 행위의 방지 방안

결국 소비자의 웰빙향상을 위한 유통전략의 주안점은 소비자의 삶의 질을 더 향상시키기 위해서 웰빙제품의 유통은 어떻게 달라져야 하는가를 지속적으로 점검하고 개선하는 데 있어야 한다.

7 웰빙마케팅의 실행조직구조 및 실행프로세스

1) 웰빙마케팅 실행조직구조

웰빙마케팅의 실행조직구조는 고객지향적 조직구조이다. 주주보다는 고객중심적이며, 분권화된 고객별 조직으로 감성적 행복 경영, 즉 고객감동을 제공한다. 그 예로 마이크로소프트(MS)의 경우, 고객신뢰를

위한 'Make it right' 펀드를 운영하고 주주중심의 회사(단기 이익극대화)에서 고객중심의 회사(고객의 행복)로 옮겨가고 있다. 신뢰받는 웰빙기업 이미지는 이익이 되어 돌아오기 때문이다. 웰빙마케팅은 지속적 평가 시스템이 필요한데, 이를 위해서 소비자 웰빙지수를 측정하고 이를 마케팅 평가에 반영해야 한다. 소비 전 과정에 대한 관리 역시 필요하다.

2) 웰빙마케팅 실행프로세스

앞서 언급한 내용들을 정리해 보면 웰빙제품 마케팅전략 실행프로세스는 네 가지로 요약된다. 웰빙마케팅 핵심목표 고객의 소비가치를 파악하고 제품을 포지셔닝하기 위해서 핵심가치의 선택, 핵심제공 편익의 평가, 핵심 포지셔닝의 선정, 웰빙 기여도에 따른 핵심가치의 우선순위 선정 등의 네 가지 단계가 그것이다.

첫째, 핵심가치를 선택해야 한다. 웰빙제품의 핵심목표고객은 누구인지 파악하는 것이 우선적으로 필요하겠다. 이러한 목표고객 확인을 위해서는 3장에서의 시장세분화 기법을 참조하여 가장 적합한 목표고객을 선정한다.

둘째, 핵심제공 편익을 평가해야 한다. 건강성, 경제성, 유용성, 자아표현성, 친사회성 등 다섯 가지 핵심제공 편익이 있는데, 이를 구체적으로 살펴보면 다음과 같다. 건강성은 제품의 소비를 통하여 건강에 대한 욕구가 충족되는 정도를 말하며, 경제성은 제품의 소비를 통하여 가치인지 등 경제적 욕구가 실현되는 정도, 유용성은 제품의 소비가 소비자가 원하는 기능적 욕구를 충족시켜 주는 정도, 자아표현성은 제품의 소비를 통하여 소비자의 자존의 욕구 및 긍정적 자아 이미지를 표현하는 정도, 그리고 친사회성은 제품의 소비가 친환경성 및 공익 등 사회적 가치에 기여하는 정도를 의미한다.

셋째, 언급한 다섯 가지 구체적인 웰빙제품의 핵심제공 편익을 평가한 후 핵심 포지셔닝을 선정해야 한다. 차별적 우위가 명확한지, 타 제품보다 우월한지, 소비자의 편익이해 정도가 높은지, 소비자의 웰빙에 기여하는 정도가 높은지 파악하여 핵심 포지셔닝을 선정해야 한다.

마지막으로, 웰빙 기여도에 따른 핵심가치의 우선순위를 선정해야 한다. 그 기준으로 제시되는 것은 낮은 욕구충족도를 가진 경우, 전반적 소비자 웰빙에 미치는 영향이 큰 경우, 목표고객과의 이미지 일치도가 큰 경우, 그리고 차별화의 가능성이 큰 경우이다. 즉, 이러한 특성을 지닌 소비가치에 대하여 우선적으로 고려하여 웰빙제품을 개발해야 할 것이다(〈그림 4-7〉).

그림 4-7 웰빙제품의 소비가치에 대한 우선순위 결정

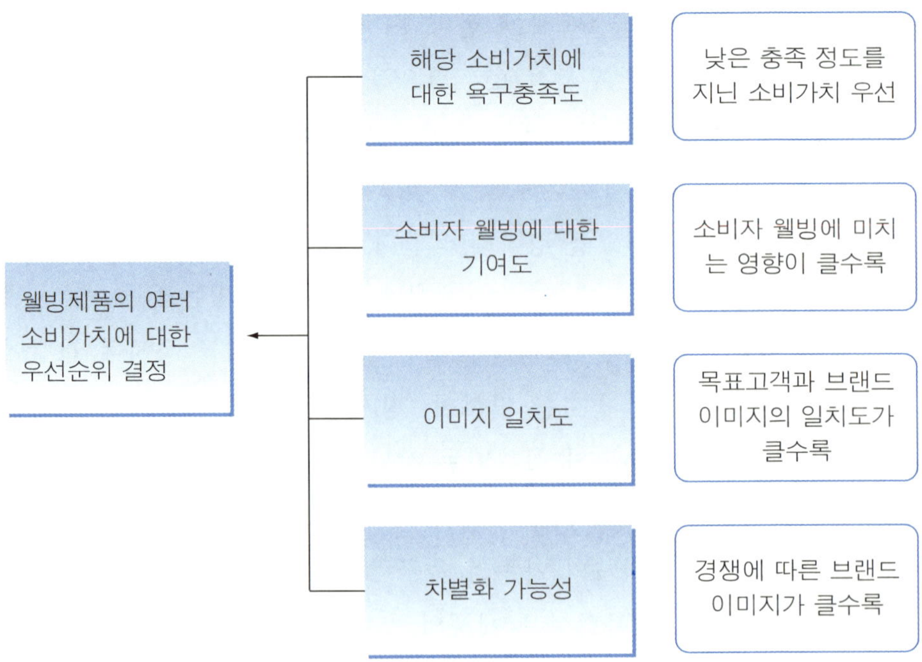

제 5장

구매단계별 소비자 웰빙의 관리

1. 소비자 웰빙의 구성요소
2. 소비단계 간 소비자 웰빙관리
   (Inter-Domain Consumer Well Being Strategies)
3. 특정 단계 내에서의 소비자 웰빙관리
   (Intra-Domain Consumer Well Being Strategies)
4. 소비자 웰빙관리 요약: 구매단계 간 관리와 구매단계 내 관리

1 소비자 웰빙의 구성요소

소비자 웰빙은 각 구매단계별 욕구충족의 정도로써 정의되는데, 소비자로서의 욕구, 필요 등이 충족된 정도에 대한 판단을 필요로 한다. 소비자 웰빙은 각 소비단계의 다양한 만족 및 불만족의 경험을 통해서 형성된다.

1) 소비자 웰빙

소비자 웰빙은 일시적인 불만/만족 등의 경험뿐만이 아니라 비교적 안정적인 욕구충족의 상태를 의미한다. 다양한 주요 소비경험들 중에 최근에 발생한 사건 및 자주 경험한 욕구 만족·만족의 경험이 전체 소비자 웰빙형성에 중요한 요소가 된다. 이러한 소비 각 단계에서의 중요 경험을 통한 각 소비욕구의 만족이 누적되어 소비자 웰빙의 상태를 결정하게 된다. 소비자 웰빙은 여러 소비단계의 욕구충족도의 합으로 구성되므로, 소비자 웰빙을 최대화하기 위해서는 이들 소비자 웰빙의 하부구조인 단계별 욕구충족도간의 관계를 체계적으로 관리하는 것이 중요하다.

2) 단계별 욕구충족도

소비자 웰빙은 각 단계별 욕구충족도에 의해서 영향을 받는다. 개별 소비단계에서의 중요 소비경험을 통한 욕구의 충족이 소비자의 웰빙을 향상시키는 것이다. 그러므로 한 소비단계에서의 만족 및 불만족 경험이 다음 소비단계의 만족 및 불만족 경험으로 이어지는지 파악해야 한다.

각 소비단계별 서비스를 제공하여 소비자 웰빙을 향상시키려는 기업의 예를 들어보자. 유통회사인 베스트바이(Best Buy)에서는 전자제품 유통업계의 1위가 되기 위해서 컴퓨터 애프터서비스에 집중하였고(50% 매장 안 수리, 출장수리반), 기아자동차에서는 15,000명의 고객패널(Auto companion)을 통해서 고객과 함께 좋은 차를 만들어간다는 의미로 차량 구매시점부터 각 보유단계별로 고객의견을 지속적으로 수렴하였다. 이외에도 카다이렉트닷컴(CarDirect.com)의 경우 리서치, 협상, 융자, 인도의 전체 구매 프로세스를 온라인으로 인증된 협력업체 대리점 네트워크를 이용하여 제품전시 및 재고 없이 계약을 완료하여, 구매과정에 대한 만족도를 향상시켰다. 특히 전국 가격분포 분석을 통한 가격책정의 투명성(가장 싼 거래+10% 이내)을 확보하고 전문가 조언, 가장 좋은 가격(Best price)에 대한 추천, 원 스탑 쇼핑(One stop shopping) 및 차량 할부금융서비스를 제공하였다. 엑슨모빌 스피드패스(Exxon mobile Speedpass)는 RFID tag로 지불방식을 간편화하여 시장 점유율을 6% 증가시켰다. 구매시간을 단축한 예로, 운동경기장에서 소형 디지털 기기를 이용한 음식배달과 레스토랑 도착 전 음료 및 에피타이저 주문 및 호텔에서 체크아웃하는 동안 발렛 파킹된 차를 가져다 주는 서비스 등을 들 수 있다.

각 소비단계별 고객의 욕구충족도 관리를 도식화하면 〈그림 5-1〉과 같다.

이렇듯, 소비자의 웰빙은 각 소비단계 내에서의 여러 경험을 통한 욕구충족의 가중치, 그리고 각 단계별 욕구충족의 정도가 여러 소비단계에 걸쳐 합산되는 두 단계에 의해 결정된다. 소비자 웰빙을 향상시키기 위한 마케팅전략은 한 소비단계에서의 평가의 결과가 다른 소비단계에서의 평가에 미치는 영향을 조절하는 전략(Inter-Domain Consumer

그림 5-1 **구매단계별 만족의 관리**

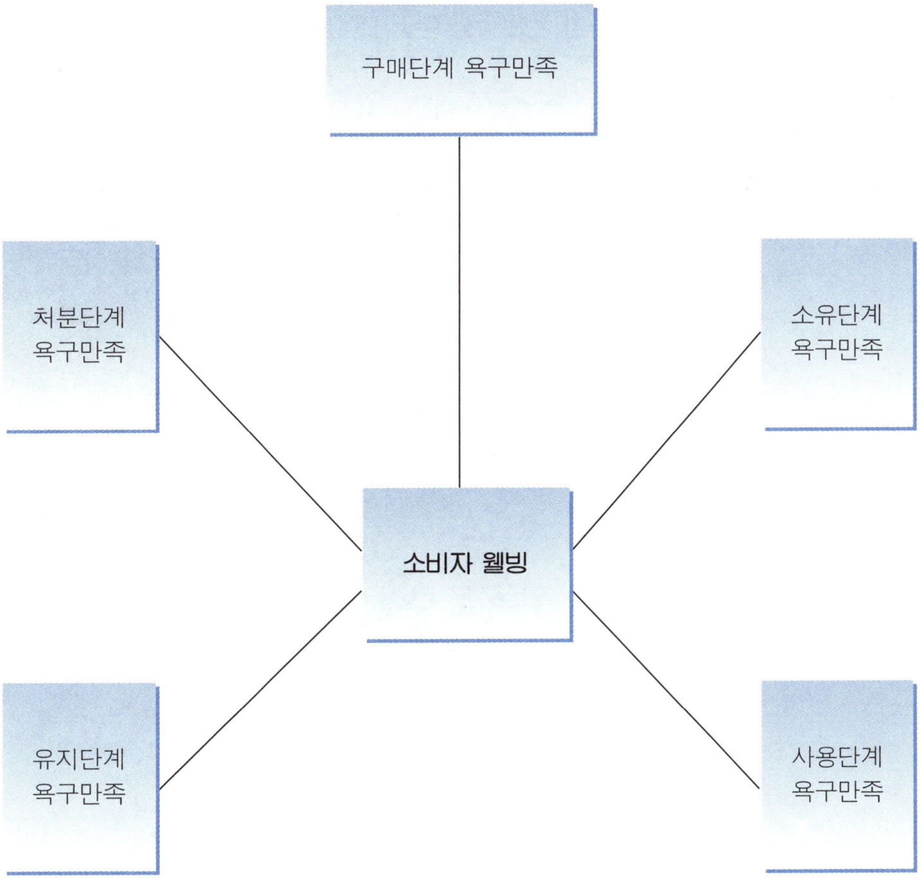

Well Being Strategies)과 특정 소비단계 내에서 소비자의 구체적 경험에 대한 평가를 바꾸는 전략(Intra-Domain Consumer Well Being Strategies)으로 크게 구분할 수 있다(〈그림 5-2〉 참조).

그림 5-2 소비자 웰빙향상을 위한 마케팅전략

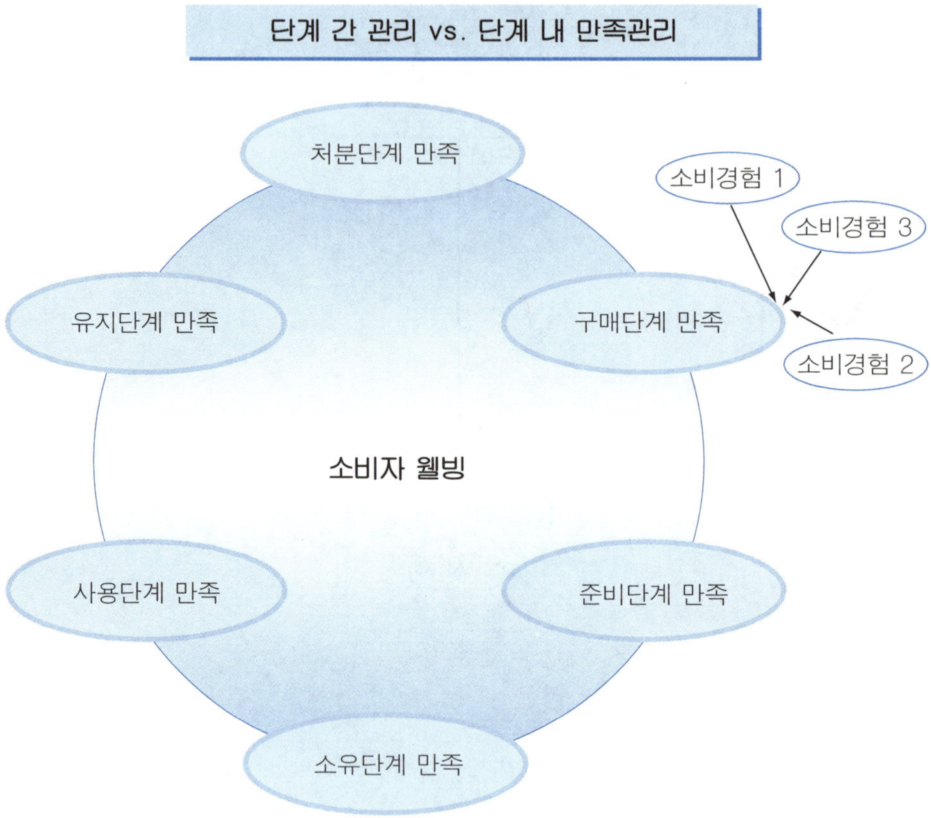

■ 소비자 웰빙을 향상시키기 위한 전략
- Inter-Domain Consumer Well Being Strategies: 한 소비단계에서의 평가결과가 다른 소비단계의 평가에 미치는 영향을 조정하는 전략
- Intra-Domain Consumer Well Being Strategies: 특정 소비단계 내에서 소비자의 구체적 경험에 대한 평가를 바꾸는 전략

❷ 소비단계 간 소비자 웰빙관리(Inter-Domain Consumer Well Being Strategies)

소비단계 간 소비자 웰빙의 관리는 중요도에 대한 우선순위 결정, 상향적 전이효과 관리, 하향적 전이효과 관리, 수평적 전이효과 관리, 분리효과 및 보상효과 관리가 있다. 소비자 웰빙은 다양한 소비단계의 만족·불만족의 경험들에 의해 형성되므로, 한 소비단계에서의 만족·불만족의 경험이 다음 소비단계의 만족 및 불만족 경험으로 이어지는지를 파악하는 것이 중요하다. 한 단계의 소비욕구충족이 다른 단계의 소비욕구충족에 영향을 미치는 데에는, 크게 전이효과, 구분효과, 보상효과의 세 가지 유형이 있다. 위 세 가지 효과의 관리에 대해 구체적으로 살펴보면 다음과 같다.

2.1 소비단계 간 소비자 웰빙관리

1) 전이효과(Spillover Effect)

한 단계의 만족은 다른 단계의 만족에 영향을 미치며, 결과적으로 전체 소비자 웰빙에 영향을 미친다. 이러한 전이효과는 다시 상향적·하향적·수평적 전이효과 등 세 가지로 나누어 볼 수 있다.

① 상향적 전이효과(Bottom-up Spillover Effect)

상향적 전이효과(Bottom-up Spillover Effect)는 하부의 구체적 소비경험이 단계별 욕구충족으로, 그리고 단계별 욕구충족은 상위의 소비자 웰빙에 영향을 미치는 효과를 말한다. 한 구매 단계에서의 욕구충족은 상위의 개념인 전반적 소비자 웰빙에 영향을 미친다. 각 구매단계의 욕구의 충족은 그 구매단계 내의 세부적인 소비경험에 대한 만족과 불만족의 누계로서 계산된다.

예를 들어, 개인의 자동차 소유에 대한 욕구충족은 소유와 관련한 주요 경험들의 누적에 의해 결정된다. 소유의 주요 경험으로는 주변의 자동차에 대한 인정, 주위의 부러움, 소유에 대한 자부심, 자동차의 감가상각 등 가치의 유지에서 오는 만족과 불만족의 누계에 의해 결정된다. 마찬가지로 자동차 소비단계에서의 만족은 자동차의 성능, 신뢰도, 편리성, 연비, 악천후에서의 성능, 전반적인 운전에서의 느낌 등 자동차관련 주요 소비경험들이 만족감의 누계로서 산출된다.

상향적 전이효과이론은 기업이 제공하는 마케팅 활동을 통해 구체적인 경험들을 제공하여, 직접적으로 소비자 웰빙을 향상시킬 수 있기 때문에 웰빙마케팅의 핵심 관리기법으로 유용하게 사용될 수 있다. 상향적 전이를 이용하여 소비자 웰빙을 향상시키기 위해서는 먼저 소비자 웰빙에 영향을 미치는 각 소비단계의 중요성(Domain salience)을 결정하고, 그 결정된 단계 내에서의 구체적인 소비경험의 우선순위를 정하는 것이 중요하다. 이러한 우선순위의 결정은 제한된 마케팅 노력을 최대한 효율적으로 분배하고, 최대의 소비자 웰빙향상이라는 긍정적 결과를 가져올 수 있다.

상향적 전이효과를 활성화시키기 위해서는 다음과 같은 전략이 사용될 수 있다. 첫째, 전반적인 소비자 웰빙을 향상시키기 위하여 전이효과가 가장 큰 영역에 마케팅 노력을 집중하여야 한다. 여기에서 상향적 전이효과가 가장 큰 영역은 소비자의 몰입도가 큰 영역이다. 둘째, 소비욕구의 충족이 덜 된 영역 또한 상향적 전이효과가 크다. 소비욕구의 충족이 덜 된 경우, 소비자들은 불만을 가지게 되고, 이러한 불만은

그림 5-3 **상향적 전이효과**

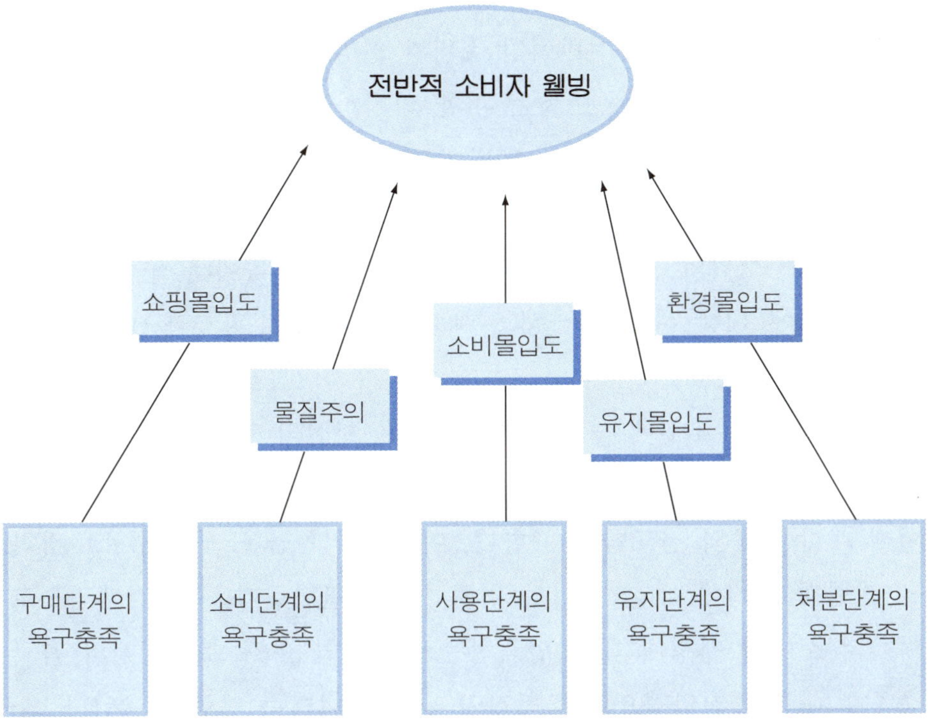

전체적인 소비자 웰빙에 만족보다 더 큰 영향을 미치게 된다. 다시 말해서, 손실에 민감한 소비자의 경향을 고려할 때, 욕구충족이 덜 된 영역에서의 욕구충족이 중요하다. 셋째, 한 단계에서의 만족이 전반적인 욕구충족으로 전이될 수 있도록 이 단계에서의 욕구충족을 위해 지속적인 만족을 제공하거나, 체험수기/공모전/의견선도자 관리 등을 통해서 만족의 경험들이 타인에게 전파되어 전반적 웰빙에 대한 기대를 형성할 수 있도록 하는 홍보전략이 필요하다.

② 하향적 전이효과(Top-Down Spillover Effect)

하향적 전이효과는 전반적인 소비자 웰빙이 개별단계의 소비자 욕구충족의 정도에 영향을 미치는 것을 의미한다. 즉, 여러 소비경험을 통한 소비자의 전반적 소비자 웰빙에 대한 전반적인 욕구충족의 상태가 개별 소비경험에 대해 영향을 미치는 것을 의미한다. 이러한 하향적 전이효과는 상위의 소비자 웰빙개념이 개별단계 속에서 구체적 욕구충족 경험에 대해 하향적 영향을 미치는 일종의 후광효과(Halo Effect)라고 할 수 있다.

하향적 전이모델에 따르면 소비자들은 자신의 웰빙에 대한 전반적 인식을 바탕으로 각 단계별 욕구충족과 그 하위개념인 구체적 소비경험에 대한 만족의 정도를 결정한다. 이때 소비자들은 구체적 소비경험을 전반적 웰빙에 대한 인식과 일치하도록 판단한다. 즉, 전체적으로 자신의 소비자 웰빙에 대해 만족하는 소비자들은 각 소비단계의 욕구충족에 대해서 전반적으로 긍정적인 평가를 내리는 경향을 보인다. 소비자 웰빙이 높은 소비자들은 구체적인 불만의 경험에 대해서는 이를 일시적 현상 혹은 통제 불가능한 요인에 의한 것으로 합리화함으로써 전체적으로 높은 소비자 웰빙에 대한 자신의 판단과의 일관성을 유지하려 한다. 반면 전반적 소비자 웰빙이 낮은 사람들은 적극적으로 부정적인 경험을 찾고, 기억하며 여러 단계의 소비경험에 대해 전반적으로 부정적 평가를 한다.

전반적인 소비자 웰빙이 높은 사람들은 외향적이고, 낙관적이며, 자존심과 외부 현상에 대한 통제력이 높은 소비자들이다. 하향적 전이모델의 경우 소비자 웰빙이 소비자의 특성에 의해 정해지기 때문에 소비자의 웰빙향상을 목표로 하는 웰빙마케팅에서는 특히 표적시장을 선정할 때 이러한 특성을 중요하게 고려해야 한다. 웰빙마케팅을 구현하기 위해서는 전반적으로 소비자 웰빙을 높게 인식하는 경향이 있는 소비자를 목표집단으로 선택하는 것이 유리하다. 외향적이고 낙관적인 이들 소비자들에 대한 웰빙향상 노력은 구전의 효과 및 주변에 대한 파급효과를 발생시켜, 전반적 소비자 웰빙에 대한 긍정적 인식을 공유하도록 돕는다.

하향적 전이모델에서 소비자 웰빙이 그 사람의 개인적 속성에 달려있다 하더라도 마케터 입장에서 보면 구체적인 경험에 대한 욕구충족 노력을 게을리하면 안 될 것이다. 그 이유는 비록 전체적인 소비자 웰빙으로부터 구체적 경험에 대한 하향적인 평가가 이루어진다 하더라도 실제로는 소비자의 구체적인 경험이 전체 소비자 웰빙에 대한 전반적 인식을 정하는 데 기여하는 상향적 메커니즘이 동시에 이루어지기 때문이다. 그러므로 웰빙마케팅의 입장에서는 소비자들의 구체적인 경험들에 대한 만족을 제공할 수 있도록 노력해야 한다.

하향적 전이모델에 있어서 전반적 소비자 웰빙을 향상시키기 위한 노력은 다음과 같은 것이 있다. 첫째, 구매단계별로 측정되는 브랜드 이미지에 대한 전반적이고 체계적인 관리가 필요하다. 즉, 소비자 웰빙을 향상시키는 브랜드라는 전반적인 이미지의 구축이 필요하다. 전반적 이미지에 대한 홍보 및 체계적이 관리가 각 단계별 욕구충족도의 평가에 중요한 영향을 미치게 된다.

둘째, 소비단계별 욕구충족의 정도를 일관되게 유지함으로써, 소비단계별 이미지의 일관성을 유지하는 것이 중요하다. 구매단계별 욕구충족의 정도가 일관되게 유지되지 않는 경우 전반적 이미지를 낮추며, 이러한 브랜드가 제공하는 전반적 소비자 웰빙에 대한 평가에 영향을 미치게 된다.

그림 5-4 하향적 전이효과

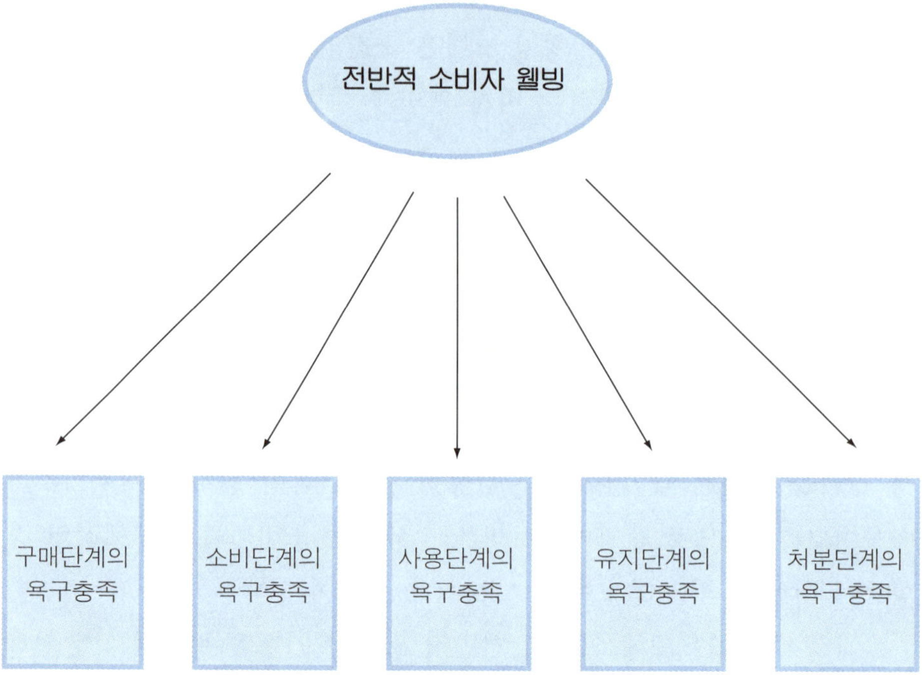

③ 수평적 전이효과(Horizontal Spillover Effect)

수평적 전이효과는 각 소비단계의 욕구충족이 다른 구매단계의 욕구충족에 영향을 미치는 것을 의미한다. 가령 구매단계의 욕구충족(예: 저가 구매)이 보유단계의 욕구충족(예: 현명한 소비자라는 자부심)과 처분단계의 욕구충족(예: 높은 잔존 가치)으로 이어질 수 있는 것을 말한다.

반면 각 단계 내의 불만 또한 다른 영역으로 전이될 수 있다. 구매단계에서 불친절을 경험한 소비자는 유지 · 보수단계에서 제공되는 보통 정도의 서비스도 부정적으로 인식하여 불친절하게 받아들일 수 있다. 소비자가 한 영역에 대한 몰입도가 높을 때, 그 영역에서의 만족도는 다른 영역에서의 만족도에 영향을 미치기 쉽다. 소비자의 쇼핑 몰입도, 조립 및 준비에 대한 몰입, 물질주의, 쾌락주의적 속성, 유지에 대한 몰입, 친환경성 등은 각 소비단계의 몰입도의 유형 및 그 정도를 파악하는 데 있어 중요하게 작용한다.

긍정적인 수평적 전이현상을 활성화하기 위하여 다음과 같은 전략들을 사용할 수 있다. 첫째, 중요도가 높은 영역에 대한 우선적인 만족 제공이 필요하다. 소비자의 몰입도의 정도, 욕구충족의 종류 및 정도 등을 고려하여 중요도가 높은 소비단계의 만족 제고에 최선을 하여야 한다. 더불어 중요도가 높은 소비단계의 만족경험을 높이기 위한 광고 전략을 사용하는 것도 좋다.

둘째, 소비자의 각 단계 내에서의 주요 소비경험에 대한 만족과 불만족을 파악하고, 우선적으로 불만족을 감소시키기 위해 노력한다. 이때 불만족 원인 중에서 통제 가능한 요인들을 찾아 관리함으로써, 결국 소비자가 느끼는 불만족은 기업이 통제 불가능한 요인에 의해 발생하는 것이라고 생각하도록 만든다.

서비스 프로세스의 지속적 개선과 홍보를 통해서 소비자의 신뢰를 확보하고, 불만족 경험이 일시적이고, 통제 불가능한 요인에 의한 것이라는 외적 귀인을 유도하는 반면, 만족경험에 대해서는 이것이 회사의 노력에 의한 것이라는 내적 귀인을 유도하도록 한다. 더불어 만족경험에 대한 사용후기 모집, 온라인과 오프라인의 커뮤니티 지원, 고객의 참여를 장려함으로써 만족의 경험을 부각시키고, 여러 소비자들이 공감하게 함으로써, 만족경험의 전이가 활성화하는 데 노력해야 할 것이다.

셋째, 만족의 수평적 전이를 활성화하기 위해서는 소비단계 간 서비스 과정에 대한 통합적인 관리가 필요하다. 예를 들어, 판매와 서비스 부서를 통합한다든지, 고객에게 전담직원을 배치하여 전체 소비 프로세스를 담당하게 한다든지, 고객 중심으로 부서 간의 기능을 통합하는 고객 중심의 조직으로의 전향이 필요하다고 하겠다.

그림 5-5 수평적 전이효과

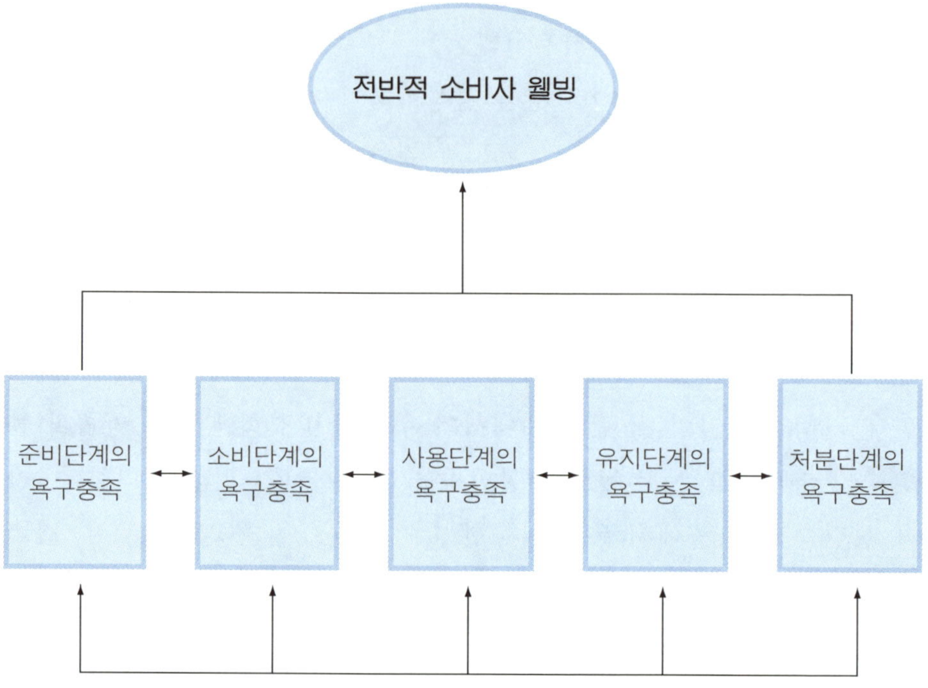

마지막으로, 만족의 수평적 전이를 활성화하기 위해서 각 소비단계별 만족도 정도에 대한 상관관계를 분석하는 것이 필요하다. 이러한 단계별 상관관계의 분석은 각 단계별 욕구충족으로부터 전반적 소비자 웰빙에 이르는 효과에 대한 직접적 혹은 간접적 효과를 파악하는 데 도움이 된다.

예를 들어, 유지단계의 만족이 전반적 소비자 웰빙에 미치는 영향을 분석하는 것은 직접 효과의 측정이다. 또한 유지단계의 만족과 관련이 있는 다른 단계 만족과의 상관관계를 구체적으로 살펴볼 필요가 있다. 가령 유지단계의 만족은 처분단계에서 잔존가치의 향상이라는 경제적 욕구를 충족시켜, 중개효과(Mediation effect)를 거쳐서 전체 소비자 웰빙에 중요한 역할을 미치게 된다. 한 단계의 만족이 전체 소비자 웰빙에 미치는 영향을 최대화하기 위해서는 단계별 욕구충족에서 소비자 웰빙에 이르는 직접 효과뿐 아니라 관련 소비단계에 대한 욕구충족을 통해서 소비자 웰빙에 이르는 간접효과에 대한 관리도 함께 이루어져야 한다.

2) 구분효과(Compartmentalization effect)

구분효과는 한 소비단계에서의 만족수준이 다른 소비단계에서의 만족지각에 미치는 영향을 차단하는 것을 말한다. 구분효과는 소비단계 간의 상관이 적은 경우, 혹은 각 단계의 만족 정도가 다른 단계 만족 정도와 독립적으로 발생할 때 일어난다. 구매부서와 유지부서 간의 상호 독립적인 운영 등이 그러한 예이다. 이러한 구분효과는 앞서 이야기한 전이효과와는 반대되는 현상으로 이해할 수 있다. 그러므로 구분효과는 소비자의 불만이 한 단계에서 다른 단계로 전이되는 것을 막아주는 마케팅 프로그램으로 응용될 수 있다.

예를 들어, 구매 불만족이 유지 서비스에 대한 평가에 전이되지 않게 하기 위해서는 이 두 영역에 대한 관계를 분리시키는 노력이 필요하다. 즉, 구분효과는 불만족 경험의 후광효과(Halo Effect) 혹은 수평적 전이효과를 최소화하는 데 그 목적이 있다. 즉, 한 순간의 불만족 경험이 소비자 웰빙 전체를 낮추거나, 다른 소비경험에 대한 판단을 불만족한 것으로 인식하게 만드는 것을 최소화하여야 한다. 이러한 구분효과를 위해서는 다음과 같은 소비자 웰빙마케팅 전략이 필요하다.

첫째, 기업에서는 이러한 구분효과를 위하여 단계간 불만족의 전이현상을 감소시키기 위한 노력이 필요하다. 조직체계상에서 불만의 전이가 높은 두 단계의 조직을 상호 독립적으로 운영함으로써 한 단계에서 발생하는 불만이 타 단계로 전이되는 것을 방지할 수 있겠다.

둘째, 고객의 불만에 대해서 콜센터, 설문, 온라인, 구매 이후 확인 전화, 제품에 명기된 불만 접수창구 등 다양한 경로를 통하여 고객의 불만을 접수하되, 고객의 불만상황에 대한 사과와 더불어 공감을 전달해야 한다. 접수된 불만상황에 대한 이해를 위하여 고객의 불만이 어디서, 어떤 원인에 의해, 누구에 의해서 발생되었는지에 대한 자세한 프로파일 분석이 이루어져야 한다. 이러한 불만의 원인과 귀인과정을 구체적으로 파악하여 불만의 전이를 막는 것이 중요하다. 즉, 특정 단계에서의 불만이 일시적 현상이며, 불가항력적인 회사 외적인 요인에 의해 이루어졌다는 것을 소비자들에게 잘 설명해 줄 필요가 있다. 이러한 귀인과정은 회사에서 제공하는 전체 경험에 대한 판단으로 불만족경험이 확산되는 것을 방지하여 준다.

셋째, 특정 불만상황에 대한 처리 시스템 측면뿐만 아니라 불만 발생가능/빈번영역에 대한 충분한 사전정보 제공을 통해 소비자를 안심시키고, 고객지향적 조직으로서의 신뢰를 형성할 수 있다. 이러한 구분 노력은 구매 이후에 소비자들로 하여금 구매불만이 모든 접점에서의 불만으로 이어지는 것을 예방하여 준다.

3) 보상효과(Compensation effect)

보상효과는 한 소비단계의 불만족이 다른 소비단계의 만족에 상보적인 영향을 미치는 것을 말한다. 즉, 한 단계에서 불만족을 느낀 소비자가 이에 대한 보상을 위해 다른 단계에서 더 큰 만족을 추구하는 현상을 말한다. 불완전한 조립 등 구매 준비단계의 불만족이 유지·보수단계 서비스의 만족에 대한 기대를 더욱 크게 하고, 많은 조언과 만족을 얻도록 적극적으로 노력하는 것을 그 예로 들 수 있다. 만일 한 소비자가 구매단계의 만족에서의 성과가 성공적이지 않아서 구매 자체에 대해 만족을 느끼지 못했다면 다른 단계에서 대신 욕구를 충족하려 한다. 만약 구매단계에서 가격흥정의 노력에도 불구하고 결과적으로 비싼 가격으로 구매한 경우, 사용단계에서의 효용을 최대화하든지, 높은 수준의 애프터서비스를 요구하든지, 또는 처분단계에서 높은 처분가격을 통한 처분만족을 추구한다.

소비자들은 각 구매단계별로 충족되길 기대하는 다양한 욕구들을 지니고 있다. 한 예로 자존적 욕구를 살펴보면, 구매단계에서는 존경받고 특별한 대우를 받는 소비자로서의 자존감, 소비단계에서는 의식있는 소비자로서의 자부심, 소유단계에서는 제품 소유에서 오는 자존적 자아 이미지의 실현, 유지단계에서는 유지 서비스를 받을 때의 자부심, 그리고 처분단계에서는 물건 처분에 대한 친환경성에 대한 자부심을 느낄 수 있다. 이처럼 하나의 욕구는 여러 단계에서 발생하는 경험들에 의해 충족되고 있다. 만약 한 단계에서 자존적 욕구충족이 좌절된다면, 소비자는 그 단계에 대한 중요도는 감소시키고, 자부심을 많이 느낄 수 있는 영역의 중요도는 크게 만든다. 더불어 제한된 시간과 자원을 욕구충족이 많이 이루어지는 단계에 집중 투입하게 된다. 이러한 조정의 이유는 한 단계에서의 불만족이 다른 단계에서의 만족에 의해 보상을 받음으로써 전체 만족의 수준을 유지하고자 하는 소비욕구에 기인한다.

기업의 입장에서는 소비자가 한 단계에서 욕구가 불충분할 경우, 이를 빨리 인지하고 소비자들이 원하는 다음 단계에서 보충이 되도록 노력해야 한다. 이러한 보상전략에는 다음과 같은 방법이 있다.

첫째, 구매단계의 욕구충족 실패를 경험하는 경우, 이에 대한 그 단계 내에서의 즉각적인 조치가 필요하다. 이러한 욕구불만의 경우를 대비하여 다양한 접점에서 고객의 소리를 주의 깊게 듣고, 문제의 원인을 정확하게 규명하고, 제품/서비스 개선에 반영하는 노력이 필요하다. 또한 불만표현에 대한 감사와 공감의 표시와 더불어, 즉각적이고 신속한 보상이 이루어져야 한다. 이는 불만을 오래 지속하지 않게 하고, 다른 경험이나 인접 소비단계로 전이되는 것을 최소화할 수 있다.

둘째, 욕구충족 실패에 대한 복구가 즉석에서 이루어지지 못하는 경우, 다음 소비단계에서 충족시켜 주기 위한 조치가 필요하다. 예를 들어, 자동차 구매단계의 가격에 대한 불만을 자동차 유지 서비스 단계의 할인 쿠폰/무료 오일 교환 등의 제안을 통해 유지단계의 만족도를 통해 보상해 줄 수 있다. 또한 소비자들을 소비 프로세스 속에서 체계적이고 종단적으로 관리하면서, 이미 구매단계를 지난 기존의 고객에게는 그 구매단계의 경험의 중요성을 줄이고, 대신 현재의 소비·보유단계의 중요성을 부각시키는 노력을 하는 것이 중요하다. 비싼 차를 샀을 때 가격에 대해서 불만이 있다고 할지라도, 중고차로 팔 경우 가격이 높다면 이를 통해 심리적 보상을 받을 수가 있다. 이러한 경우 소비자 웰빙을 높이기 위해서는 구매단계에 소비자들이 부여하는 중요도를 낮게 인식하도록 하고, 동시에 유지단계 혹은 처분단계에 대한 소비자의 중요도를 높이기 위한 마케팅 노력이 요구될 것이다.

셋째, 한 단계에서의 불만족에 대한 보상을 다른 단계에서 할 때, 전체 소비과정에 대한 공정성을 높이는 것이 중요하다. 분배적 공정성이란 투입 대비 산출의 비율을 말하는 것으로, 한 단계에서의 부족함이 다른 단계의 보상에 의해서 전체적인 균형을 이룰 수 있다. 이 과정에서 분배적 공정성보다 더욱 중요한 것은 절차적 공정성을 확보하는 것이다. 즉, 보상을 제공함에 있어서 정당한 기준과 절차에 의해 진행하여 향후 업무처리과정에 대한 투명성과 신뢰를 높이는 노력이 중요하다. 불만족을 보상함에 있어서의 형식적이고 기계적인 대응은 오히려 고객의 불만을 가중시킬 수 있기 때문이다. 앞서 살펴본 소비단계 간

표 5-1 **소비단계 간 소비자 욕구충족의 관리**

	정 의	전략방향	마케팅 실행 전략의 예
상향적 전이효과 (Bottom-up Spillover)	구매단계별 만족이 전반적 소비자 웰빙에 영향	구매단계별 만족도를 증대시킴 단계별 몰입도가 큰 고객집단에 우선적인 만족 제공	구체적 만족경험 증대(**만족의 빈도/강도/최근성**) 쇼핑몰입도 · 물질주의 · 소비몰입도 · 유지몰입도 · 환경몰입도 측정관리
하향적 전이효과 (Top down Spillover)	전반적 소비자 웰빙이 구매단계별 만족에 영향	소비자 웰빙에 대한 전반적 인식을 향상	소비자에 대한 정서적 접근(**고객중심배려/신뢰**) 기업의 웰빙 이미지의 강화
수평적 전이효과 (Horizontal Spillover)	구매단계 상호간의 만족의 전이효과	구매단계 간 만족 상관관계를 분석하고 다른 단계에 미치는 영향이 높은 부문에 우선적인 만족 제공	구매단계 간 상호 영향력 분석
구분효과 (Compartmentalization)	구매단계 간의 불만족의 전이차단	특별단계의 불만족의 경우 신속한 서비스 복구전략	지속적 불만관리 불만표출(Voice of Guest) 서비스 복구전략
보상효과 (Compensation)	한 단계의 불만족이 다음 단계의 만족을 증대	특별단계의 불만족의 경우 다음 단계의 만족으로 이어지도록	서비스 실패-할인 쿠폰제공 고가제품의 가격할인 대신 중고품 가격 보장제/ 품질 보증제도

소비자 욕구충족의 관리를 도식화하면 앞의 〈표 5-1〉과 같다.

2.2 각 단계의 중요성(Domain Salience)의 관리

소비자 웰빙의 각 소비단계별 중요도는 사람마다 다르다. 각 단계 소비만족이 소비자 웰빙에 미치는 영향은 각 차원에 관련된 중요도, 즉 몰입도에 따라 다르다. 예를 들어, 쇼핑몰입도가 큰 소비자들은 소비획득단계에서의 욕구충족이 중요하며, 물질주의적인 사람들은 소유단계의 욕구충족도가, 쾌락 추구 속성이 강한 경우에는 소비단계의 욕구충족이, 친환경적인 사람들은 처분단계의 욕구충족이 중요하게 된다.

웰빙마케팅의 궁극적인 목표가 소비자 웰빙의 효율적인 향상에 있는 만큼, 소비자들의 각 소비단계에 대한 중요도를 파악하고, 그 중요도가 높은 영역에 대한 욕구를 우선적으로 충족시켜야 한다. 욕구충족도가 높은 영역은 그 영역의 중요도를 강조하여, 다른 소비자 영역으로의 수평적 전이효과를 최대화할 수 있다. 반면, 욕구충족도가 낮은 영역은 소비자가 인식하는 중요도를 낮추어 다른 소비단계에 대한 불만족의 수평적 전이효과를 감소시켜야 한다. 또한, 장기적으로는 욕구충족도를 향상시켜 해당 영역에 대한 만족도를 높이도록 해야 한다.

1) 구매단계의 쇼핑몰입도

쇼핑몰입도는 쇼핑활동에 대하여 부여하는 중요도의 정도를 말한다. 쇼핑몰입도가 높은 사람은 쇼핑활동에 많은 시간을 할애하고, 쇼핑정보의 탐색에 적극적이며, 타 지역 쇼핑을 포함하여 다양한 쇼핑활동을 하는 등 쇼핑을 즐거운 활동으로 받아들이는 사람을 말한다. 반면 쇼핑몰입도가 낮은 사람은 쇼핑행위를 귀찮아하고 정보탐색에 소극적인 사람들이다. 소비자의 쇼핑에 대한 몰입도는 특정 상황에 대한 일시적인 몰입도가 아니라, 쇼핑에 관한 전반적이고도 지속적인 태도로 쇼핑활동에 관한 지속적인 관심과 흥미로 정의될 수 있다. 일반적으로 쇼핑몰입도는 쇼핑에 쓸 여가 시간이 많은 경우, 가격에 대한 민감도가 큰 경우, 절약에서 오는 거래적 효용이 높은 경우에 높은 것으로 나타난다.

쇼핑몰입도가 큰 사람일수록 구매단계의 높은 만족도가 전체 소비자 웰빙에 대한 전이효과가 크다. 구매단계의 만족이 소비자 웰빙으로 이어지기 위해서는 소비자들의 쇼핑에 대한 몰입도를 높이는 것이 필요하다.

2) 소유단계의 물질주의

물질주의는 물건에 대한 소유 및 부의 축적에 대한 관심을 말한다. 물질주의적인 사람들은 물질적 소유에 대해 부여하는 가치 및 중요도가 강하고, 가진 물건들을 나누어 주기를 꺼려하며, 타인의 물질적 소유에 대한 질시가 강하다. 또한 물질적인 안락감을 추구한다. 물질주의는 상황적인 속성과 지속적이고 일반적인 속성으로 구분할 수 있다. 하지만 본서의 물질주의는 물질적 소유에 더 큰 가치를 두는 지속적인 성향을 의미한다. 이러한 물질주의적 속성이 강하면 소유단계의 만족이 소비자 웰빙에 미치는 영향력이 매우 커지게 된다.

3) 소비단계의 소비몰입도

소비몰입도는 소비에 대한 관심과 흥미를 말한다. 소비몰입도가 높은 사람은 소비 그 자체를 즐기며, 현재의 소비에 대해 쾌락적인 (Hedonic) 태도를 갖는다. 소유 그 자체보다는 구체적인 소비행위에 대한 관심 및 부여하는 가치가 크며 따라서 현재의 사용(소비)에 대한 만족이 전체의 소비자 웰빙에 미치는 영향이 크다.

4) 유지단계의 유지에 대한 관심

유지몰입도는 보유하고 있는 물건에 대한 지속적인 애정과 관리 노력을 의미한다. 물건을 변형하거나, 수리하거나, 지속적으로 좋은 상태를 유지하기 위한 관리활동(예: 세차, 정비) 등을 포함한다. 유지에 대한 관심은 물질주의와 구분될 수 있는데, 물질주의적인 사람들이 소유 그 자체에 대해 몰입하는 것과는 달리, 유지에 대한 관심을 가지고 있는 소비자는 보유한 제품을 잘 유지하는 것에서 더 큰 만족을 느낀다.

5) 처분단계의 환경에 대한 관심

환경보존에 대한 관심은 처분단계 만족이 소비자 웰빙에 대한 전이효과를 활성화한다. 환경보전에 대한 관심은 지속적인 환경이슈에 대한 탐색, 친환경 공법에 대한 선호, 제품의 친환경성에 대한 선호로 나타난다. 이러한 친환경성은 한층 높은 소비가치를 반영하는 것으로 개인의 건강과 실속을 넘어 이웃과 환경을 생각하는 성숙한 자아 이미지를 반영하고 있다. 이러한 환경에 대한 몰입도는 개인의 윤리적 기준, 사회적 윤리의식의 수준, 그리고 소비자들의 사회화 과정을 통한 상호학습 등에 의해 영향을 받는다. 이러한 환경에 대한 몰입도가 높을 때, 처분단계에서의 만족은 전체적인 소비자 웰빙에 큰 영향을 미친다.

앞에서 살펴본 구매단계별 소비자 웰빙에서는 각 소비단계별 중요도가 사람마다 다르다. 각 단계별 욕구충족 노력의 예로 컴퓨터 회사인 델(Dell)의 경우, 모든 단계의 욕구를 충족시켜 주는 마케팅을 실시하였다. 컴퓨터의 구매로부터 주문, 설치, 운용, 서비스는 물론 델 옥션(Dell Auction)을 통해 잔존가치의 유지 및 편리한 처분을 도모하였다. 일본 자동차 렉서스(Lexus)의 경우, 부품교체를 최소화하여 잔존가치가 유지되도록 함으로써 전체 비용을 줄였다. 이를 통해 고객의 생애소유비용을 낮추어 소비자 웰빙을 향상시킬 수 있었다.

단계별 몰입도의 수준이 높을수록 그 단계의 욕구충족이 소비자 웰빙에 미치는 영향이 크다고 할 수 있다. 이러한 단계별 몰입도는 상호 독립적이어서 한 단계의 몰입도가 높다고 해도 다른 단계의 몰입도를 높이거나 낮추지는 않는다. 다만, 중요시하는 몰입도가 다름에 따라 그에 따른 마케팅전략의 우선순위가 달라질 수 있으므로 이러한 소비단계별 몰입도는 고객의 시장세분화의 도구로 유용하게 사용될 수 있다.

소비자들의 각 단계별 욕구수준이 높을수록 전반적 웰빙수준에 대한 단계의 영향력이 크며, 여러 단계의 욕구수준이 동시에 높을 수도 있다. 단계별 몰입도를 분석해 보면 다음의 〈표 5-2〉와 같다.

표 5-2 단계별 몰입도 분석

	구매단계	소유단계	사용단계	유지단계	처분단계
단계별 몰입도	쇼핑 몰입도	물질주의	소비 몰입도	유지 몰입도	환경 몰입도
조작적 정의	쇼핑활동에 부여되는 중요도	물건에 대한 소유 및 부의 축적에 관심	제품 소비에 대한 관심과 흥미	제품의 유지관리에 대한 관심	환경보존에 대한 관심
예 시	쇼핑시간 많음, 쇼핑·정보탐색 적극적(쇼핑=즐거움)	물질적 소유에 대한 가치	소비행위 즐김(소비=쾌락) 소유<소비	소유한 물건 유지에 대한 지속적인 애정과 관리 노력	환경보존 이슈 탐색 친환경공법, 제품선호

2.3 차원별 욕구충족 우선순위의 결정

소비자 웰빙을 구성하는 각 차원의 욕구들이 얼마나 충족되어야 소비자 웰빙을 극대화시킬 수 있을 것인가? 소비자 웰빙향상을 위한 각 소비경험의 욕구충족의 우선순위는 〈그림 5-6〉과 같이 정할 수 있다.

첫째, 각 차원의 중요도를 고려할 때, 소비자의 각 차원에 대한 몰입도를 비교·분석하고, 몰입도가 큰 차원에 우선적인 중점을 두어야

그림 5-6 **소비단계별 마케팅 노력 우선순위 결정**

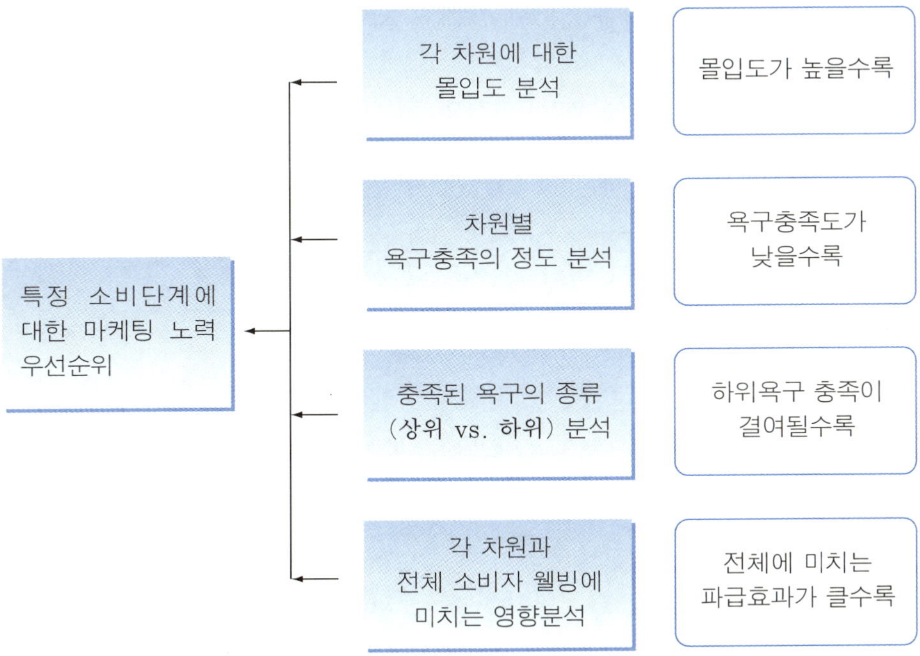

한다. 소비자의 몰입도는 자아 개념에 대한 관련성의 정도로 파악할 수 있다. 소비자들은 자아 이미지와의 관련성이 큰 차원에 대해서 높은 몰입도를 지닌다. 몰입도가 높은 영역에 대한 만족이 커질 때, 그 소비단계로부터의 만족도가 전반적 소비자 웰빙에 미치는 영향이 크기 때문에 각 차원에 대한 몰입도 분석이 필요하다.

둘째, 여러 소비 차원별 중요도를 고려할 때, 각 차원별 전반적 욕구충족도 및 욕구충족의 형태를 고려해야 한다. 소비 차원의 욕구충족도가 낮을 때, 그 차원에 대한 불만을 먼저 해결해야 하는 이유는 소비자들은 만족보다는 불만족에 더욱 민감하기 때문이다. 이는 소비자의 손실회피(Loss aversion)의 경향으로 설명할 수 있다. 실제로 한 조사에 의하면, 소비자의 불만족은 같은 정도의 만족에 비해 소비자에게 두세

그림 5-7 소비단계별 만족관리 모델

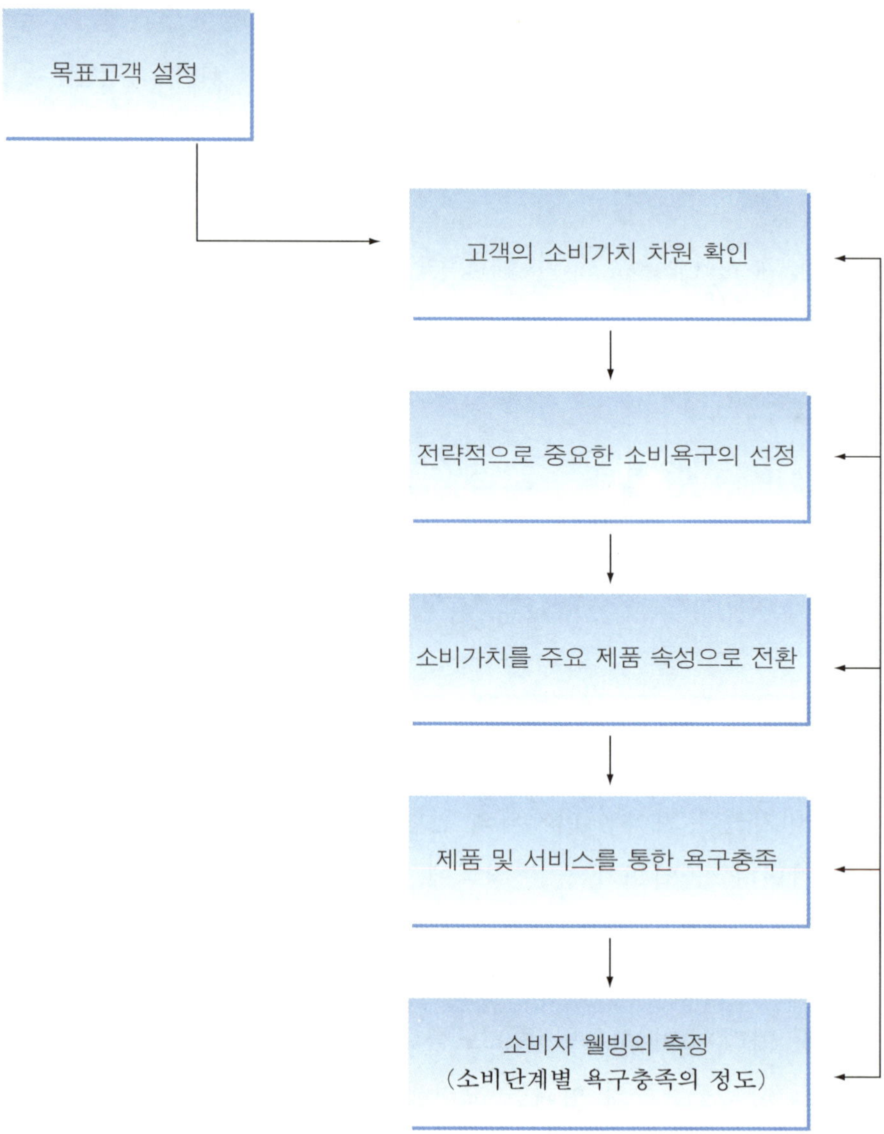

배 더 큰 상실감을 가져다 준다고 한다. 즉, 욕구불만족의 해소가 만족의 증대보다 더욱 중요하고, 소비자들의 만족은 고객지향적 마케팅 노

력의 증대에 따라 체감적으로 증대한다.

셋째, 각 차원별 우선순위를 결정할 때, 소비자들의 욕구충족에 대한 경향성을 파악해야 한다. 소비자들은 기본적 욕구 · 하위욕구에 더욱 민감하고, 더 많은 중요성을 부여하는 경향이 있다. 욕구단계설에 의하면 하위욕구(안전욕구, 경제적 욕구)에 대한 충족이 우선권을 가지며, 하위욕구의 충족이 이루어질 때 비로소 상위욕구(사회적 욕구, 자아실현욕구) 충족에 대한 필요가 증대된다고 하였다. 즉, 특정 소비단계의 하위욕구가 충족되지 않는다면, 기업은 이에 대한 노력을 우선적으로 제공해야 한다.

넷째, 다단계 회귀분석 혹은 구조방정식모형을 사용하여 각 소비단계의 만족도가 전반적 소비자 웰빙에 미치는 영향을 살펴본다. 이를 통해 각 소비단계가 지닌 중요도를 파악하고, 상대적으로 영향력이 큰 소비단계에 우선적으로 마케팅 노력을 제공한다. 이러한 방법은 통계적인 수치를 통해 비교하므로 결과 해석이 간단하지만, 집단별로 상이한 영향력의 근거를 제공하지 못하는 문제점이 있다. 그러므로 이러한 통계에 근거한 영역별 우선순위의 결정은 다른 개별영역에 대한 심층적인 이해가 함께 이루어질 때 더욱 심도 있는 접근이 가능하게 한다.

소비단계별 만족관리 모델을 도식화하면 〈그림 5-7〉과 같다.

3 특정 단계 내에서의 소비자 웰빙관리(Intra-Domain Consumer Well Being Strategies)

특정 소비단계 내의 구체적인 소비경험에 대한 관리는 소비경험에 대한 우선순위의 결정, 과거 경험에 근거한 소비경험의 재평가, 자아개념에 의한 소비경험의 재평가, 타인 대비 소비경험의 재평가로 나뉘어진다. 본 장에서는 이들에 대해 순서대로 살펴보도록 하겠다.

단계 내 만족관리를 위해서는 다음의 네 가지 단계를 거쳐야 한다. 첫째, 목표고객을 확인해야 한다. 둘째, 목표고객의 특정 소비단계 내 주요 소비경험 및 이를 통해 추구하는 소비가치를 확인한다. 이때 소비경험은 전체적인 소비과정에서 중요한 소비사건 및 특징적 소비경험을 말하며, 소비가치는 제품과 소비자의 상호작용(소유/사용)을 통해 나타나는 긍정적 및 부정적 결과(제품이 제공하는 것, 제품의 사용을 통해 발생되는 것)를 말한다. 셋째, 소비가치를 추구하는 편익으로 확인한다. 넷째, 편익을 제품, 서비스의 속성으로 전환한다. 이때 제품속성은 제품 및 서비스의 유형적 · 무형적 특징으로서 소비가치 달성의 수단이면서 제품의 특징에 대한 묘사를 의미한다.

3.1 특정 소비단계 내 소비경험의 우선순위 결정 (Determining Salience of Specific Consumption Experience)

소비자 웰빙을 향상시키기 위한 소비단계의 우선순위가 정해지면, 그 소비 단계 내에서의 주요 소비경험에 대한 욕구충족 우선순위를 정한다. 우선순위는 〈그림 5-8〉과 같은 기준에 의해 결정하게 된다.

첫째, 불만족스러운 소비경험에 대해서 먼저 고려하되, 그 불만의 최근성, 발생빈도, 그리고 불만족의 정도를 고려하여야 한다. 다시 말해서 최근에 자주 발생한, 기본욕구에 대한 불만족스러운 소비경험을 우선적으로 개선해야 한다.

둘째, 소비경험에 대한 소비자의 기대를 파악해야 한다. 즉, 소비

그림 5-8 특정 소비단계 내 마케팅 노력의 우선순위 결정

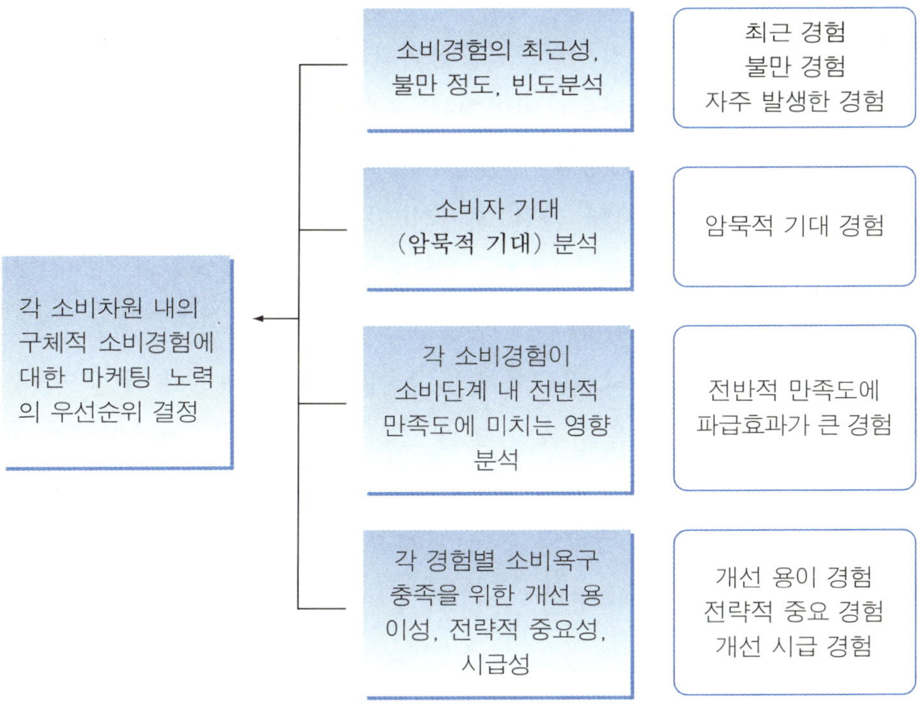

자들이 암묵적으로 당연시하였던 소비경험의 개선에 우선 순위를 두어야 한다. 이러한 요인들에 대한 소비자 욕구가 충족되지 않으면, 이는 불만요소로 작용하게 된다. 하지만 이 요소들은 충족되기만 하면, 그 중요도가 급속히 감소되는 경향을 보인다. 즉, 소비자들이 당연시하고 있는 암묵적 기대를 지속적으로 파악하고 이에 대한 개선에 우선순위를 두는 것이 필요하다.

셋째, 소비단계 내의 전반적 만족도와 각 소비경험들 간의 회귀분석을 통하여 그 중요도를 파악한다. 이때, 각 소비경험이 소비단계 내 전반적 만족도에 미치는 상대적 영향력을 파악함으로써, 각 소비경험들의 우선순위를 결정할 수 있다. 이때의 소비경험들은 만족한 경험일 수도 있고, 불만족한 경험일 수도 있다. 평균 이상의 점수를 받은 경험 만족도와 전반적 만족도의 상관관계 및 평균 이하의 점수를 받은 경우의 경험만족도와 전반적 만족도의 상관관계를 비교함으로써, 이 소비 경험이 불만요인인지 만족요인인지를 구분할 수 있다. 즉, 평균 이하 경험만족도와 소비단계에 대한 전반적 만족도의 상관관계가 평균 이상 경험만족도와 소비단계에 대한 전반적 만족도의 상관관계보다 큰 경우, 경험은 불만경험으로 간주되며, 이들 불만경험 요인들에 우선순위를 두어야 한다.

넷째, 소비경험들의 욕구충족을 높이기 위한 개선의 우선순위를 정할 때, 기업의 전략적인 측면 또한 고려되어야 한다. 기업의 개선활동 대안들을 비교하고 이들의 개선이 얼마나 용이한지, 개선이 얼마나 전략적으로 중요한지, 그리고 얼마나 시급한가 등에 관한 전략적인 고려가 동시에 이루어져야 한다.

3.2 소비경험평가를 통한 소비단계 내 소비자 웰빙의 향상전략

소비경험평가를 통한 소비자의 웰빙을 향상시키기 위한 전략은 크게 다음과 같이 다섯 가지로 나누어볼 수 있다.

1) 소비기대의 명확한 이해를 통한 소비경험의 재평가

소비경험에 대한 평가는 소비경험들의 누적으로 이루어지며, 최근의 소비경험이 이전의 경험보다는 좀더 높은 가중치를 갖는 가중평균 과정에 의해 계산된다. 소비경험이 과거 누적된 경험에 의해 형성된 기대치를 넘을 때 소비자들은 그 경험에 대해 만족한다. 소비자의 기대는 과거의 누적된 만족경험들의 발생 빈도뿐 아니라 만족도의 범위에 의해 형성된다. 적응이론(Adaptation theory)에 따르면 소비자의 기대는 시간이 지남에 따라 제공되는 소비경험에 대한 만족에 적응되는 경향이 있다. 처음의 만족이 반복됨에 따라 그 만족의 정도는 감소하며, 불만 역시 반복됨에 따라 불만의 정도가 적어지게 된다. 반대로, 민감이론(sensitization principles)에 따르면 소비자의 기대는 반복되는 만족 혹은 불만족에 더욱 민감해져서 그 만족과 불만족의 정도가 오히려 증폭되는 경향이 있다. 이러한 이론적 이해를 바탕으로 과거 소비경험을 기반으로 한 소비자 웰빙을 향상시키기 위하여 다음과 같은 전략이 필요하다.

첫째, 소비자의 소비경험 속에서 소비자들의 기대를 구체적으로 관리해 주는 것이 중요하다. 소비자의 막연한 기대는 소비경험에 대한 만족스런 평가를 어렵게 한다. 고객의 막연한 기대는 상황에 따른 소비자의 기대를 높이며 마케팅 활동의 개선에도 불구하고 전체적인 평가는 낮아지는 주된 원인이 된다. 따라서 구체적이고 측정 가능한 평가기준을 제공하여 소비자들로 하여금 일관된 평가를 하도록 하는 것이 중요하다.

둘째, 지속적인 만족의 제공은 만족에 대한 적응효과를 가져온다. 만족의 적응을 줄이기 위하여 만족의 경험들을 시간적으로 분리하여 제시하는 것이 중요하다. 만족이 제공하는 효능은 체감적으로 증가하는 경향이 있기 때문에 이득을 분리하여 제공함으로써 효용의 극대화를 가져올 수 있다.

셋째, 반복적인 불만족의 제공은 불만족 상황에 대한 민감도를 높이는 역할을 한다. 이러한 불만족에 대한 민감도를 감소시키기 위해서, 불만족 경험을 최소화하고, 어쩔 수 없이 발생하는 경우에도 만족의 경험들 속에서 일어나도록 한다. 이는 만족을 경험하는 가운데서의 불만족 경험은 상대적으로 소비자의 수용과 용서의 폭을 크게 하고 일시적인 현상으로 간주하도록 하며, 불만족 사건이 기업이 통제할 수 없는 요인에 의한 어쩔 수 없는 것으로 생각하게 하는 외적 귀인이 되도록 유도하기 때문이다.

2) 이상적 자아개념을 통한 소비경험의 재평가

소비경험의 불만족이 이상적 자아개념에 의해 재평가될 때, 만족으로 전환될 수 있다. 친환경 제품의 경우, 비싼 가격에 대한 불만족이 있거나, 특정 재료의 사용으로 인해 더 많은 유지비용이 들기도 하며, 소비상의 불편을 겪기도 한다. 하지만 이러한 약간의 소비 불만족 경험은 타인에게 비쳐질 이상적인 자아개념에 근거하여 판단하면 그 평가가 달라진다. 즉, 의식 있는 소비자로서의 스스로의 모습을 구현한다는 점에서 오히려 소비 속에서의 불편함을 선택하기도 한다. 이렇듯 소비자 웰빙향상을 위해서 소비자의 자존(Self esteem)과 이상적 이미지(Ideal self image)를 강조함으로써, 개별 소비경험에 대한 만족을 증대시킬 수 있다. 다시 말하면, 소비자들이 기대하는 이상적 욕구수준과 종류에 대한 선이해는 소비자 웰빙을 향상시키는 데 도움을 준다.

3) 타인과의 비교를 통한 소비경험의 재평가

소비자가 개별 소비경험에 대한 만족을 어떤 집단과 비교하느냐에 따라서 소비자 웰빙에 대한 인식이 달라질 수 있다. 단계 내의 소비욕구충족을 위해서는 비교기준이 되는 준거집단을 파악하고, 기준 대비 소비경험만족의 공정성의 확보를 하는 것이 필요하다. 다시 말해서, 어떤 소비자 집단이 목표고객의 소비자 웰빙향상을 위한 비교 대상이 되는지를 알고, 그에 적합한 소비경험만족을 향상시키기 위한 노력이 요구된다.

4) 소비목표에 적합한 소비경험의 제공

먼저 고객의 소비목표가 무엇인지를 이해해야 한다. 어떤 소비자들은 하위 소비목표(생리적 욕구, 안전욕구)를 중심으로 소비하는 반면, 어떤 소비자들은 상위 소비목표(사회적 자아, 자존심, 자아실현욕구)를 중심으로 소비한다. 상위의 목표들은 좀더 자발적이며 타인 및 자기 자신으로부터의 인정을 목표로 한다. 목표를 향한 욕구충족은 소비경험을 긍정적으로 평가하게 만들며, 도달하기 어려운 도전적인 목표를 달성했을 때처럼, 단순히 그 결과뿐만 아니라 그 과정에서도 많은 만족을 얻게 한다. 이렇듯 소비자들의 소비목표는 각각의 소비욕구에 대한 중요성과 몰입을 결정하게 된다. 따라서 소비자들의 목표에 대한 이해를 바탕으로 그에 적합한 포지셔닝과 욕구충족의 우선순위를 정하는 것이 필요하다.

5) 소비만족의 빈도와 강도의 조절을 통한 소비경험 만족의 증대

소비자 웰빙은 다양한 소비만족/불만족 경험의 누적으로 형성되는 단계별 욕구충족도의 합이다. 소비경험에 대한 평가를 의미하는 소비자 웰빙의 향상을 위해서는 간헐적이고 큰 만족경험보다는, 작지만 지속적인 만족경험이 중요하다. 빈도의 원칙(Frequency principle)에 따르면, 작지만 반복적인 만족의 경험들이 지속적인 소비자들의 욕구충족을 가능하게 하고, 이러한 소비 기억들이 소비자 웰빙에 대한 긍정적인 평가를 내리게 한다.

4 소비자 웰빙관리 요약: 구매단계 간 관리와 구매단계 내 관리

소비자 웰빙은 전 소비단계 간의 욕구만족의 총합이다. 소비자 웰빙을 구성하는 구매단계 간 · 구매단계 내 소비자 웰빙관리는 다음과 같다.

1) 구매단계 간 만족의 관리

구매단계 간 소비자 만족의 총합이 최대가 되도록 한다. 이를 위해서는 첫째, 중요한 상위 욕구의 충족에 우선순위를 둔다. 둘째, 만족의 수평적 전이가 활성화되도록 한다. 전이효과 중에서 상향적 · 하향적 · 수평적 전이효과가 큰 단계의 만족에 우선순위를 두고, 몰입도 · 중요도가 큰 영역의 만족도에 우선적 만족을 제공한다. 경쟁사 벤치마킹 등을 통해 차원에 따른 욕구충족 정도를 파악하여 충족도가 낮거나 기본욕구충족이 낮은 경우에 우선적인 만족을 제공한다(전이효과). 셋째, 불만족이 전이되지 않도록 하기 위해 우선적으로 관리 및 개선한다(구분효과). 넷째, 한 단계에 미충족된 욕구가 다른 단계에서 충족될 수 있도록 한다(보상효과). 욕구충족의 정도가 낮은 영역을 우선 해결하고 구매단계별 다양한 욕구를 추적하여 결핍된 욕구를 충족시킨다.

2) 구매단계 내에서의 구체적인 소비경험에 대한 만족의 극대화

특정 구매단계 내에서의 소비경험을 극대화하기 위해서는 다음과 같은 마케팅전략을 실행한다. 첫째, 최근 경험, 불만경험, 빈발경험에

그림 5-9 구매단계 간 · 단계 내 소비자 웰빙관리

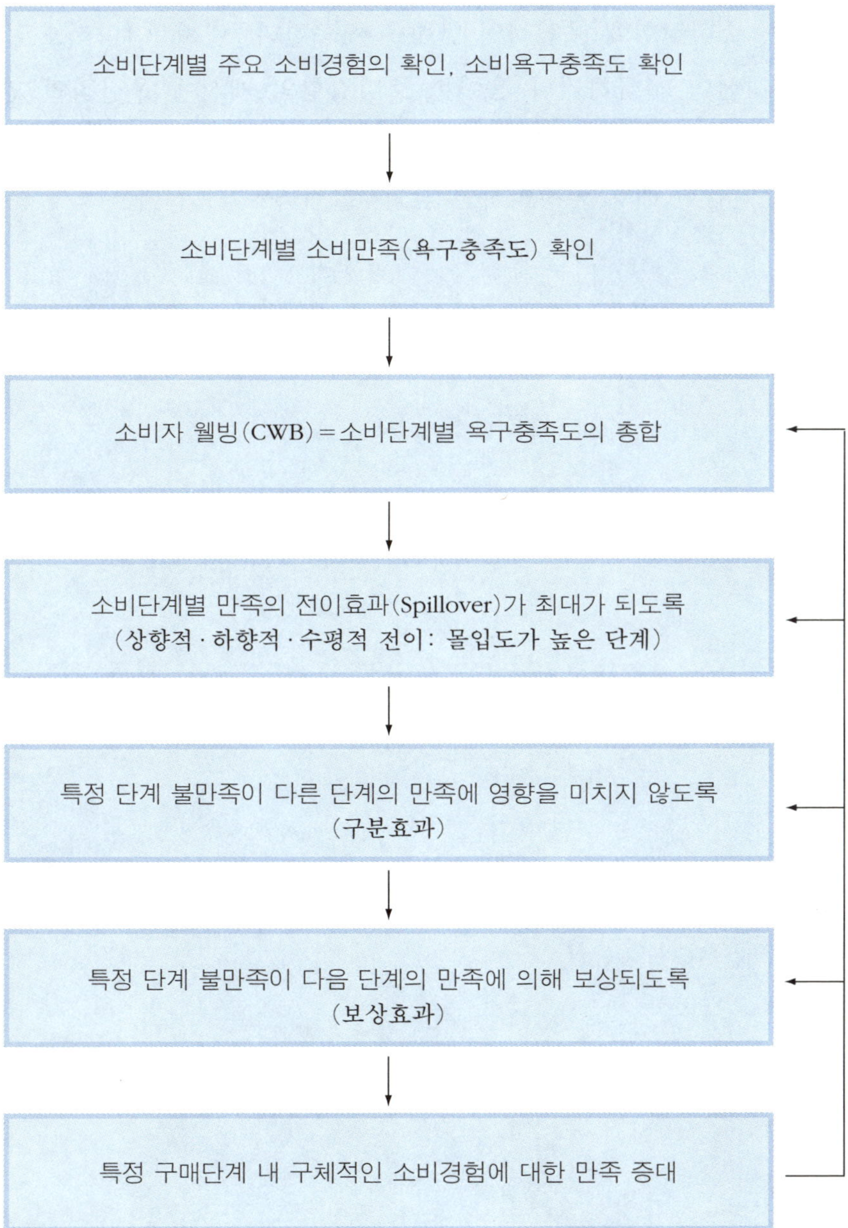

우선적인 만족을 제공한다. 둘째, 암묵적 기대를 충족시키는 소비경험에 우선적인 만족을 제공한다. 셋째, 단계 내의 전반적 만족도에 파급효과가 큰 소비경험에 우선적인 만족을 제공한다. 넷째, 전략적으로 중요하고, 개선이 시급하거나 용이한 소비경험의 개선에 우선적인 만족을 제공한다.

앞서 언급한 내용을 정리하면 앞의 〈그림 5-9〉와 같다.

제 6 장

소비자 웰빙에 관한 실증연구와 전략방향의 도출

1. 소비자의 웰빙과 전반적 웰빙
2. 건강식품 관련 소비자 웰빙
3. 자동차제품 관련 소비자 웰빙
4. 주택 관련 소비자 웰빙
5. 소매점(Retailing) 관련 소비자 웰빙
6. 핸드폰 및 모바일 인터넷 관련 소비자 웰빙
7. 의료 서비스 관련 소비자 웰빙
8. 대학교육 서비스 관련 소비자 웰빙
9. 레저 관련 소비자 웰빙

① 소비자의 웰빙과 전반적 웰빙

전반적 웰빙은 소비 전 단계의 소비자 웰빙에 의해 영향을 받는다. 즉, 소비단계별 만족의 복합체로서의 소비자 웰빙은 상향적 전이효과(bottom-up spillover)에 의해 전반적 삶의 만족에 긍정적인 영향을 미친다. 이를 도식화하면 〈그림 6-1〉과 같다.

그림 6-1 소비자 웰빙과 전반적인 의미에서의 웰빙

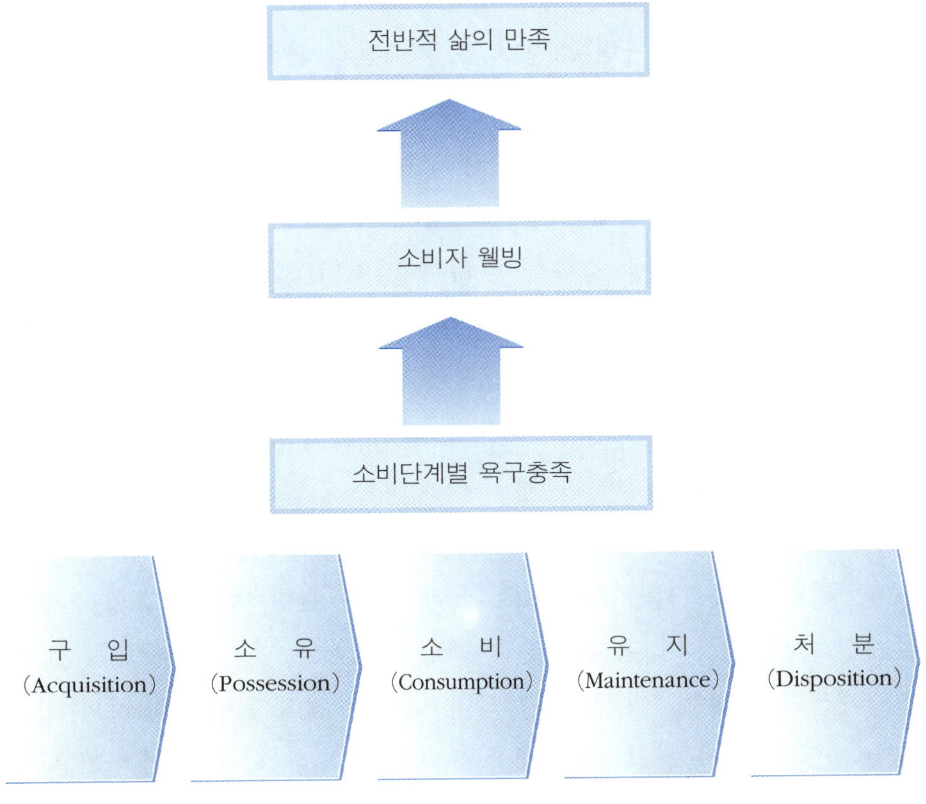

2 건강식품 관련 소비자 웰빙

웰빙제품의 소비만족이 소비자 웰빙에 미치는 영향을 소비자 조사를 통하여 알아보았다. 식품, 미용, 운동, 생활과 같은 여러 웰빙제품을 대상으로 조사한 결과 웰빙제품 사용에 따른 만족은 소비자 웰빙에 긍정적인 영향을 미치는 것으로 나타났으며, 그 중에서도 특히 운동 관련 제품이 건강 관련 소비자 웰빙에 가장 큰 영향을 미치는 것으로 나타났다.

〈그림 6-2〉에서는 건강식품 관련 소비자 웰빙을 도식화하였다. 이 모형에 따르면 건강 관련 소비자 웰빙은 건강 관련 웰빙제품의 사용만족에서 온다. 하지만 건강 관련 웰빙제품의 사용만족이 건강 관련 소비자 웰빙에 미치는 영향은 소비자가 얼마나 많은 제품지식을 지녔는가에 따라 달라진다. 즉, 제품 관련 지식이 적을 때에는 건강제품에 대한 만족이 소비자 웰빙에 영향을 미치지 않지만(Gamma=−0.19, $p>0.05$), 지식이 많을 경우에는 건강제품에 대한 만족이 소비자 웰빙에 직접적이고 유의미한 영향을 미치는 것으로 나타났다(Gamma=0.25, $p<0.05$). 제품 사용만족을 통한 소비자 웰빙은 다른 삶의 영역들과 더불어 전반적 삶의 만족에도 긍정적인 영향을 미치는 것으로 확인되었다(Beta=0.34, $p<0.05$).

이러한 조사결과를 바탕으로 볼 때, 건강 관련 제품의 효율적 웰빙마케팅을 위해서는 다음과 같은 마케팅 노력이 수반되어야 한다. 첫째, 건강제품의 만족을 높이는 다각적인 노력이 필요하며, 소비자의 장기적인 만족을 위한 건강 관련 제품을 개발해야 한다. 이때 소비자 웰빙은 다양한 욕구의 총합으로 구성되므로, 단순히 건강성만을 강조하기보다는 자아표현적 가치 및 사회적 가치를 동시에 충족시키기 위한 노

그림 6-2 **건강식품 관련 소비자 웰빙**

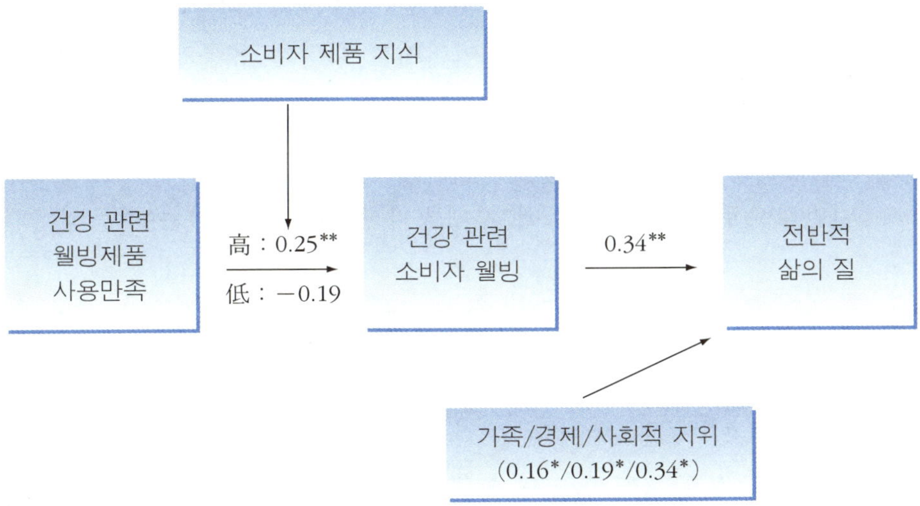

력이 필요하다.

둘째, 건강제품에 관한 소비자의 지식을 높이기 위한 마케팅 노력이 동시에 이루어져야 한다. 즉, 소비자의 지식을 높이기 위해 기사형 혹은 정보전달형 광고, 체험관, 의견선도자 및 입소문의 관리 등 다양한 경로를 통해 소비자의 제품지식을 높이는 것이 필요하다. 이때, 제품에 관한 소비자의 높은 지식은 제품효용에 대한 긍정적 편향을 유도하고, 성과에 대한 확신을 증대시키는 역할을 할 것이다.

셋째, 건강 관련 소비자 웰빙이 전반적 웰빙에 미치는 영향을 증가시키기 위해 건강에 관한 몰입도(Health consciousness)를 높이는 것이 중요하다. 건강에 대한 높은 몰입도는 건강제품의 만족이 소비자 웰빙에 미치는 전이효과(spillover effect)를 크게 하여 소비자 웰빙을 더욱 향상시킬 것이다.

실제 마케팅 사례를 보면, 스킨푸드의 경우, 미각을 자극하는 원료/제품명(음식성분으로 만든 피부 화장품) 등으로 제품 만족도를 높이고 있고, 허브농장·사과농장 등의 체험활동 및 무료 샘플 제공을 통해 소비자들의 제품에 대한 지식을 높여 나가고 있다. 비타 500은 마시는 비타민이라는 컨셉으로, 젊은 사회적 이미지를 다양한 유통채널을 통해 제공하여 1,500억원의 매출을 달성하였다. 이 밖에도 스타벅스는 프리미엄 커피 품질을 통해 자아 이미지를 표현하고자 하였다.

일반적으로 건강식품 소비자 웰빙의 향상을 위해서는 다음의 5단

그림 6-3 건강식품 소비자 웰빙의 향상

Step 1: 목표고객의 확인 및 소비자 웰빙제품 관련 주요 소비경험 도출

↓

Step 2: 웰빙제품의 주요 소비경험을 통해 충족되는 욕구의 종류와 정도를 도출

↓

Step 3: 소비자 웰빙을 향상시키는 건강 관련 웰빙제품 욕구 종류 확인
(예: 건강성과 기능성)

↓

Step 4: 건강 관련 제품 만족이 소비자 웰빙을 향상시키는 조건 도출
(예: 구체적인 소비자 지식, 고령)

↓

Step5: 웰빙제품 관련 욕구(건강성/기능성)의 충족에 초점
웰빙제품의 성과에 관련된 소비자 지식의 제공(예: 기사형/홍보형 광고)

계를 거쳐야 한다. 첫째, 목표고객의 확인 및 소비자 웰빙제품 관련 주요 소비경험을 도출해야 한다. 둘째, 웰빙제품의 주요 소비경험을 통해 충족되는 욕구의 종류와 정도를 도출해야 한다. 셋째, 소비자 웰빙을 향상시키는 건강 관련 웰빙제품 관련 욕구의 종류를 확인해야 한다. 넷째, 제품지식과 같이 건강 관련 제품 만족이 소비자 웰빙에 미치는 영향력을 더욱 극대화할 수 있는 요소를 찾아야 한다. 마지막으로, 웰빙제품과 관련하여 소비자가 지닌 욕구(건강성, 기능성)를 충족시키도록 해야 한다. 이를 도식화하면 〈그림 6-3〉과 같다.

3 자동차제품 관련 소비자 웰빙

자동차는 중요한 소비품목의 하나이고, 또한 자동차의 소비경험에서 나오는 여러 가지 욕구충족은 소비자의 웰빙에 큰 영향을 미친다. 더불어 자동차 사용과 관련된 소비자 웰빙은 자동차 관련 여러 욕구의 충족 정도에 의해 영향을 받는다. 이러한 관계는 앞장에서 살펴본 상향적 전이효과(Bottom-up spillover effect)에 근거하고 있다.

자동차의 디자인, 보험 서비스, 자동차 유지 보증, 그리고 할부조건 등은 구매자의 욕구충족에 큰 영향을 미친다. 이러한 자동차 관련 소비자 웰빙은 각 구매단계별 욕구충족의 합으로 측정되며, 이는 자동차에 대한 전반적 만족과 소비자 충성도에 영향을 미치는 것으로 나타났다. 자동차 소비에 있어서 획득-소유-소비-유지-처분에 이르는 소비전 과정의 만족도를 살펴보면 〈그림 6-4〉와 같다.

그림 6-4 자동차와 소비자 웰빙

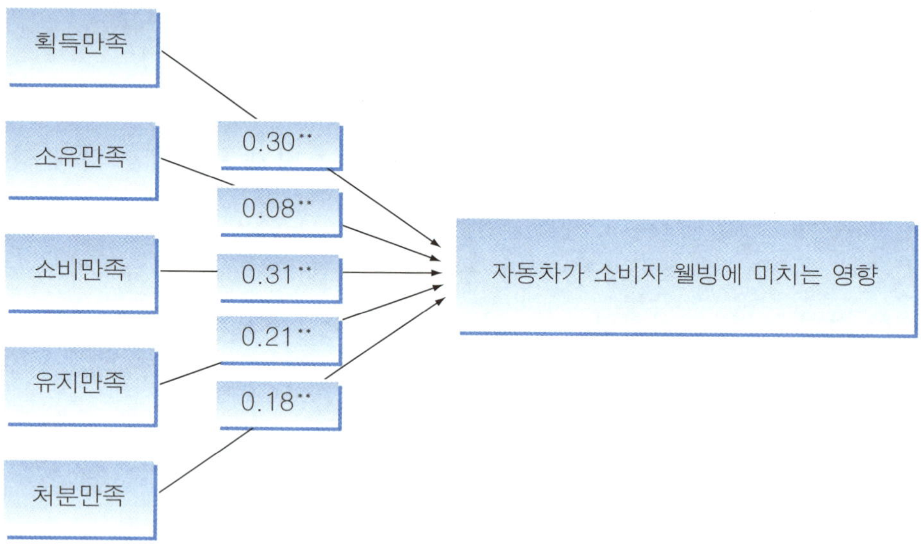

① 획　　득

제품획득과 관련된 만족의 전체(자동차 종류, 정보제공, 시험운전, 판매원 친절, 가격조건, 금융서비스)

② 소　　유

소유권, 가치증식(자동차 보유만족, 브랜드 자부심, 감가상각, 자동차 소유의 만족)

③ 소　　비

실제 사용에 관련된 만족의 총체(성능, 안정, 안전성, 내구성, 안락감 등)

④ 유　　지

고객의 제품 유지(A/S-보수 관련 서비스, 부품, 수리 서비스, 자동차의 내

구성)

⑤ 처 분

재활용/교환 프로그램(처분의 편리성, 광고 등 처분과정의 만족, 자산상의 손실)

그렇다면 여러 소비경험 단계 중 자동차 관련 소비자 웰빙에 가장 큰 영향을 미치는 것은 어느 단계일까? 이를 위해 각 단계별 욕구충족의 정도가 자동차 관련 전반적 소비자 웰빙에 미치는 영향력을 회귀분석을 통해 알아보았다. 그 결과 자동차 관련 소비자 웰빙에 미치는 영향은 소비단계, 획득단계, 유지단계, 처분단계, 소유단계의 순서로 나타났다.

각 단계별 중요도는 고객별로 대상 자동차별로 다르게 나타날 수 있다. 예를 들어, 사회적 과시가 중요한 고급자동차의 경우에는 소유만족이 클 수 있으나, 저가의 중고자동차의 경우에는 소유보다는 유지와 처분에 대한 욕구충족이 더 중요할 수 있다. 실제 획득 및 보유만족이 전반적 소비자 웰빙에 미치는 영향은 나이가 많거나 소득이 적은 소비자의 경우에 더 크게 나타났다.

이러한 소비자 웰빙 모델의 검증결과가 주는 마케팅적 의미는 다음과 같다. 첫째, 소비자 웰빙을 효과적으로 증대시키기 위해서는 각 소비단계별 고객욕구충족의 상대적 중요도를 파악하는 것이 중요하다. 기존의 자동차 판매가 고객의 웰빙보다는 고객의 구매 및 재구매에 초점을 맞추었다면, 소비자 웰빙 중심의 마케팅은 전체 소비단계에서 고객의 만족을 효율적으로 측정·관리하는 것에 초점을 두어야 한다.

예를 들어, 자동차 회사인 도요타(TOYOTA)는 이를 위해 5억엔 예산을 들여서 신차 구입시 고객 설문조사뿐 아니라 신차 구입 3개월 후, 그리고 3년 후에 별도의 고객 설문조사를 실시하여 고객의 욕구충족의 정도를 지속적으로 파악하고 있다. 자동차 회사인 아우디(Audi)에서도 한 번 고객은 평생고객이라는 차원에서 고객이 원하는 바를 단계별로 충족시키려는 노력을 하고 있으며, 모든 접점의 관리가 고객을 중심으로 편성되어 있다.

둘째, 각 구매단계별 욕구의 중요도가 소비자마다 다르므로, 기업들은 목표고객이 충족하고자 하는 욕구가 무엇인지, 그리고 어떠한 단계를 중요하게 생각하는지를 파악하여야 한다. 그리고 각 단계 욕구충족에 대한 우선순위를 조정함으로써 소비 전 과정에 걸친 소비자 웰빙을 향상시키기 위한 가장 효율적인 마케팅 방안을 찾아 실행해야 할 것이다. 가령 유지만족이 중요한 고객을 위해서는 자동차 순회정비 서비스를 강화하고, 처분만족이 중요한 고객을 위해서는 중고차 가격의 보장, 폐차 서비스의 제공, 중고차 경매서비스를 제공해야 한다.

셋째, 특정 욕구의 충족이 필요하다고 확인되면 그 단계의 만족을 높이기 위해 어떠한 개선이 이루어져야 하는지를 파악할 필요가 있다. 디자인, 보험, 보증, 재무 서비스와 같은 다양한 자동차 관련 요소들이 자동차 관련 소비자 웰빙에 미치는 영향을 살펴보았다. 그 결과 디자인 관련 특성에 의한 소비자 욕구충족이 가장 중요하며, 보증 관련 서비스가 그 다음으로 나타났다. 이와 같은 자동차 관련 소비자 웰빙은 그 자동차에 대한 충성도로 자연스럽게 이어진다. 자동차 관련 소비자 웰빙의 향상방안은 〈그림 6-5〉와 같다.

그림 6-5 **자동차 관련 소비자 웰빙의 향상**

Step 1: 자동차의 구매단계별 주요 소비경험의 도출

Step 2: 주요 소비경험을 통해 충족되는 욕구의 종류와 정도를 도출

Step 3: 각 구매단계별 만족이 전체적인 자동차 관련 소비자 웰빙에 미치는 영향을 도출

Step 4: 자동차 관련 소비자 웰빙에 중요한 영향을 미치는 특정 구매단계의 확인(예: 소비단계 욕구충족)

Step 5: 확인된 욕구충족단계의 만족을 높이기 위한 필요한 욕구가 무엇인지를 확인(예: 소비단계의 안전성/내구성 욕구충족)

4 주택 관련 소비자 웰빙

주택은 소비자가 투자하는 주요 제품이며, 이는 소비자의 생활 전반에 영향을 미친다. 주택은 소비 삶의 영역인 삶의 수준(standard of living)을 측정하는 중요한 척도가 된다. 주택이 소비자 웰빙에 미치는

영향의 정도를 구매단계별 욕구충족에 따라 살펴보면 다음과 같은 결과를 보여준다.

주택 관련 소비자 웰빙은 구매, 소유, 소비, 유지, 처분의 네 가지 단계에서 발생하는 소비만족에 의해 영향을 받는다. 소비단계에 따른 단계별 주택웰빙(House well being)을 직접 측정해 본 결과 다음과 같은 사실을 확인하였다.

첫째, 중개사, 계약체결 과정, 융자 과정, 디자인 및 수리와 관련된 구매차원의 만족은 주택 관련 소비자 웰빙에 긍정적 영향을 미친다(Gamma=0.14, $p<0.05$).

둘째, 가치의 증대, 소유 관련 재무적 부담, 집 소유에 대한 자부심과 관련된 소유차원의 만족은 주택 관련 소비자 웰빙에 긍정적 영향을 미친다(Gamma=0.39, $p<0.05$).

셋째, 내부공간, 내부구조, 외부환경, 부대환경과 관련된 소비단계의 만족은 주택 관련 소비자 웰빙에 긍정적 영향을 미친다(Gamma=0.32, $p<0.05$).

넷째, 보수, 수리상태, 주변환경의 상태와 관련된 유지차원의 만족은 주택 관련 소비자 웰빙에 긍정적 영향을 미친다(Gamma=0.29, $p<0.05$).

마지막으로, 판매중개사, 계약과 관련한 처분차원의 만족 역시 주택 관련 소비자 웰빙에 긍정적 영향을 미친다(Gamma=0.23, $p<0.05$).

이외에 주택 관련 소비자 웰빙에 영향을 주는 기타 변수로는 미관, 라이프 스타일, 교통, 의료, 교육, 편의시설 등의 지역사회에 대한 만족도(Gama=0.17, $p<0.05$)와 사회적 상호작용, 소음, 안전도 등의 이웃에 대한 만족도(Gamma=0.22, $p<0.05$)가 유의적인 영향을 미치는 것으로 나타났다. 주택 관련 소비자 웰빙을 구성하는 만족요소는 〈그림 6-6〉과 같다.

이러한 결과를 종합해 보면 주택 관련 소비자 웰빙에 영향을 미치

그림 6-6 주택 관련 소비자 웰빙을 구성하는 만족

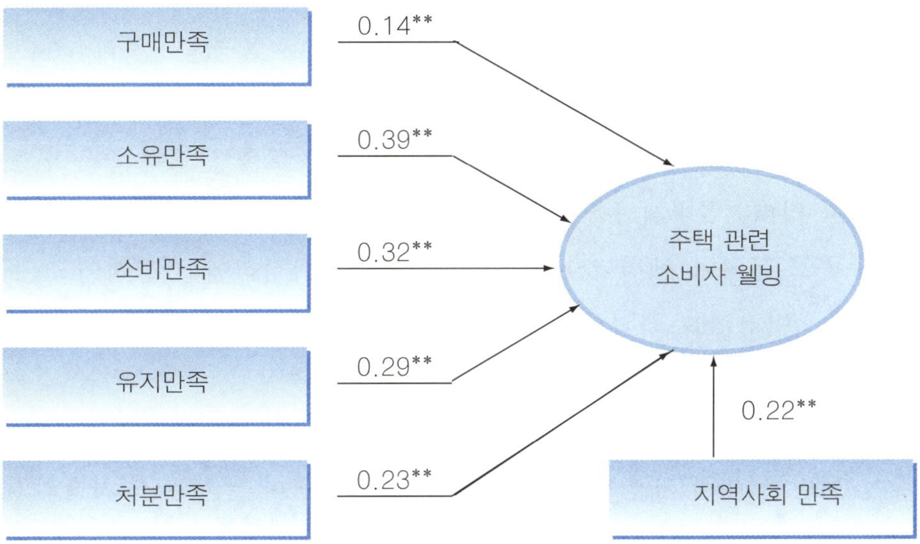

는 요소의 중요도는 소유단계의 만족, 실제 사용단계의 만족, 유지단계의 만족, 지역사회에 대한 만족의 순으로 나타났다. 따라서 웰빙 주택을 제공하려는 기업들은 각 단계에 영향을 미치는 세부요인을 파악하고 그에 적합한 소비자 욕구충족을 제공하려는 노력이 필요하다. 예를 들어, 소비단계의 욕구 중에서 소비자들은 주택의 안전, 편안함, 가족관련 공간, 자아표현이 가능한 주택공간 등의 욕구를 지니는 것으로 확인되었다. 이러한 욕구를 구체적인 제품 및 서비스의 속성으로 나타내는 것이 필요한데, 주방공간의 경우 가전의 고급화로 자아를 표현하는 사교적 공간으로 만들고, 욕실은 나만의 안식처인 공간으로, 거실은 공동의 공간으로 주택의 세련됨을 추구할 수 있다. 기업들은 소비자가 중요시하는 소비단계 및 그 단계 내에서의 각종 욕구의 우선순위를 선정하여 주택을 설계하고 디자인하는 것이 필요하다.

최근 아파트 브랜드에도 웰빙개념이 도입되고 있다. 대림산업(*e*-편한세상)은 사이버 공동체, 품질/건강/실용/친환경의 건강한 아파트를 선보이고 있으며, 삼성건설(래미안)은 유비쿼터스를 강조한 미래의 아파트, 첨단과 자연환경이 조화된 아파트를 내세우고 있다. 한화(꿈에그린)는 자연친화적 아파트를, 대우(푸르지오)는 푸르다+대지(geo)의 뜻을 지닌 아파트로 중앙/생태공원, 친환경의 아파트를 선보여 좋은 반응을 얻고 있다. 웰빙개념을 도입한 건설업체들은 소비단계별 주요 욕구의 충족을 통하여 웰빙 소비가치를 심화하고 확장하여 긍정적이고 부정적인 소비경험을 측정하고 관리해야 할 것이다.

이와 같이 아파트 브랜드에서 웰빙개념이 확장되어 강조되는 것은 매우 바람직한 현상이다. 아직까지 아파트 웰빙의 개념이 구체화되지 않아 웰빙에 대한 개념이 막연한 구호에 그치거나 구체적인 차별화가 이루어지지 않고 있는 것이 사실이지만, 어느 소비단계의 어떤 욕구를 우선적으로 충족시키는가에 따라 각 아파트 브랜드의 차별화 및 개성표현이 가능해질 것이다. 추후 주택 관련 소비자 웰빙의 구체적인 측정과 관리를 통해 목표고객의 욕구 및 가치를 잘 반영하는 차별화된 웰빙아파트 브랜드 문화가 정착되기를 기대해 본다.

주택 관련 소비자 웰빙의 구현을 위해서는 다음의 조치가 필요하다. 무엇보다 아파트 기업은 소비 각 단계별 가치제공을 분명히 해야 한다. 주택의 소비단계별 주요 경험을 도출하고 이에 관련된 욕구의 종류와 정도를 파악하여 이에 대한 충족에 노력을 기울여야 한다. 예를 들어, 구매단계에 중요시하는 속성의 우선순위인 브랜드, 교통, 투자가치, 교육, 환경 등의 속성을 반영하여 아파트를 설계 및 개발하여야 한다. 그 중에서도 가장 중시하는 브랜드의 경우 차별화 포인트를 구체화하여야 한다. 이는 주택 관련 소비자 웰빙에 미치는 영향이 큰 소비단계 및 그 속의 구체적인 경험에 의한 욕구충족이 무엇인지 파악하여 이를 충족시킴으로써 가능하다. 이러한 이해를 바탕으로 사용자 중심의

그림 6-7 주택 관련 소비자 웰빙의 향상

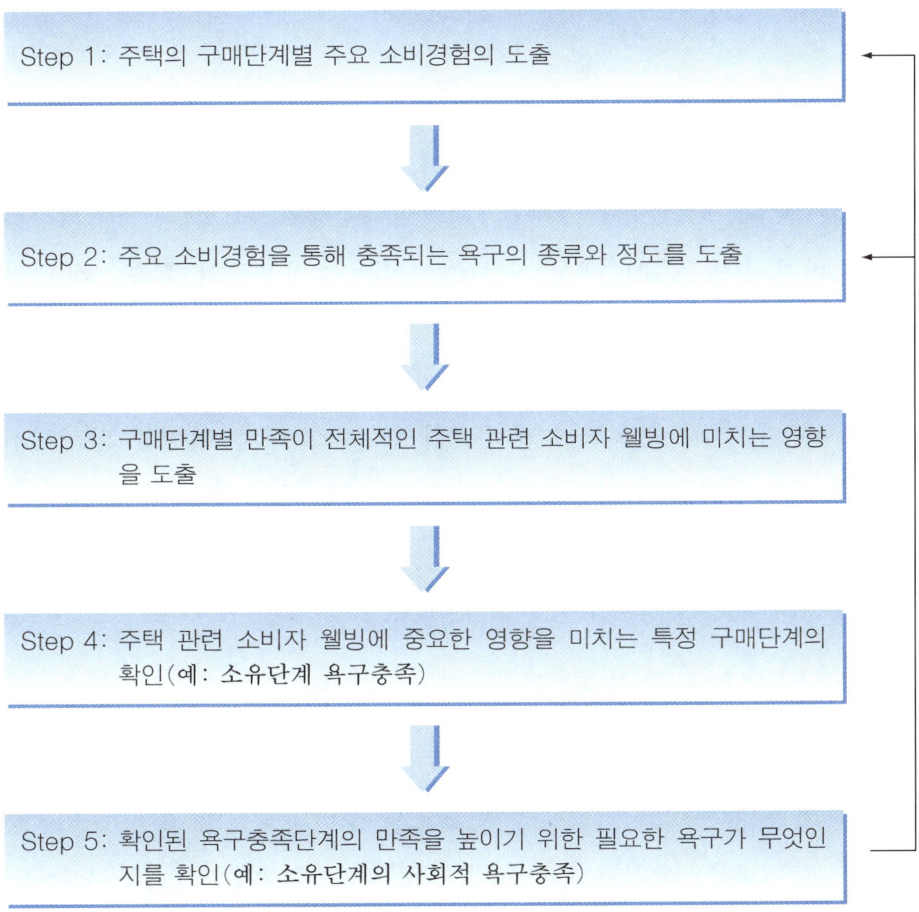

주거공간 확보, 새집 증후군 방지, 유비쿼터스 환경, 보행자 중심의 공간, 테마 공원, 체육시설을 갖춘 친환경적 주거환경, 그리고 감성적 문화 욕구충족이 가능한 주택 브랜드의 구축을 시도할 수 있다. 이 모든 결정이 주택 관련 소비자들의 다양한 욕구충족과 행복감을 전달해 줄 수 있는 정도에 따라, 즉 소비자 웰빙에 근거한 의사결정과 우선순위 설정이 이루어져야 한다. 이를 토대로 정리한 주택 관련 소비자 웰빙

향상방안은 〈그림 6-7〉과 같다.

5 소매점(Retailing) 관련 소비자 웰빙

소비자 웰빙은 구매에서 처분에 이르는 소비욕구의 충족도와 다양한 소비경험에서 느끼는 행복감의 총합이다. 이와 관련하여 소매점들은 어떻게 소비자 웰빙에 기여할 수 있을까? 소매점들은 소비자의 기능적 욕구와 사회적 욕구를 충족시킴으로써 소비자 웰빙을 향상시킨다. 즉, 소매점들은 소비자들의 쇼핑과 관련한 기능적 욕구 및 사회적 욕구를 충족시킴으로써 소비자 웰빙에 기여할 수 있다.

1) 기능적 욕구의 충족

소매점들은 소비자들에게 쇼핑의 즐거움을 제공하고, 경제적이고 다양한 제품의 구매를 가능하게 함으로써 소비자로서의 쇼핑욕구를 충족시켜 준다. 즉, 소매점들은 쇼핑의 경제성, 기능성, 편리성 등의 기능적 가치를 충족시킴으로써 소비자들의 웰빙을 향상시킨다. 다시 말해서, 기능적 가치는 기술적·기능적 제품을 통하여 분위기, 장소, 머천다이징(merchandising), 가격, 홍보 등의 소매점 이미지와 소비업자에 대한 소비자의 기대가 일치할 때 충족된다.

기능적 일치도는 소비자들이 기능적이고 기술적인 제품을 구매하는 경우에 소비자 웰빙에 있어 중요한 역할을 한다. 이때 소매점의 이미지를 소비자의 기능적 가치에 일치시키려는 마케팅 노력에 의해 소비자의 쇼핑만족도가 커지고, 이는 소비자 웰빙으로 이어지게 된다.

2) 사회적 욕구의 충족

소매점들은 쇼핑과 관련하여 소비자들의 자아욕구의 충족을 가능하게 하고, 이러한 자아욕구충족이 소비자 웰빙을 향상시킨다. 쇼핑 관련 사회적 가치 충족은 소매점의 이미지와 소비자의 자아 이미지와 일치할 경우 얻게 되는 가치의 충족에서 오는 만족이다.

소비자의 자아개념에는 현실적인 자아 이미지(자신의 실제 이미지), 이상적 자아 이미지(도달하고 싶은 이미지), 현실적 사회 자아 이미지(남들이 보는 자신의 실제 이미지), 이상적 사회 자아 이미지(남들이 보아주길 바라는 자신의 이상적 이미지) 등으로 분류된다. 쇼핑을 하는 소매점의 이미지가 소비자의 이미지와 일치할 때, 이를 현실적 혹은 사회적 자아 이미지 일치라고 표현한다. 이러한 자아 일치도는 자아 이미지의 종류에 따라 현실적 자아 일치도, 이상적 자아 일치도, 현실적 사회 자아 일치도, 그리고 이상적 사회 자아 일치도로 구분된다.

첫째, 현실적 자아 일치도는 소비자의 자아 일치성의 욕구를 충족시킨다. 즉, 소매점의 이미지가 소비자의 실제 이미지와 일치할 때, 소비자는 인지적 조화 및 편안함을 느끼며, 자신의 실제 이미지에 맞는 쇼핑활동을 하게 된다.

둘째, 이상적 자아 일치도는 소비자가 지닌 자존의 욕구를 충족시킨다. 소매점의 이미지와 소비자의 이상적 자아 이미지와의 일치 정도를 나타내는 이상적 자아 일치도는 소비자의 자존적 욕구를 충족시켜 준다. 즉, 소비자의 이상적인 자아 이미지의 구현을 가능하게 하여 쇼핑에서의 자존의 욕구를 충족시켜 주고, 이는 소비자 웰빙으로 이어진다.

셋째, 현실적 사회 자아 일치도는 소비자의 사회적 자아 일치욕구를 충족시켜 준다. 남들이 생각하는 소비자의 현실적 이미지와 소매점

그림 6-8 소매업과 소비자 웰빙

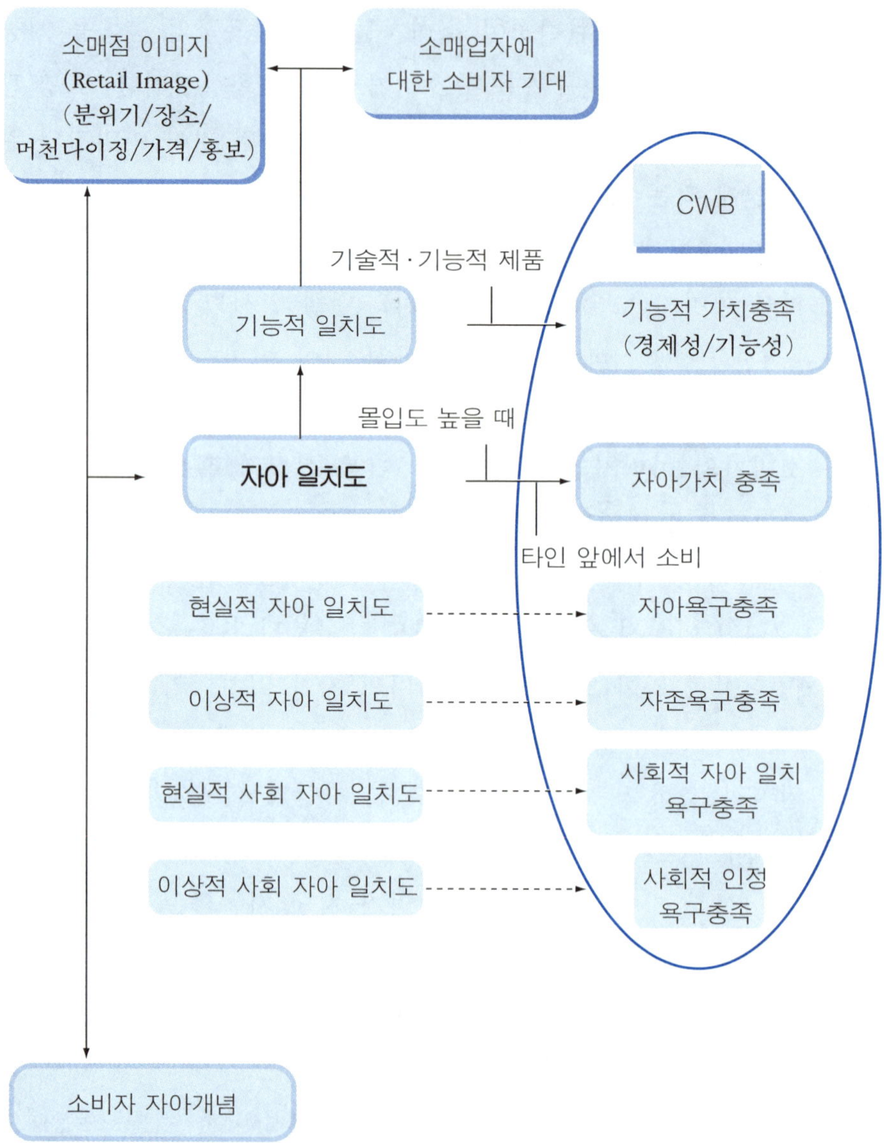

이미지의 일치는 소비자들에게 남들이 일반적으로 생각하는 사회적 자아의 이미지를 구체화시키고 일관되게 함으로써 일관된 자아 이미지라는 욕구의 충족을 가능하게 한다.

넷째, 사회적 · 이상적 이미지의 일치도는 사회적 인정 및 자존의 욕구를 가능하게 한다. 사회적이면서 이상적인 자아 이미지는 남들이 생각하는 자아의 이상적 이미지이다. 쇼핑을 통한 이미지의 구현은 소비자의 사회적 인정에 대한 욕구의 충족을 가능하게 한다.

이러한 자아 일치도가 전반적 소비자 웰빙에 미치는 영향은 제품에 대한 소비자들의 몰입도가 높을 때, 그 제품이 타인들 앞에서 주로 쇼핑되고 소비되는 공공재(public goods)일 때, 현저하게 남들 앞에서 소비되는 제품(conscipious consumption)일 때, 전반적 소비자 웰빙에 더 큰 영향을 미친다. 이와 같은 내용은 〈그림 6-8〉에 요약되어 있다.

6 핸드폰 및 모바일 인터넷 관련 소비자 웰빙

1) 핸드폰 사용과 소비자 웰빙

휴대폰은 이제 현대인에게 없어서는 안 될 중요한 제품으로 자리잡고 있다. 조사에 따르면, 하루 평균 휴대폰 사용은 통화 10건, 월평균 사용료는 4만 5천원이며, 휴대전화 서비스의 평균 이용기간은 2년 5개월로 나타났다.

핸드폰의 사용은 여러 삶의 영역에 영향을 준다. 핸드폰 사용을 통한 여러 만족은 사회적 삶의 영역, 레저 관련 삶의 영역, 가족 관련 삶의 영역, 교육 관련 삶의 영역, 직장 관련 삶의 영역, 그리고 재무 관련 삶의 영역에 영향을 준다. 연구결과 핸드폰이 삶에 미치는 영향은 사회

그림 6-9 핸드폰이 소비자 웰빙에 미치는 영향

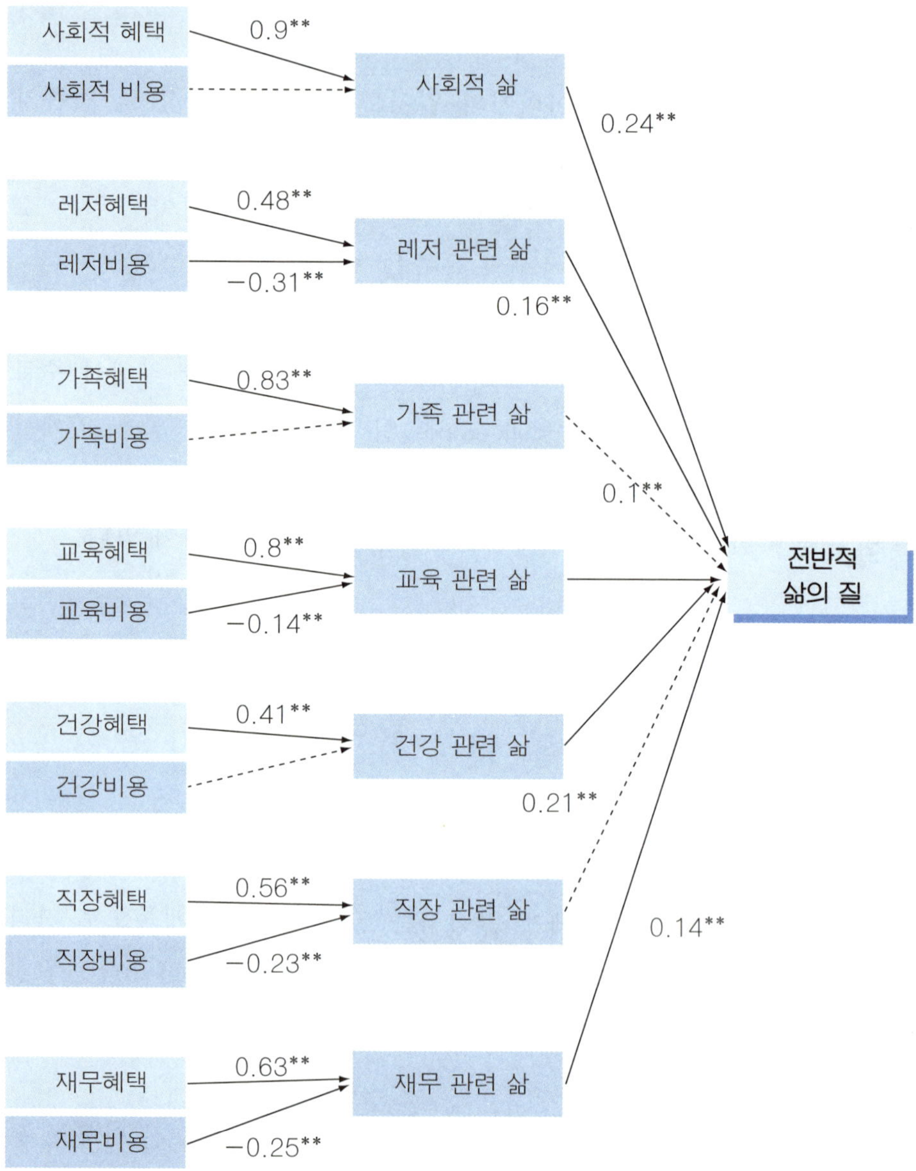

그림 6-10 **핸드폰 관련 소비자 웰빙향상방안의 도출**

Step 1: 핸드폰의 주요 소비경험을 도출

↓

Step 2: 핸드폰 사용의 편익과 비용을 삶의 차원별로 분류

↓

Step 3: 핸드폰 사용으로 생기는 각 삶의 차원별 편익/비용이 각 삶의 차원 및 전반적 삶에 미치는 영향을 검증

↓

Step 4: 전반적 삶의 차원에 영향을 미치는 삶의 차원을 확인
(예: 핸드폰 사용과 관련하여 전반적 삶에 많은 영향을 미치는 영역은 사회적 삶의 측면임)

↓

Step 5: 전반적 삶에 많은 영향을 미치는 사회적 삶의 차원의 만족을 높이기 위한 편익제공/비용감소
(예: 사회생활 관련하여 핸드폰 사용 편익제공이 초점,
예: 레저생활 관련 편익의 제공)

적 삶(0.24**), 건강 관련 삶(0.21**), 레저 관련 삶의 영역(0.16**), 재무 관련 삶(0.14**), 그리고 교육 관련 삶(0.10**)의 순으로 나타났다.

핸드폰 관련 소비자 웰빙을 향상시키기 위해서는 핸드폰에 관련된 주요 소비경험을 도출하고 이들을 삶의 차원별로 분류하여, 각 삶의 차원별 여러 경험들의 만족/불만족이 각 삶의 만족과 전반적 삶에 미치는 영향을 확인해야 한다. 앞의 연구에서 핸드폰은 사회적 삶에 가장 큰 영향을 미치는 것으로 나타났다. 따라서 사회적 삶을 향상시키기 위한 여러 소비경험의 만족을 높이고 불만족을 줄이는 마케팅 노력에 우선 순위를 두어야 할 것이다.

2) 모바일 인터넷과 소비자 웰빙

이러한 휴대폰 사용의 확산은 모바일 인터넷의 사용의 확장을 가져왔다. 소비자들은 모바일 인터넷을 통해서 정보의 제공, 게임 등의 레저활동을 활성화하고, 친구간의 교류를 쉽게 하고, 학습에 필요한 정보를 쉽게 구하고, 커뮤니케이션을 활성화시킨다. 스팸메일, 게임중독 등 여러 부작용에도 불구하고 전반적으로 인터넷의 사용은 소비자 웰빙을 향상시킨다.

실제 어떠한 모바일 인터넷 제품 사용만족이 소비자 웰빙을 향상시키는지 확인하기 위하여 설문조사를 실시하였다. 그 결과, 모바일 사용 관련 여러 욕구의 충족은 전반적 소비자 웰빙을 증대시키는 것으로 나타났다. 모바일 인터넷 제품과 관련한 구체적인 소비자 웰빙 욕구에는 컬러링, 링톤, 로고 등을 통한 자아 이미지 표출 욕구(beta=0.45, $p<0.05$), 온라인 커뮤니티 활동, 생일축하, 사진공유, 친구와 연락 등의 사회적 욕구(beta=0.41, $p<0.05$), 은행거래, 송금, 공과금납부 등의 재무적 욕구(beta=0.40 $p<0.05$), 의료정보, 모기퇴치, 안전정보 등의 건강욕

그림 6-11 모바일 인터넷 관련 소비자 웰빙

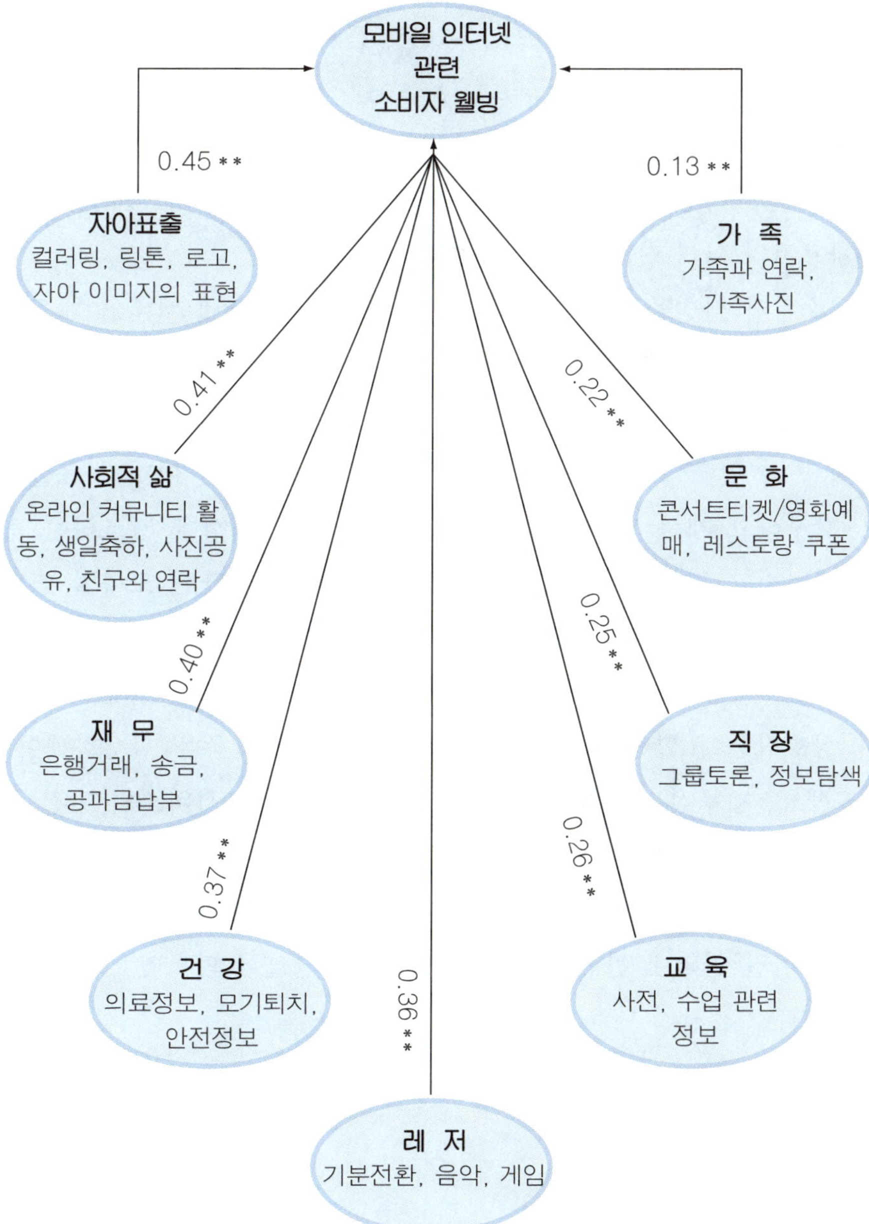

구(beta=0.37, $p<0.05$), 음악/게임 등의 레저욕구(beta=0.36, $p<0.05$), 사전, 교육 등의 교육욕구(beta=0.26, $p<0.05$), 그룹토론 및 정보탐색을 통한 직장에서의 욕구(beta=0.25, $p<0.05$), 콘서트 티켓/영화 예매, 레스토랑 쿠폰 등의 문화욕구(beta=0.22, $p<0.05$), 가족과의 연락 등 가족 관련 욕구(beta=0.13, $p<0.05$) 등이 있다. 결국 모바일 인터넷은 자아의 표출, 사회적 상호작용, 재무적 거래를 중심으로 사용되며, 이들의 만족이 소비자로서의 삶의 만족에 영향을 미친다고 하겠다.

소비자 웰빙을 확대시키기 위하여 모바일 인터넷 서비스 제공자는 다음의 사항들을 기억해야 한다. 첫째, 자아 이미지 표출 관련 서비스를 강화해야 한다. 이를 위해서 다양한 컬러링 서비스를 제공하고, 링톤의 변화 및 모바일 인터넷 서비스를 통한 차별화된 이미지 표출방안을 강구하고 제품 및 서비스를 제공해야 하며, 개성을 강조하는 광고 및 서비스를 강화할 수 있겠다. 둘째, 사회적 삶 관련 모바일 인터넷 서비스를 제공하는 것이 필요하다. 모바일 커뮤니티를 통해 언제 어디서든 상호작용이 가능하게 하며, 커뮤니티 클럽 멤버간 혹은 친구들간의 상호작용에 할인 프로그램을 도입하여 상호작용을 활성화해야 한다. 셋째, 재무적 거래의 활성화를 위하여, 모바일 서비스의 연결이 잘 되도록 하며, 거래 확인의 메일을 보내주고 개인정보의 보안을 철저하게 유지할 필요가 있겠다(〈그림 6-11〉 참조).

모바일 인터넷 관련 소비자 웰빙향상방안을 살펴보면 〈그림 6-12〉와 같다.

그림 6-12 모바일 인터넷 관련 소비자 웰빙향상방안

Step 1: • 모바일 인터넷 관련 소비자 웰빙에 영향을 많이 주는 구매단계 및 소비욕구를 파악
• 소비자로서의 삶에 대한 전반적 영향

↓

Step 2: 구매단계별 우선순위를 결정
:구매 및 사용단계에 초점

↓

Step 3: 구매단계 내에서 중요한 소비욕구를 파악
(사회적 욕구, 자아표현욕구)

↓

Step 4: 파악된 소비욕구를 구체적인 구매경험(서비스 속성 및 마케팅 프로그램으로 연결)으로 연결
사회적 욕구: 친구와의 연락 ⇒ calling circle/특정 번호 할인 프로그램
자아표현욕구: 개성강조(고객화 서비스, 링톤, 컬러링), 이미지 광고 강화

↓

Step 5: 구체적인 구매경험상의 욕구충족도 우선순위 결정

7 의료 서비스 관련 소비자 웰빙

1) 의료환경의 변화

현재 의료시장은 의료시설의 증가와 개방으로 인한 의사들의 경쟁 등으로 인해 의료 서비스에 대한 근본적인 서비스 질의 개선이 요구되고 있다. 의사 수의 증가는 많은 병원을 양산하며, 이는 의약분업, 의료수가 통제 등과 맞물려 병원경영에 많은 어려움을 주고 있다. 이러한 경쟁에서 생존하기 위해서는 의료기관이 단순한 치료기관에서 벗어나 고객 중심의 의료 서비스를 제공하고 고객의 웰빙을 향상시키는 기관으로 차별화해야 한다.

① 의사 수의 증가

2001년부터 2005년까지 5년 동안 의사면허 발급 추이를 보면 의사의 수는 해마다 3,000 내지 3,500여 명씩 꾸준히 증가하고 있다. 따라서 1998년에 65,400명이었던 의사 수가 2010년에는 거의 2배에 가까운 115,700명에 이를 것으로 보고 있다. 더불어 2010년에는 간호사는 257,000명, 한의사는 18,800명, 치과의는 23,700명으로 늘어날 것으로 보이며, 이 중 40% 정도가 개업하는 추세여서 중소 병원들간의 경쟁은 매우 치열해질 것으로 보인다.

② 의료기관의 수익성 악화

의사 수의 증가는 곧 의료기관의 수의 증가를 의미한다. 병원간 과다 경쟁, 정부의 의료수가 통제, 의약분업 등으로 병원의 수익성은 점점 나빠지고 있다. 한편 비싼 의료장비의 경쟁적 도입과 소비자들의 높은 의료 서비스 수준 요구는 의료기관의 비용부담을 크게 하고 있다. 실제 2002년의 의료기관의 비용증가율은 수익증가율보다 매우 큰 것으로 나타나고 있다. 전문의료기관의 경우 수익증가율은 6.9%인 데 비해 의료비용증가율은 8.6%에 이르며, 종합병원의 경우에도 수익증가율(3.4%)보다 비용증가율(5.7%)이 더 큰 것으로 나타났다. 일반 병원의 경우에도 수익의 증가율은 0.2%에 그친 반면, 의료비용증가율은 2.0%에 이르렀다. 결국 의약분업 이후 외래환자의 수 및 진료비수입은 줄어들고, 인건비는 28%나 증대되었다. 이러한 의료기관의 수익성 악화는 의료기관의 도산율 증가로 이어진다. 종합병원의 도산율은 2%대에 그치나, 중소 병원의 도산율은 15%대에 이르는 것으로 나타났으며 이 수치는 증가추세에 있다. 이러한 의료환경의 변화를 요약하면 〈그림 6-13〉과 같다.

그림 6-13 의료환경의 변화와 웰빙마케팅

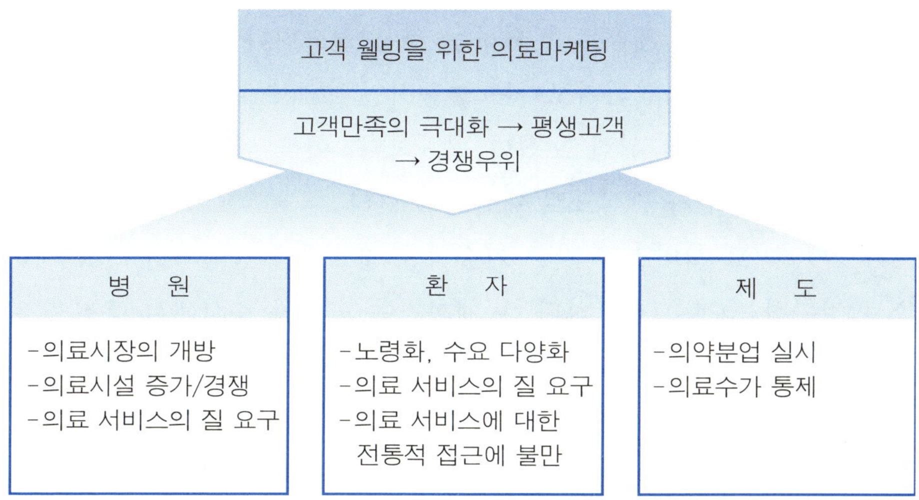

2) 의료경영의 새로운 방향

의료환경의 변화는 다음과 같은 의료경영의 전략변화를 요구하고 있다. 첫째, 의료정보를 국민의 알권리 및 고객 선택권을 중심으로 시장지향적으로 재구성해야 한다. 즉, 의료정보를 폐쇄적이고 독점적으로 사용하지 말고, 소비자에게 개방하여 공유할 수 있는 시스템을 개발해야 한다. 이러한 의료정보의 공유와 더불어 현재의 폐쇄적이고 제한적인 의료광고도 국민의 알권리 및 시장 선택권을 위해 개방적으로 운영할 필요가 있다. 현재는 의사명, 병원명, 위치 및 진료과목 정도만 허락하고 특정 진료기술 등은 광고가 금지되어 있다. 더욱이 신문광고도 월 2회로 제한되어 특정 진료기술은 학회발표나 고객의 입소문에 의존할 수밖에 없는 상황이다. 따라서 치료기술광고, 신문광고 수 제한 등이 폐지되어 새로운 시술에 대한 정보를 소비자들에게 제공함으로써 소비자의 시장 선택권을 확대시켜야 한다.

둘째, 의료진과 환자의 관계를 수직적이고 일방적인 관계에서 합리적이고 수평적인 체계로 전환하는 것이 필요하다. 환자를 수동적인 치료의 대상으로 국한하기보다는 능동적인 고객으로 바라보고 장기적인 관계를 유지하기 위한 노력이 필요하다. 이를 위해 의료진 중심의 서비스 체계를 환자 중심으로 재편해야 한다.

셋째, 의료 서비스의 질을 기술적인 진료에서 감성적인 진료 서비스로 전환하는 것이 필요하다. 이제까지는 공급자 중심에서 품질을 관리하고, 진단과 진료의 정확성, 그리고 의학적 기술 제공능력에 우선순위를 두어 왔다. 하지만 의료시장 환경의 변화를 고려할 때, 이제는 소비자 중심의 서비스 품질관리가 필요하며, 이를 위해 서비스 요구에 적극적으로 대응하고, 물리적 서비스 환경을 개선하고, 환자와 긴밀하게 커뮤니케이션하도록 해야 한다. 결국 치료의 개념을 넘어서 건강한 삶의 질을 추구하는 고객을 향한 웰빙마케팅(care service marketing)으로의 전환이 요구된다고 하겠다. 일례로 모 병원은 고객 중심의 서비스를 위해 환자 예약제, 진료 일시의 문자메시지 확인, 환자 중심/대기시간 짧은 병원, 당일 진료 및 검사결과 확인, 전용응급헬기, 진료비 후납제, 보호자 없는 병원제도, 고객 중심의 협진제도(초진클리닉/6대 질환별 팀 재편성) 등을 실시하고 있다.

여러 의료 서비스에 대한 만족은 소비자들의 건강 관련 삶의 질을 향상시키는 것으로 나타났다. 지역사회 내에서의 개별 의료 서비스에 대한 만족은 지역사회의 의료 서비스 전반에 대한 만족에 긍정적 영향을 미치고(0.09*), 지역사회 의료 서비스 전반에 대한 만족은 지역사회 내에서의 소비자의 웰빙에 영향을 미치고(0.31**), 이는 결국 전반적인 삶의 질에 영향을 미친다(0.07**). 그런데 의료 관련 소비자 웰빙이 전반적 삶의 질에 미치는 영향은 소비자들의 건강에 관련된 지식이 많을 때, 건강에 대한 관여도가 높을 때 더 큰 것으로 나타났다.

의료 서비스를 통해 소비자 웰빙의 향상을 위해서는 다음과 같은 요소를 중요시해야 한다. 첫째, 여러 소비자 집단 중에 의료 서비스에 의해 소비자 웰빙이 크게 좌우되는 목표고객에 대하여 우선적인 서비스를 제공해야 한다. 소득이 적거나, 나이가 많거나, 건강상태가 좋지 못한 사람들은 건강에 대한 몰입도가 크기 때문에 조그마한 의료 서비스의 불만조차도 의료 서비스 관련 소비자 웰빙과 전반적인 삶의 질에 부정적인 영향을 미치게 된다. 둘째, 이들 집단에 대해 건강 관련 서비스와 더불어 건강 관련 지식을 제공해야 한다. 환자를 치료의 대상으로만 간주하여 가부장적이고 권위적인 서비스(paternalistic service)를 제공하던 기존의 방식에서 벗어나 의사와 대등한 위치에 있는 고객으로 간주하고, 정보의 공유와 관련 서비스를 제공해야 한다. 이와 더불어 환자의 욕구를 잘 파악하여, 웰빙향상에 필요한 의료 서비스가 무엇인지 확인하고 이를 전달해야 한다. 이를 위해 주 고객인 커뮤니티 주민과의 정기적인 만남, 의료강좌의 개최, 고객기대에 대한 이해의 확충을 통해 고객과의 관계를 관리해야 한다. 셋째, 핵심적인 의료 서비스 이외에 부가적인 서비스(예: 대기시간, 친절도)의 개선과 의료 관련 지식의 전달을 함께 더불어 시행하는 것이 중요하다. 이처럼 의료 서비스가 소비자 웰빙에 미치는 영향에 관한 연구모델을 살펴보면 〈그림 6-14〉와 같다.

그림 6-14 **의료 서비스와 소비자 웰빙**(확장된 의료 서비스 모델)

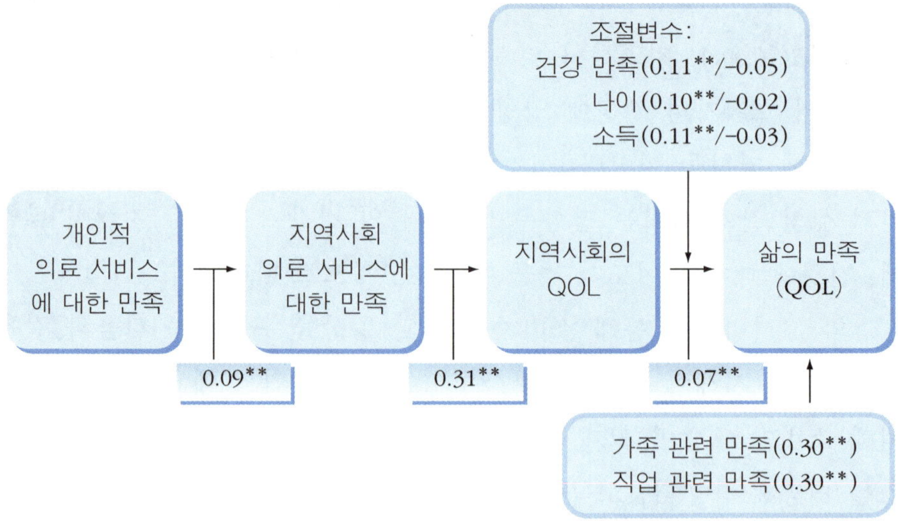

의료 서비스 만족을 통한 소비자 웰빙의 증대는 〈그림 6-15〉의 세 가지 단계를 통해서 가능하다.

그림 6-15 의료 서비스 만족을 통한 소비자 웰빙의 증대

Step 1: 주요 목표고객의 확인
(의료서비스에 의해서 소비자 웰빙이 크게 영향받는 집단
: 고령, 저소득, 건강상태가 나쁜 소비자 집단)

↓

Step 2: 목표고객의 웰빙향상에 중요한 의료 서비스의 확인

↓

Step 3: 확인된 중요 의료 서비스의 만족도를 향상
의료 서비스의 질 향상, 중요도 향상, 지식, 사용빈도 향상

8 대학교육 서비스 관련 소비자 웰빙

대학생활의 삶의 질(Quality of Student Life)은 대학생활을 통해서 느끼는 건강욕구, 경제적 요구, 사회적 욕구, 자아존중욕구, 지적 욕구, 그리고 자아실현의 욕구의 합으로 구성된다. 더불어 여러 대학생활의 측면을 통해 느끼는 긍정적 정서와 부정적 정서의 차이로써 대학생 삶의 질이 구성된다. 대학생활의 질은 대학교육 서비스에 대한 만족도(수업 및 교수에 대한 만족도)와 여러 지원 서비스(행정 서비스, 교육시설, 편의시설, 학내외 활동, 접근성, 그리고 경제성)로 구성된다. 실증조사 결과 대학생들이 느끼는 삶의 질은 교육 서비스 만족도(gamma=0.29, $p<0.05$)보다

그림 6-16 대학교육 서비스와 소비자 웰빙

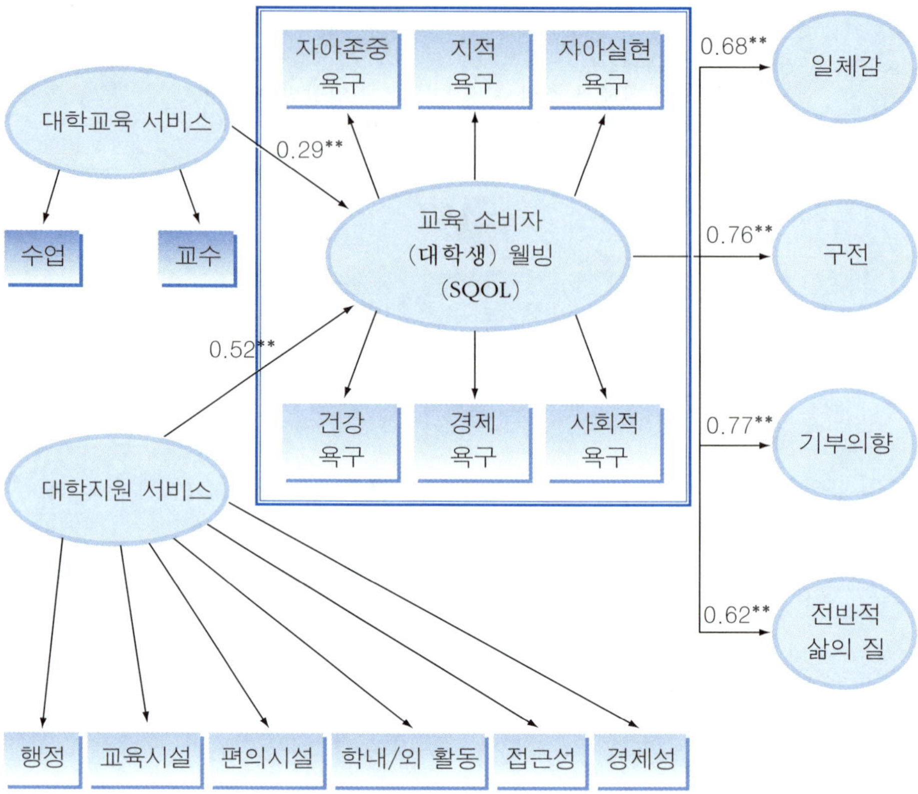

는 대학의 여러 지원 서비스(gamma=0.52, $p<0.05$)에 의해서 더 크게 영향을 받는 것으로 나타났다. 이렇게 형성된 대학생 삶의 질은 대학과의 일체감(beta=0.68, $p<0.05$), 대학에 대한 구전(beta=0.76, $p<0.05$), 대학에 대한 기부의향 (beta=0.77, $p<0.05$), 그리고 전반적인 삶의 질(beta=0.62, $p<0.05$)에 크게 영향을 미치는 것으로 나타났다.

대학교육 서비스 향상을 통한 소비자 웰빙의 증대는 〈그림 6-17〉과 같은 단계를 통해서 가능하다. 첫째, 목표고객을 확인하고 이들의 대학생활의 질의 여러 차원을 확인한다. 즉, 대학생활 속에서 느끼는

그림 6-17 대학교육 서비스 관련 소비자 웰빙의 증대

Step 1: 목표고객의 확인

↓

Step 2: 대학생활 속에서의 다양한 욕구충족도의 확인: 교육소비자 웰빙
(건강욕구, 경제욕구, 사회적 욕구, 자아존중욕구, 지적 욕구, 자아실현욕구)

↓

Step 3: 교육소비자 웰빙의 결과변수에의 영향 확인
(일체감, 구전, 기부의향, 전반적 삶의 질)

↓

Step 4: 교육소비자 웰빙의 원인변수 확인 및 서비스 전략도출
(대학교육 서비스의 제고전략, 대학지원 서비스의 제고전략)

다양한 욕구충족도를 확인하는데, 구체적으로 대학생활 관련 욕구에는 건강욕구, 경제욕구, 사회적 욕구, 자아존중욕구, 지적 욕구, 그리고 자아실현욕구가 있다. 대학생활 소비자 웰빙은 1) 대학생활 속의 각종 욕구충족도의 합과 2) 긍정적 정서를 느낀 빈도에서 부정적 정서의 빈도를 뺀 정서의 총합으로 구한다. 이를 통해 소비자 웰빙이 측정되면 교육 소비자의 소비자 웰빙에 영향을 미치는 원인변수가 무엇인지 확

인하고 그에 적합한 서비스 제고전략을 마련하여 실행하여야 한다.

9 레저 관련 소비자 웰빙

여가생활을 통한 소비자 웰빙은 전반적 삶에 긍정적인 영향을 미치는 것으로 나타났다. 여가생활을 통한 소비자 웰빙은 크게 집안에서의 여가생활과 여행 등을 통한 여가생활로 구분된다. 여행에 의한 여가생활 소비자 웰빙은 여행에서의 주관적인 느낌(자유로움, 기분전환)과 출발로부터 도착까지의 여행 전 과정에서 받은 서비스에 의해 긍정적인 영향을 받는다. 여행 서비스에 대한 만족은 레저 소비자 웰빙에 긍정적인 영향을 미치며, 이는 삶의 만족에도 긍정적인 영향을 미치는 것으로 나타났다.

통제 가능한 여가생활에 대한 만족도를 높이는 방법으로 여행 전/도중 서비스, 도착지에서의 서비스, 귀가과정에서의 서비스 등 여행/관광 단계 서비스에 대한 만족을 높이는 방법이 있다. 통제 불가능한 여가생활에 대한 만족도를 높이는 방법으로는 집에서의 여가활동에 대한 만족도(예: TV시청)를 높이는 방법이 있고, 여가와 관련 없는 삶의 영역에 대한 만족도(가족, 직장, 건강)를 높이는 방법이 있다. 위와 같이 레저 웰빙을 통해 전반적인 삶의 만족을 높일 수 있는데, 이를 도식화하면 〈그림 6-18〉과 같다.

레저 관련 소비자 웰빙의 증대는 〈그림 6-19〉와 같은 단계를 통해 가능하다. 첫째, 목표고객을 확인하고 그들의 소비단계별 레저 관련 소비 전 과정에 대한 체계적인 분석을 하는 것이 중요하다. 즉, 여행 전 서비스, 여행 중의 서비스, 그리고 여행 후 귀가과정의 서비스를 포함

그림 6-18 **여행 관련 서비스와 레저 웰빙**

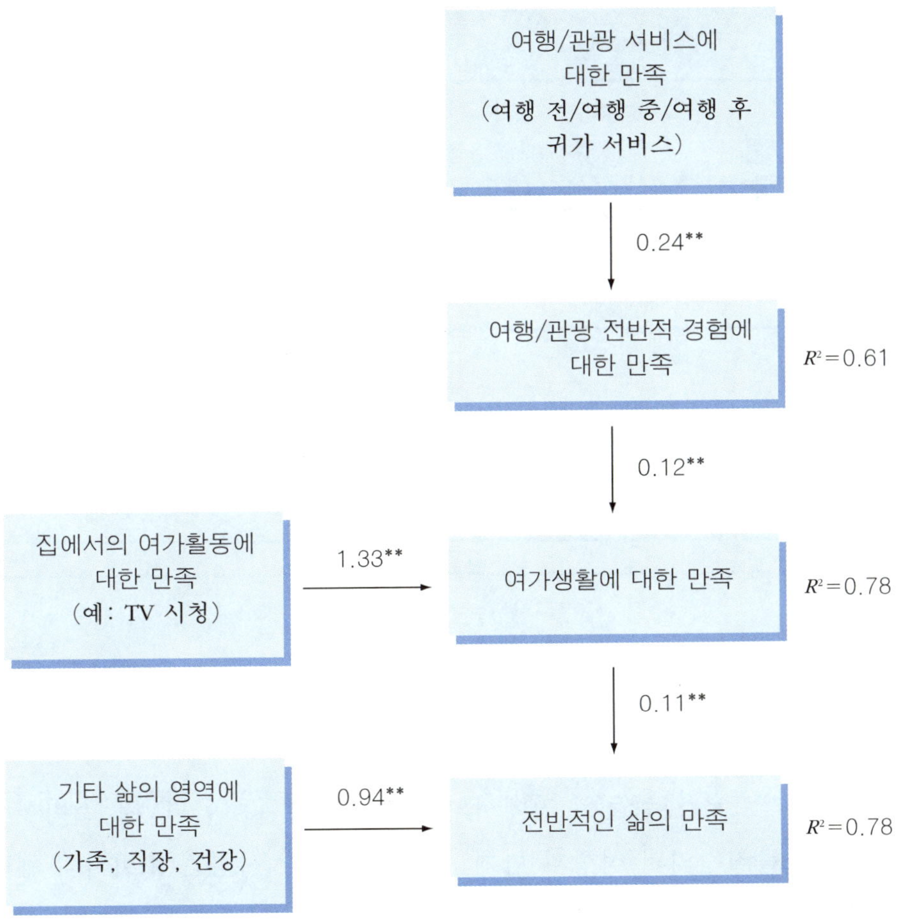

한 전체적인 분석이 필요하다. 그리고 여행 관련 전반적 소비자 웰빙에 미치는 영향를 분석하고 그 영향력이 큰 요인을 개선의 우선순위로 삼는다.

그림 6-19 레저 관련 소비자 웰빙의 증대

Step 1: 목표고객의 확인

↓

Step 2: 레저 관련 소비 전 과정에 대한 분석
(소비단계별 주요 소비경험 및 충족욕구의 체계적인 분석: 여행 전 서비스, 여행 중의 서비스, 귀가과정의 서비스)

↓

Step 3: 여행의 전반적이고 구체적인 경험에 대한 만족 및 기타 여가활동 만족도 제고

9.1. 물질주의와 소비자 웰빙

일반적으로 사람들은 집에서의 여가시간의 40%를 TV로 소비한다고 한다. 물질주의적 성향과 함께, 너무 많은 TV 시청은 소비자의 웰빙에 부정적인 영향을 미치는 것으로 나타났다.

물질주의적 속성은 세속적 물질에 대한 중요도를 말하는 것으로 물질주의적 속성이 많을수록, 그리고 TV 광고 등에 많이 노출될수록 소비자의 삶의 수준에 대한 기대가 높아지고, 따라서 소비자 웰빙을 부정적으로 평가하게 된다. 그 이유는 너무 많은 TV 시청은 개인의 구체적 생활수준 만족을 낮추는 역할을 하기 때문이다(beta=-2.83, $p<0.05$). 즉, 물질주의는 TV 시청을 통해 기대수준을 상승시킴으로써, 또는 직접적으로 소비자 웰빙에 부정적인 영향을 미친다(beta=-1.43, $p<0.05$).

결국 물질주의는 전반적인 삶의 질을 감소시키며(beta=-3.57, $p<0.05$), 정신적 · 육체적 건전한 소비가 소비자의 삶의 질을 향상시킨다(JA). TV 시청과 관련한 소비자웰빙의 결과를 도식화하면 〈그림 6-20〉과 같다.

TV 광고 관련 소비자 웰빙의 증대를 위해서는 〈그림 6-21〉의 단계를 통해서 가능하다. 첫째, 소비자 웰빙의 향상을 위해서는 주요 목표 고객을 확인하는 것이 중요하다. 즉, TV 시청에 의해 소비자 웰빙이 크게 영향을 받는 집단은 나이가 들거나, 소득이 적거나, 건강이 나쁜 고객집단이 된다. 둘째, 이들에게 TV 시청을 통한 지나친 과대광고나 지나친 물질주의적 내용의 광고는 지양하고, 현실적인 준거를 제공하는 것이 필요하다. 셋째, 사회적으로 바람직한 소비가치(예:친환경성)를 내포하는 광고의 개발이 필요하다.

그림 6-20 **TV 시청과 소비자 웰빙**

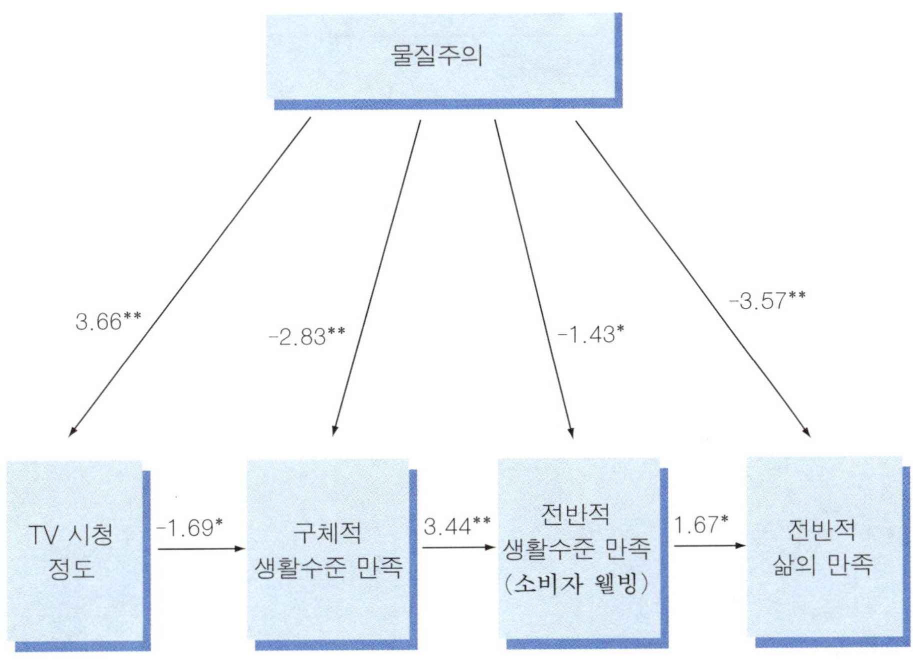

그림 6-21 물질주의와 TV 광고 관련 소비자 웰빙의 증대

Step 1: 주요 목표고객의 확인
(TV에 의해 소비자 웰빙이 크게 영향받는 집단: 고령, 저소득, 건강 상태가 나쁜 소비자 집단)

↓

Step 2: TV 광고의 지나친 물질주의적 광고 내용을 지양,
현실적인 준거 비교 기준을 제공

↓

Step 3: 회사의 광고가 소비자의 웰빙에 미치는 영향을 체계적으로 분석하고 그에 대한 전략적 지침을 마련
(사회적으로 바람직한 소비가치(예: 친환경성)를 내용으로 하는 광고의 개발)

제 7 장

웰빙마케팅의 효과측정

1. 제품의 웰빙성(KWCI)
2. 녹색경영지수
3. 소비자 웰빙지수의 측정

기업의 웰빙마케팅 노력은 소비자들의 객관적 소비경험(Objective Consumer well being)을 개선시키고, 이는 다양한 욕구의 충족을 통해 주관적 소비자 웰빙(Subjective Consumer well being)을 향상시킨다. 또한 기업의 소비자 웰빙을 향상시키려는 노력은 소비자에게 즐거움, 재미, 만족 등의 긍정적 정서를 유발하고, 분노 및 불안 등의 부정적 정서를 줄여준다.

소비자 웰빙은 소비단계의 다양한 욕구충족도 및 긍정적 정서에서 부정적 정서 경험 빈도를 뺀 정서적 충족(Affect Balance)의 합으로 구해진다. 전반적 삶의 만족은 주관적 삶의 만족도(Satisfaction with Life Scale, Delight-Terrible scale)를 통해 측정하며, 소비자 웰빙마케팅의 효과측정은 〈그림 7-1〉의 모형을 통해 가능하다.

첫째는, 제품의 안전성으로, 제품/서비스의 설계단계와 사용 이후 단계에서의 안전성 확보 정도를 의미한다. 이는 소비자의 안전사용 가능 정도에 대한 판단을 수반한다.

둘째는, 제품의 건강성이다. 이는 제품에 소비자의 건강을 증진시키는 속성이 포함되고, 그 기능이 정상적으로 발휘되고 있는 정도를 의미한다.

셋째는, 제품의 환경성으로, 제품과 서비스의 설계 및 사용과정에서 친환경적 속성이 내재되어 있는 정도를 말한다.

넷째는, 제품의 충족성으로, 제품에 웰빙기능, 품질에 대한 소비자의 주관적인 만족 및 가치판단을 말한다.

다섯째는, 제품의 사회성으로, 제품 및 서비스의 사회적인 공감성 및 사회발전, 산업발전에의 기여 정도를 의미한다.

그림 7-1 소비자 웰빙마케팅의 효과측정

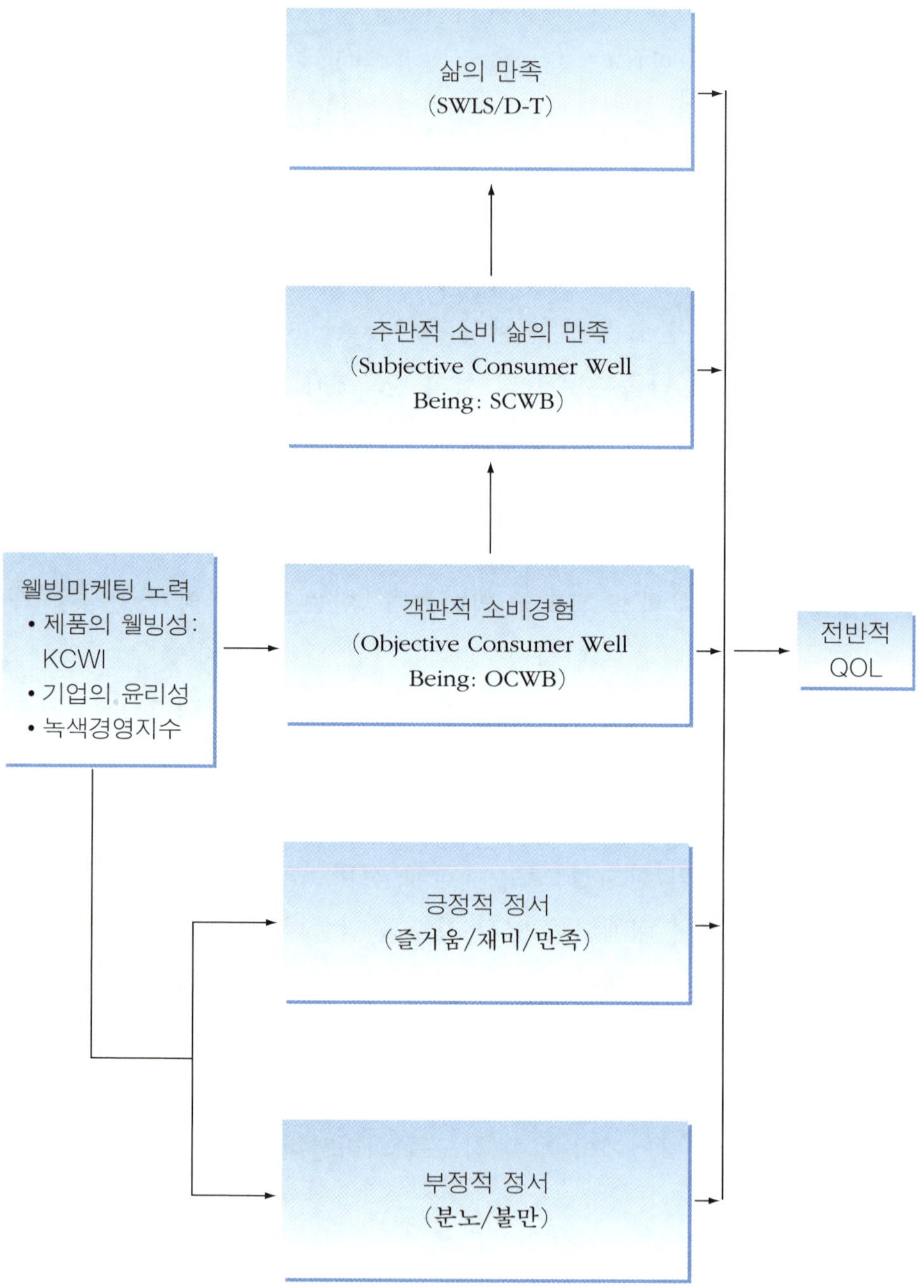

1 제품의 웰빙성(KWCI)

1.1 한국 소비자 웰빙지수

1) KWCI의 차원

한국 소비자 웰빙지수(Korea Well Being Consumer Index: KWCI)는 제품이 지닌 웰빙 속성을 평가하는 지수이다. KWCI는 안전성, 건강성, 환경성, 충족성, 사회성의 다섯 가지 차원으로 이루어지는데, 이는 〈그림 7-2〉와 같다.

2) 차원별 중요도

KWCI에서 제품의 웰빙성을 구성하는 차원의 상대적 중요도는 제품별로 차이를 보인다. 표준협회 조사에 의하면 생활용품의 경우에는 충족성(30%), 건강성(25%), 사회성(20%), 안전성(17%), 환경성(10%)의 순서로 나타났으며, 자동차의 경우에는 안전성(34%), 충족성(31%), 사회성(15%), 건강성(12%), 환경성(8%)의 순서로 나타났다. 식음료의 경우에는 건강성(37%), 충족성(24%), 안전성(15%), 사회성(13%), 환경성(10%)의 순서였으며, 전자정보제품의 경우에는 충족성(38%), 사회성(21%), 건강성(16%), 안전성(15%), 환경성(10%)의 순서로 나타났다. 서비스 공간의 경우에는 충족성(28%), 건강성(19%), 환경성(19%), 사회성(17%), 안전성(16%)의 순서로 중요도를 인식하는 것으로 나타났다.

그림 7-2 **제품의 웰빙속성 평가**

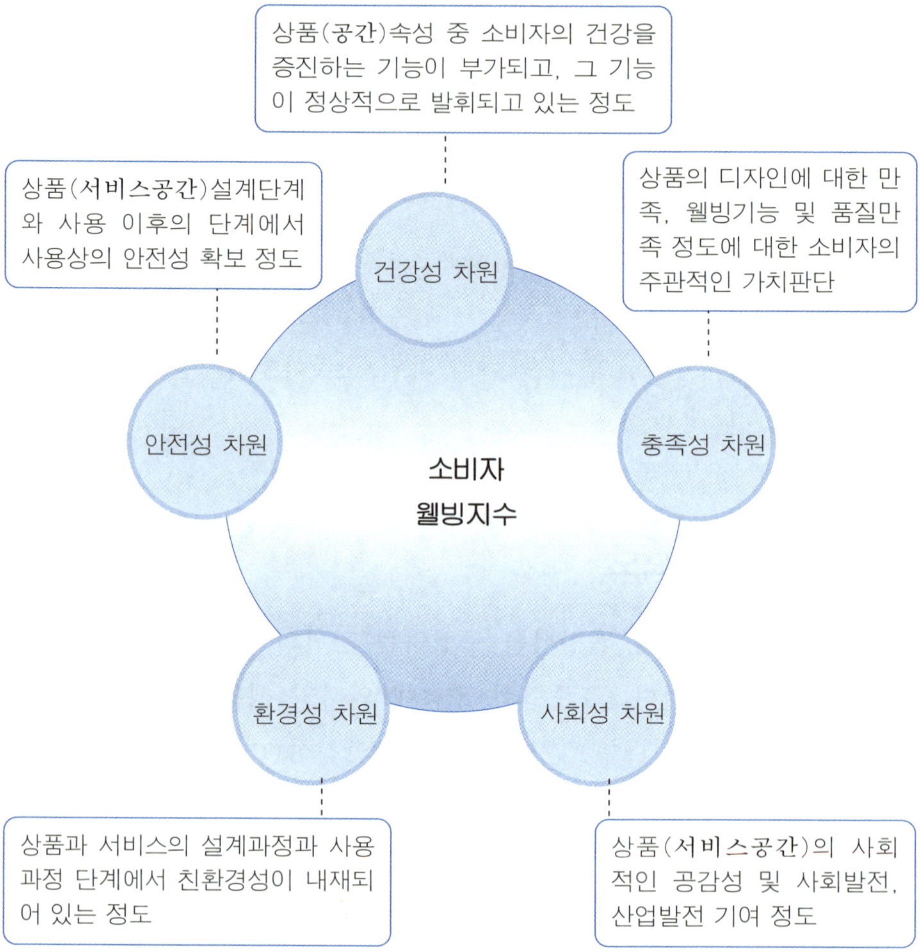

한국 소비자 웰빙지수: Korea Well Being Consumer Index/(KWCI)

3) KWCI에 대한 평가

KWCI는 소비자 웰빙의 각 차원을 구체적으로 제시하고 평가함으로써, 제품별로 웰빙향상에 중요한 요소를 규명하여 제품개발과 포지셔닝 전략에 활용하였다는 점에서 그 의의가 있다. 더불어 웰빙지수 평가는 많은 기업들로 하여금 소비자 웰빙의 중요성을 인식하고, 이를 마케팅전략에 반영하기 위한 노력을 배가시켰다는 점에서 의미가 크다. 하지만 이와 같은 긍정적인 측면에도 불구하고, KWCI는 다음과 같은 문제로 인해 한계를 가지고 있다.

첫째, 한국 소비자 웰빙지수(KWCI)는 웰빙의 각 차원을 평가하였으나, 소비자 웰빙에 대한 명확한 개념적 정의가 없이 차원들의 나열에 그치고 있다. 소비자 웰빙의 개념이 확실할 때, 소비자 웰빙에 대한 개념적 차원 및 경계가 분명해질 것이다. 무엇이 소비자 웰빙이며 무엇이 웰빙의 개념 범위를 벗어난 개념인지를 먼저 명확히 해야 한다. 나아가 소비자 웰빙과 바람직한 사회에 대한 기여도가 구체적으로 어떻게 접목되는지를 정확히 정의내려야 할 것이다.

둘째, KWCI의 각 차원은 웰빙개념의 범위를 모두 포함하되, 각 차원들이 독립적이어야 한다. 그런데 현재의 다섯 가지 차원은 상호 공통되는 부분이 있어서 독립적이지 못하다. 예를 들어, 소비자 욕구의 충족성을 보면, 그 속에 건강성이나 안전성 등과 같은 다른 차원이 지닌 욕구에 대한 만족을 포괄하고 있다. 즉, 지수개발의 근간이 되는 이론적인 틀과 모형이 빠진 채, 관련이 있다고 생각되는 여러 차원들의 조합으로 이루어진 것이다. KWCI를 구성하는 다섯 차원이 소비자 웰빙이란 상위개념의 측정에 있어서 판별 및 수렴 타당도를 확보하는지를 구체적으로 규명하여, 그 차원 및 개념의 범위를 조정하는 것이 필요하다.

셋째, KWCI를 측정하고 관리하려면 이를 향상시키는 요인과 이들의 결과에 대한 전체적인 개념 모델 맥락(nomological network)에서 그 지수를 평가해야 한다. 이러한 모델 없이는 소비자 웰빙과 소비자 웰빙을 향상시킬 것으로 기대되는 변수, 그리고 소비자 웰빙의 모든 결과변수가 소비자 웰빙지수 안에 포함되는 방법론상의 오류를 포함할 확률이 커지게 된다. 소비자 웰빙의 상향 요인이 소비자 지수에 포함되는 경우, 의도된 결과와 실제 결과가 많이 다를 수 있다는 사실을 간과해서는 안 된다.

2 녹색경영지수

친환경성은 웰빙마케팅이 지향하는 중요한 소비가치의 하나이다. 이러한 친환경 제품에 대한 소비자들의 생각을 살펴보면, 친환경적 제품을 우선적으로 구매하겠다는 소비자가 많고(50%), 환경단체의 가입이나 환경이벤트 참여(33%), 환경에 부담이 되는 생활하수나 쓰레기 감량(66%), 일회성 제품의 사용자제(53%) 등의 중요도가 높은 것으로 나타났다.

녹색경영지수는 이러한 기업의 친환경적 노력을 지수화한 것이다. 기업의 녹색경영지수는 최고경영자가 녹색경영전략의 필요성을 인식하는 정도(녹색투자 및 재원공급의사), 중장기적이고 포괄적인 녹색전략의 수립 정도, 동종업계 녹색경영에 대한 벤치마킹의 정도, 그린 파트너십을 위한 친환경적 공급망 관리의 시행, 환경교육훈련의 체계적인 수립 및 이행, 장기적인 환경성과의 분석 및 결과의 활용, 장기적인 환경정보의 공개 등의 차원이 포함된다(녹색경영위원회 및 능률협회의 경영인증원).

이러한 녹색경영지수는 녹색경영에 대한 중요성을 인식하는 계기가 된다는 점에서 그 의의가 있으나, 솔직한 응답보다는 바람직한 답을 하는 경향(social desirability)을 통제하고, 가치 간의 상충관계(trade off)

속에서의 의사결정, 그리고 의도뿐 아니라 실제 이행결과에 의한 지수들로 이를 개선하려는 노력이 필요하다고 하겠다.

녹색경영지수와 관련되는 것으로는 실내환경 웰빙지수가 있다. 이 실내환경 웰빙지수는 실내환경의 안전성, 쾌적성, 환경친화도 등 내부시설의 환경적 요인에 대한 평가이다. 이에는 공기의 질, 수질, 화장실, 소음 등에 대한 환경적 평가를 수반한다.

3 소비자 웰빙지수의 측정

소비자 웰빙을 측정하는 방법으로는 객관적 지수에 의한 접근과 주관적 지수에 의한 방법으로 나뉘어진다.

3.1 객관적 소비자 웰빙지수(Objective Consumer Well Being: OCWB)

객관적 소비자 웰빙지수는 품질 및 만족/불만족에 관련된 객관적 2차 자료로서, 소비자 웰빙지향 마케팅 노력의 결과이며, 이를 공식으로 나타내면 다음과 같다.

$$OCWB = [Q+V+S]/C$$

여기서 Q는 품질평가지수로서 전문가 품질평가, 제품 불량률, 반품률 등을 말한다. V는 브랜드 가치지수로서 가격 대비 브랜드 가치를 의미한다. S는 기업별 소비자 만족지수로서 제품별 소비자 만족지수

(KCSI, NCSI), 고객유지율, 추천지수 등이 포함된다. C는 소비자 불만지수로서 불만접수 비율, 고객 이탈률 등이 포함된다.

객관적 소비자 웰빙지수는 소비자의 주관적 판단에 의한 오류가 적다는 장점이 있으나, 같은 상황하에서도 소비자들이 주관적으로 느끼는 웰빙은 다를 수 있기 때문에 주관적 소비자 웰빙과 함께 사용되는 것이 바람직하다.

3.2 주관적 소비자 웰빙지수(Subjective Consumer Well Being: SCWB)

주관적 소비자 웰빙지수는 여러 소비단계에서 느끼는 다양한 욕구의 총합으로 다음의 다섯 가지 차원으로 구성된다.

첫째, 건강성은 제품의 소비를 통한 건강욕구 충족도로서 신체적·정신적 위험의 제거, 신체적·정신적 건강의 증대라는 두 가지 하위 차원으로 구성된다. 건강성은 소비자의 안전 및 건강욕구에 직결된다.

둘째, 기능성은 제품의 소비를 통한 기능적 욕구충족도를 말하며, 호환성, 사용의 편리성(편리, 간단, 시간절약), 정보수집의 편리성이라는 하위 차원에 의하여 구체화된다. 이는 안전 및 건강의 욕구와 관련이 깊다.

셋째, 경제성은 제품의 소비를 통하여 가치인지 등 경제적 욕구의 실현 정도를 말하며, 가격 대비 품질, 전체 투입자원(가격, 시간, 노력) 대비 품질이라는 두 가지 세부 차원에 의해서 구체화된다. 이 차원은 경제적 욕구에 직결된다.

넷째, 자아표현성은 제품의 소비를 통한 소비자의 자존의 욕구 및 긍정적 자아 이미지 표현 정도를 말한다. 이 차원의 하위 차원에는 개성의 표현 정도(현실적·이상적 자아동일시 정도, 개성, 차별화, 고객화), 감성적 가치반영 정도(사랑·정열, 소비자와 상호작용), 그리고 자존적 욕구 및 자아실현도(자아 정체성 확인, 이상적 자아 이미지 구현) 등이 있다. 이 차원은 사회적 욕구, 자존적 욕구와 깊은 관련이 있다.

다섯째, 친사회성은 제품의 소비가 공익 및 친환경성과 같은 사회적 가치에 기여하는 정도를 말한다. 친사회성 차원은 제품생산/소비과정에서의 환경보전 정도, 재생가능성, 그리고 처분의 용이성이라는 세부차원에 의해서 구체화된다. 이 차원은 자존적 욕구 및 자아실현욕구와 관련이 있다.

지금까지의 내용을 요약하면 〈그림 7-3〉과 같다.

그림 7-3 주관적 소비자 웰빙지수

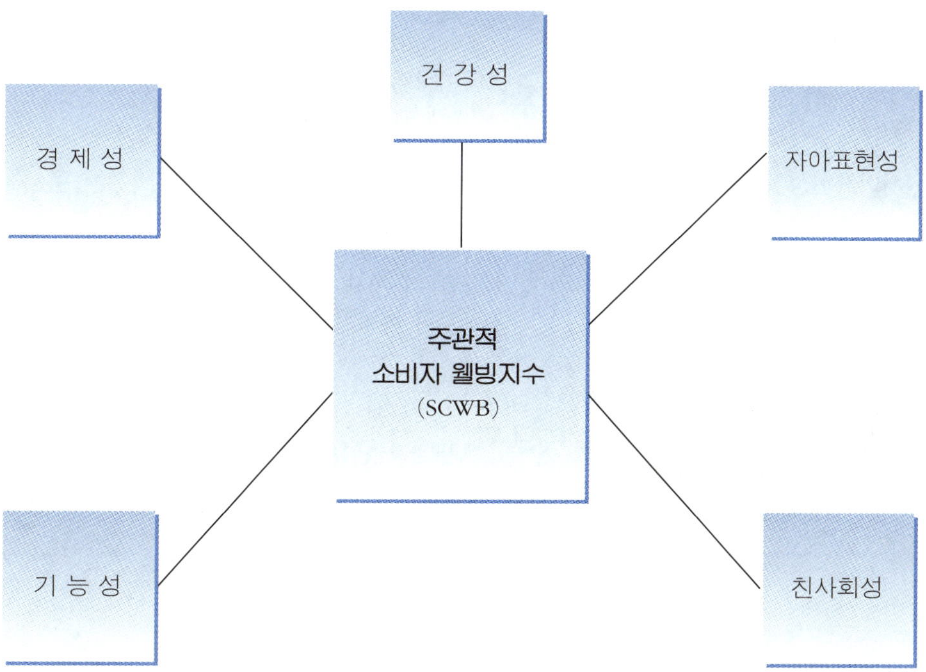

주관적 소비자 웰빙지수를 이루는 차원들과 각각의 정의와 세부기준들을 살펴보면 〈표 7-1〉과 같다.

표 7-1 **주관적 소비자 웰빙지수의 차원**

SCWB 차원	정 의	세부기준	웰빙 소비욕구
건 강 성	제품의 소비를 통한 건강욕구 충족도	신체적 · 정신적 위험의 제거 신체적 · 정신적 건강의 증대	안전 및 건강욕구
기 능 성	제품의 소비를 통한 기능적 욕구충족도	호 환 성 사용의 편리성(편리, 간단, 시간절약) 정보수집의 편리성	안전 및 건강욕구
경 제 성	제품의 소비를 통한 가치인지 등 경제적 욕구의 실현 정도	가격 대비 품질 전체 희생(가격, 시간, 노력)대비 품질	경제적 욕구
자아표현성	제품의 소비를 통한 소비자의 자존의 욕구 및 긍정적 자아 이미지 표현 정도	개성의 표현 정도(현실적 · 이상적 자아동일시 정도) (개성, 차별화, 고객화) 감성적 가치 반영 정도(사랑 · 정열, 소비자와 상호작용) 자존적 욕구 및 자아실현도 (자아 정체성 확인, 이상적 자아 이미지 구현)	사회적 욕구 자존적 욕구
친사회성	제품의 소비가 친환경성 및 공익 등 사회적 가치에 기여하는 정도	제품생산/소비과정에서의 환경보전 정도 재생가능성 처분의 용이성	자존적 욕구 자아실현욕구

1) 주관적 소비자 웰빙지수의 도출

주관적 소비자 웰빙은 여러 소비가치의 충족도의 합 및 긍정적 정서 및 부정적 정서의 차이로 나타난다.

주관적 소비자 웰빙지수를 구하는 방법을 도식화하면 〈그림 7-4〉와 같다.

그림 7-4 주관적 소비자 웰빙지수의 차원

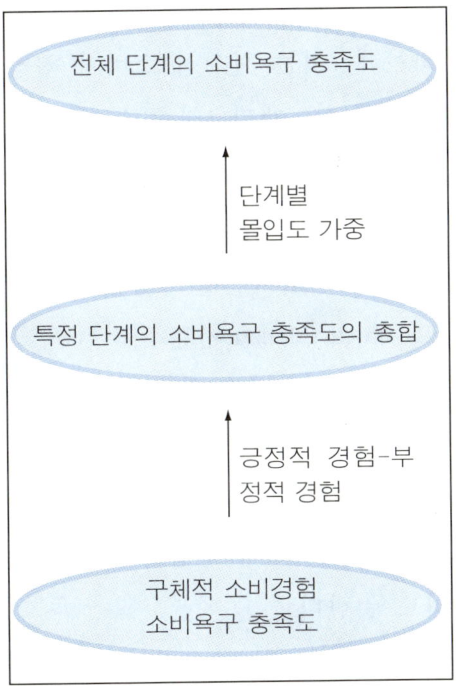

$$SCWB = \sum_{i=1}^{5} \sum_{j=1}^{6} D_i \cdot S_j$$

D_i=특정 단계 내의 소비가치 충족도
D_1=구매단계 욕구충족도
D_2=소비단계 욕구충족도
D_3=소유단계 욕구충족도
D_4=유지단계 욕구충족도
D_5=처분단계 욕구충족도
S_j=소비단계 몰입도
S_1=쇼핑몰입도
S_3=소비몰입도
S_4=물질주의
S_5=유지몰입도
S_6=환경몰입도

$$D_i = \sum_{i=1}^{n} (P_i - N_i)/R$$

P_i=중요 경험(i)에 대한 소비욕구 만족도
N_i=중요 경험(i)에 대한 소비욕구 불만족도
R=구매의 최근성

2) 주관적 소비자 웰빙지수

주관적 소비자 웰빙지수는 여러 소비단계에 걸친 소비가치의 총합

을 그 중요도로 가중평균한 값이다. 즉, 각 소비단계에서의 건강성, 경제성, 기능성, 사회적 욕구, 자존적 욕구, 그리고 자아실현적 욕구의 합을 각 소비단계의 몰입도(쇼핑몰입도, 준비몰입도, 소비몰입도, 소유몰입도, 유지몰입도, 환경몰입도)로 가중평균하여 산출한다. 이러한 주관적 소비자 웰빙지수는 인지적 측면의 소비자 웰빙지수를 측정한 것이다.

3) 긍정적 · 부정적 정서의 측정

긍정적 · 부정적 정서의 측정은 1장에서 살펴본 바와 같이 소비의 결과로 발생되는 감정의 측정을 의미하는데, 이는 정서적 소비자 웰빙을 측정하는 것이다. 이때에는 즐거움, 뿌듯함, 재미, 만족 등의 긍정적 감정(PA)과 우울, 불만, 분노 등의 부정적 감정(NA)을 측정한다. 경험표집으로 소비과정 동안 감정의 강도 및 빈도를 지속적으로 측정하는데, 부정적 감정과 긍정적 감정은 웰빙에 서로 독립적으로 영향을 미치기 때문에 따로 측정해야 한다. 정서적 잔고(Affective Balance)는 이러한 긍정정서 경험의 빈도와 부정정서 경험의 빈도의 차이(Positive Affect-Negative Affect)로 나타낸다. 정서를 측정할 때 외향성, 낙관주의, 개인적 통제감, 자존심, 자아효능감 등의 성격적 요인과 사회 경제적 지위, 인구통계적 변수, 문화적 가치(집단주의, 개인주의) 등은 웰빙에 중요한 영향을 미칠 수 있으므로 통제변인으로 설정하도록 한다.

제 8 장

웰빙을 설명하는 다양한 이론들

1. 철학적 배경
2. 심리학적 배경
3. 웰빙을 설명하는 다양한 이론들

웰빙은 행복(Happiness), 삶의 질(Quality of Life), 웰니스(Wellness), 주관적 안녕감(Subjective Well Being) 등의 이름으로 다양한 학문분야에서 각기 다른 목적으로 연구되어 왔다. 각각의 이론들은 그 이론이 설명하고자 하는 현상의 크기와, 활용목적 등에 따라 다양하다. 물론 마케팅의 관점에서 소비자 웰빙(Consumer Well Being) 연구에 있어 이 이론들이 직접적인 관련성은 없을 수도 있지만, 이 모든 이론들이 인간의 행복을 다루고 있다는 점에서 소비자 웰빙을 이해하고 발전시키는 데 도움이 될 수 있다. 웰빙에 관해서는 수없이 많은 이론들이 있지만, 본서에서는 소비자 웰빙을 이해하는 데 도움이 될 만한 관련 이론을 정리하였다.

1 철학적 배경

행복의 의미는 고대 그리스 철학에서부터 정립되어 있었지만, 어떻게 하면 행복해질 수 있는가(How to be Happy)라는 방법에 관한 질문에 대해서는 다양한 견해들이 있어 왔는데, 그 중에서도 쾌락주의와 행복주의가 대표적이다.

1) 쾌락주의(Hedonism)

웰빙(Well Being)과 행복(Happiness)을 같은 개념이라고 생각한 것은 아주 오래된 역사를 가지고 있다. 그리스 철학자인 아리스티프스(Aristippus, B.C. 4C)는 "삶의 목표는 최대의 기쁨을 경험하는 것"이라고 하였다. 많은 철학자들이 그의 철학적 쾌락주의를 근거하여 이론을 발전시켰다. 예를 들어, 벤덤(Bentham)과 같은 공리주의 철학자들은 좋은 사회란 자신의 쾌락과 이익을 극대화하려는 개인들의 노력을 통해서 건설된다고 하였다.

2) 행복주의(Eudaimonism)

인간이 가진 욕구들의 충족이 모두 다 웰빙을 제공하는 것은 아니라는 점에서 많은 철학자들은 쾌락주의적인 행복추구에 대해 많은 비판을 하였다. 아리스토텔레스(Aristotle)는 진정한 행복이란 가치와 의미가 있는 무엇인가를 함으로써 얻어질 수 있는 것이라고 하였다. 즉, 단순한 쾌락의 추구보다 의미 있는 가치의 추구(예: 자아의 실현)가 행복을 가져다 준다고 보고 있다. 프롬(Fromm)은 인간본성에서 발현한 하위 차원의 욕구들을 추구함으로써 얻어지는 만족은 순간적일 뿐이지만, 객관적인 가치를 가지는 욕구들의 충족은 인간에게 참된 행복을 제공한다고 주장했다.

2 심리학적 배경

인간의 웰빙을 연구하는 심리학에서는 이를 주관적 안녕감(Subjective Well Being)과 심리적 안녕감(Psychological Well Being)이라는 이름으로 연구하였다. 이 두 이론은 인간의 어떠한 욕구 차원을 강조하느냐에 따라 다른 흐름으로 이어지는데, 이에 대해서는 다음에서 좀더 자세히 살펴보기로 한다.

2.1 주관적 안녕감(Subjective Well Being: SWB)

쾌락주의적 관점(Hedonism)을 가진 심리학자들은 일반적으로 쾌락주의의 광의적 개념을 채택함으로써, 육체적 즐거움과 기호뿐만 아니라, 정신적인 쾌락까지 연구의 범위로 삼았다(Kubovy, 1999). Kahneman, Diener, Schwarz(1999)는 그들의 책 *Well-being: The Foundations of Hedonic Psychology*에서 안녕감과 쾌락주의는 본질적으로 동일한 것이라고 주장하면서, 쾌락주의 심리학에서는 인간 행복의 극대화를 연구의 목표로 삼아야 한다고 주장하였다. 쾌락주의적 심리학자들은 인간 경험의 쾌락 · 고통 차원을 측정하기 위해서, 삶에 대한 만족(Life Satisfaction), 긍정적인 정서(Presence of Positive Mood), 부정적 정서 경험(Absence of Negative Mood)이라는 세 가지 구성요소로 이루어진 주관적인 안녕감(Subjective Well Being, Diener & Lucas, 1999)의 개념을 사용한다. 이 이론은 인간은 자신의 쾌락을 극대화하기 위해서 보상을 높이고, 비용을 줄이려고 하는 동기적 속성을 갖는다고 전제하고 있다.

2.2 심리적 안녕감(Psychological Well Being: PWB)

행복주의적 관점(Eudaimonism)을 주장하는 심리학자들은 진정한 안녕감은 자신의 잠재력(True Potential) 혹은 진정한 자아(True Nature)의 실현을 통해 우러나오는 것이라고 주장한다. Maslow(1968)의 자기실현(Self-actualization), Rogers(1961)의 완전히 기능하는 사람(fully functioning person) 등은 이러한 심리적 안녕감의 이론적 기초를 제공하고 있다. 즉, 심리적 안녕감에 있어 잠재력 실현을 위해서는 무엇보다 자아의 실현 및 심리적으로 긍정적인 기능함(positive psychological functioning)이 중요하다.

이러한 배경에서 행복주의적 안녕감을 주장하는 Ryff(1989)는 안녕감을 '긍정적으로 기능함'이라는 관점에서 개념화하고 이를 심리적 안녕감(Psychological Well Being)이라고 불렀다. 이들은 안녕감이란 자신을 긍정적으로 받아들이고, 다른 사람들과 신뢰하면서 따뜻한 관계를 형성하며, 주변 환경을 잘 통제 · 조정하고, 스스로의 원칙이나 기준에 따라 자율적으로 결정하고 행동하며, 스스로 삶의 목적이나 의미를 견지하고서 자신의 능력이나 소질을 키워가는 것이라고 주장하였다.

3 웰빙을 설명하는 다양한 이론들

지금까지 웰빙에 대한 철학적 배경과 심리학적 배경을 살펴보았다. 이제부터는 인간의 웰빙을 설명하는 구체적인 이론들을 살펴보기로 한다. 웰빙에 관한 이론들은 개인의 인지적 평가과정을 다룬 미시적인 이론에서부터 시작해서, 국가의 삶의 질을 측정하는 거시적 차원의 이론들까지 다양하다. 하지만, 여기에서는 미시적 차원에서 웰빙마케팅 구현을 위해 기업 담당자들이 이해해야만 하는 이론들을 중심으로 설명하도록 하겠다.

3.1 이상적 자아 관점에서의 QOL

이상이론(Ideal theory; Nussbaum and Sen, 1993)에 따르면, QOL

(Quality of life: 삶의 질)은 이상의 구현을 통해서 향상될 수 있다. 이상이론을 통해서 QOL을 설명하는 이론들은 크게 두 가지로 구분된다. 첫째는, 각 개인마다 이상은 다르며, 각 개인은 이러한 자기만의 이상에 얼마나 도달했는가에 따라 다른 수준의 QOL을 느낀다는 이상적인 자아개념(Ideal self concept) 이론이다. 둘째는, 모든 인간의 욕구는 동일하며, 그 달성 단계에 따라서 조금씩 상위 단계의 욕구충족을 추구한다는 욕구위계이론에 근거한 자아실현(self-actualization)이론이 있다.

1) 이상적 자아 이미지 구현(Realization of One's Ideal Self image)

성격심리학자들은 사람들이 특정한 삶의 영역과 관련한 실제적 자아 이미지(Actual self image)를 가지고 있다고 주장한다. 일반적으로 사람들은 실제적인 자아 이미지와는 상관 없이 자신이 되고 싶은 이상적인 이미지를 가지고 있다. 이를 이상적 자아 이미지(Ideal self image)라고 한다. 심리학자들은 자아존중감의 동기(self-esteem motive)를 스스로가 인식하고 있는 자아 이미지(실제적 자아 이미지)를 자신이 열망하는 이미지(이상적 자아 이미지)로 변화시키고자 하는 열망으로 정의하고 있으며(Cohen, 1959; Coopersmith, 1967; Rogers and Dymond, 1954; Rosenberg, 1979; Sirgy, 1986), 이러한 자아존중감의 동기는 QOL에 영향을 끼치는 가장 강력한 요소 중의 하나이다. 즉, 자신에 대한 긍정적인 자아평가가 주관적인 안녕감에 긍정적인 영향을 미친다. 이 이론에 따르면, 사람들이 가지는 희망이나 기대와 실제 가지고 있는 이미지와의 차이를 감소시킴으로써 QOL을 향상시킬 수 있다.

2) 규범적 이상 구현(Fulfillment of Normative Ideal)

매슬로우(Maslow)는 모든 인간은 하위 차원의 욕구에서부터 시작해서 단계적으로 최상위 차원의 욕구실현을 자신의 이상으로 삼고, 이를 충족시키기 위해서 노력한다고 주장하였다. 규범적 이상추구를 주장하는 연구자들은 최상위 차원의 욕구를 충족하는 것이 인간의 이상실현이라고 주장한다. 그러므로 인간의 QOL을 향상시키기 위해서는, 각 사람이 어떤 욕구단계에 있는지를 살펴보고, 현재 단계의 욕구들을 충족시켜 줌으로써 더 높은 욕구단계로 이동할 수 있도록 도와주어야 한다. 그리하여 궁극적으로 모든 사람들이 최상위 욕구단계인 자아실현의 욕구를 추구하고, 또 이를 충족할 수 있도록 해야 한다. 발전단계가 다른 각각의 국가들은 자기 나라에 알맞은 다른 단계의 욕구를 충족시키는 제품과 서비스를 마케팅함으로써 해당 국가의 고객들의 삶의 질을 향상시킬 수 있다.

일부 연구자들은 매슬로우(Maslow)의 기본적인 생각에는 동의하지만, 최상위의 자아실현욕구가 모든 사람의 QOL을 보장해 주는 것은 아니라고 주장하였다. 즉, 사회적 욕구, 자아존중감의 욕구, 아름다움의 욕구 등 다양한 상위 욕구들의 충족을 통해서 삶의 질이 향상될 수 있다고 주장한다. 한편 물질주의자들은 물질소유라는 낮은 수준의 욕구충족에 대한 집착으로 인해 상위 수준의 욕구충족에 실패함으로써, 자신들의 삶에서 행복을 달성하지 못하게 된다.

3.2 행복, 삶에 대한 만족 그리고 일빙(Ill being) 부재의 관점에서의 QOL

Kozma and Stones(1992)는 행복감을 단기와 장기의 두 가지 심리상태의 함수라고 이론화하였다. 단기적 감정상태는 긍정적인 감정과 부정적인 감정을 포함하며, 주로 환경의 영향을 받는다. 그리고 장기적 심리상태 또한 긍정적 감정과 부정적인 감정을 포함하지만, 이는 환경의 영향보다는 기질적 · 성격적 특성에 더 큰 영향을 받는다.

1) 행복(Happiness)과 삶에 대한 만족(Life Satisfaction)

행복은 판단 없이 반응되는 정서적 측면이지만, 삶에 대한 만족은 자신의 삶에 대한 평가나 비교를 통해서 나오는 인지적인 요소이다(Andrews and McKennell, 1980; Wheeler, 1991). 삶에 대한 만족은 자신의 삶에 대한 기준과의 비교나, 다른 사람들의 삶과 비교를 통해 자신의 삶에서의 성취를 평가하는 것을 포함한다. 그에 비해 행복은 자신이 지금 얼마나 행복하게 느끼고 있는지에 대한 단순한 반응이라는 점에서 인지적인 평가라기보다는 정서적 평가라고 하는 것이 바람직하다.

2) 행복과 삶에 대한 만족에 끼치는 영향들

가족이나 즐거움(Fun)은 행복에 영향을 주는 것으로 나타났으며, 그에 비해 경제적 안정, 자신의 집, 그리고 원하는 제품과 서비스의 구매는 행복감보다는 삶에 대한 만족감에 더 큰 영향을 끼치는 것으로 나타났다(Anderws and Withey, 1976). Michalos(1980)의 연구에 따르면, 건강, 경제적 안정, 가족생활, 자아존중감 등의 삶의 여러 영역들에 대한 만족감이 행복보다는 삶에 대한 전반적 만족과 더 관련이 있는 것으로 나타났으며, 이 중에서도 경제적 안정이 가장 중요한 요소임을 보고하였다.

Campbell 등(1976)의 연구를 살펴보면, 젊은이들은 노인들보다 더 큰 행복감을 보고하였으나, 삶에 대한 만족의 수준은 노인들보다 낮은 것으로 나타났다. 그리고 수입의 급격한 증가는 행복감을 증가시키기는 하지만, 삶에 대한 만족에는 그리 큰 영향을 주지 못하는 것으로 나타났다(Inglehart and Rabier, 1986). 하지만 급격한 수입감소는 불행보다는 불만족을 증가시키는 것으로 나타났다. 따라서 그들은, 행복은 이득(gain)과 관련이 있고, 불만족은 손해(loss)와 관련이 있다고 주장하였다.

이러한 연구결과들을 종합해 볼 때, 행복감과 삶에 대한 만족은 정서적인 요인과 인지적 요인으로써, 서로 구분되는 개념이라고 설명할 수 있다. 행복감을 다루는 데 있어서 단기적 심리변수로서의 행복감과 장기적 심리변수로서의 행복감은 다른 개념임을 알아야 한다. 또한 단기적인 행복감 또한 긍정적인 정서와 부정적인 정서로 구분된다는 것도 명심해야 한다. 즉, 웰빙 연구를 위해서는 행복감과 삶에 대한 만족감, 그리고 단기적 행복감과 장기적 행복감을 구분하고, 그에 맞는 적절한 척도를 사용해야 한다(단기적 행복과 장기적 행복에 관한 구분을 보려면 Kozma and Stones, 1992 참조).

3) 일빙(Ill being)이 존재할 때의 주관적 안녕감의 상태

Argyle(1996)은 주관적 안녕감(Subjective Well being)이 행복감, 삶에 대한 만족, 일빙의 부재(absence of Ill being)라는 세 가지 요인에 영향을 받는다고 주장하였다. 그는 우울(depression)이나 근심(anxiety)에 의한 일빙의 상태에서는 웰빙을 경험할 수 없다고 주장하였다. 연구자들의 이러한 주장은 〈그림 8-1〉과 같이 도식화할 수 있다.

이와 같은 주관적 안녕감으로써의 QOL은 매우 강력한 개념으로 성격심리학이나 사회심리학자들에게 널리 사용되는 개념이다. 이는 마케터나 정책 입안자들에게도 매우 유용하게 사용될 수 있다. 예를 들어, 특정한 제품이나 서비스를 개발할 때, 이 제품이나 서비스가 고객의 행복감 향상, 고객의 삶에 대한 만족감 향상, 고객의 일빙 감소라는 세 가지 목표에 얼마나 부합하는지를 보면 해당 제품이나 서비스가 고객의 웰빙을 얼마나 향상시켜 줄 수 있는지를 알 수 있다.

그림 8-1 **일빙(Ill Being)이 존재할 때의 주관적 안녕감의 상태**

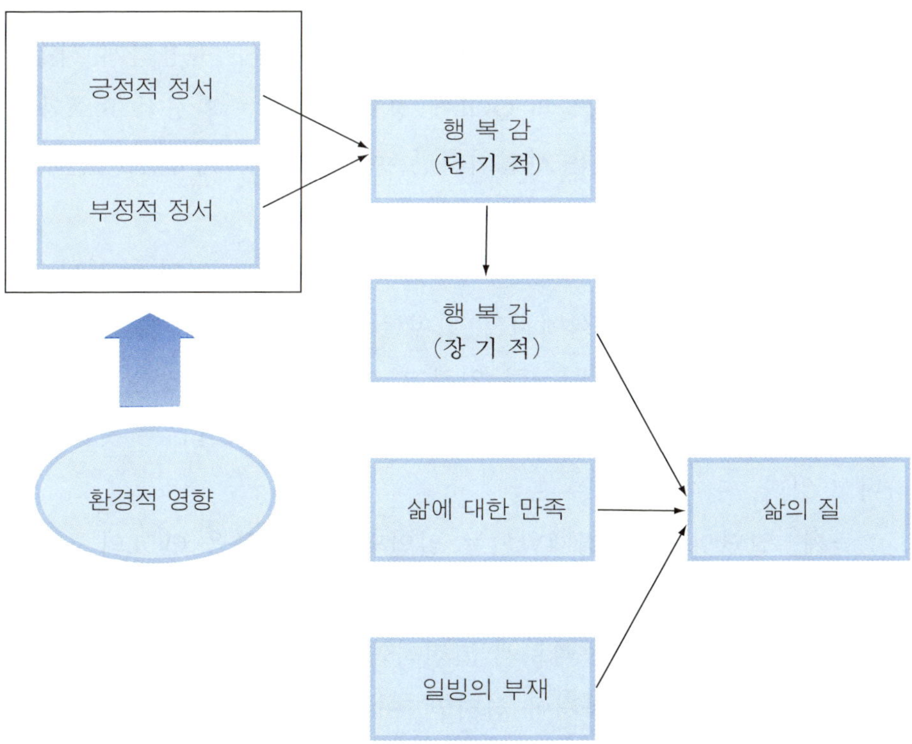

3.3 부유함(Opulence)의 관점에서의 QOL

QOL에 관한 부유함 이론들은 실질적인 수입과 실제적인 부에 초점을 맞추고 있으며, 부의 총합을 QOL로 보고 있다. 이때 수입은 주요한 자원으로 간주되며, 사람이 가진 자원이 많으면 많을수록 그들의 QOL은 향상된다. Venhoven(1991, 1995)은 수입이 QOL을 향상시키는 중요한 역할을 한다고 주장하였다. 왜냐하면 수입은 그들의 본원적 욕구를 충족시킬 수 있도록 해 주기 때문이다. 그리하여 수입은 부유한 나라보다는 가난한 나라에서 QOL에 더 큰 영향을 미친다. 수입이 사람들의 의식주 문제를 해결함으로써 QOL에 중요한 역할을 하기 때문이다. 그의 이러한 이론은 생존율이론(Livability theory)으로 잘 알려져 있다.

부유함으로서의 QOL은 세계은행, UN, IMF, OECD 등과 같은 다국적 조직들의 의사결정과 같은 특정한 상황에서 매우 유용하게 사용될 수 있다. 경제수준이 사람들의 QOL에 영향을 미치는 환경적 요소와 높은 상관관계를 지니는 것은 사실이지만, 아래와 같은 이유들로 인해 비판 또한 적지 않다.

첫째, 개인수준에서 이러한 지수를 사용하는 데 있어서 생활수준 이론은 개인들의 생활방식에서의 차이를 전혀 반영하고 있지 못한다(Bliss, 1993). 예를 들어, 열심히 일하고 부를 축적하는 많은 사람들에 비해 히피족들은 특별히 부유하지는 않지만 행복감은 더 큰 것으로 나타나고 있다.

둘째, 일단의 개발 경제학자는 일인당 국민소득을 QOL의 지표로 사용하는 것에 대해서도 비판한다. 만약 일인당 국민소득이 QOL과 관련이 높다면, 국가경제가 빠르게 발전하는 나라의 국민들은 행복에 대한 주관적 평가 또한 높아져야 하지만, 이를 뒷받침하는 연구결과는 나타나지 않는다. 관련 실증연구들을 살펴보면, 국민소득이 증가하는 상황에서도 행복에 대한 주관적 평가는 변화가 없거나, 국가 내 소득격차의 심화로 인해 국민 QOL의 평균이 더 낮아지기도 한다(Easterly, 1999).

이처럼 GDP 등과 같은 단순 경제지표들을 사회적 QOL의 대리 지표(surrogate indicator)로 사용함으로써 발생하는 문제점들을 개선하기 위해 물질적 QOL 지수(PQLI: Physical Quality-of-Life Index) 등과 같은 척도가 개발되었다. PQLI라는 척도는 문맹률, 영아 사망률, 기대수명의 합산을 통하여 QOL을 측정한다. UNHDP(The United Nations Human Development Program)도 사회적 QOL을 측정하기 위해서, HDI(Human Development Index)라는 지수를 사용하는데, 이 지수 또한 본질적으로 PQLI과 매우 유사하다.

3.4 인간욕구의 충족(needs satisfaction)의 관점에서의 QOL

Allardt(1993)는 기본욕구충족의 관점에서의 QOL 연구를 진행하였는데, QOL은 다음의 세 가지 기본욕구의 충족을 통해서 획득될 수 있다고 주장하였다.

1) 소유욕구(Having needs)

소유욕구는 생존을 위한 그리고 불행해지지 않기 위한 물질적 조건과 관련된 욕구이다. 여기에는 경제적 자원, 가용한 공간과 생활시설로서의 주거 조건, 직업, 업무 스트레스를 견딜 수 있는 근로환경, 고통과 질병의 증상이 없는 건강 등이 포함된다.

2) 사랑욕구(Loving needs)

사랑욕구는 타인과의 관계 형성 및 사회적 정체성 형성에 관한 욕구로서 애착, 지역사회와의 연결, 우정, 사회집단에서의 사교, 직장의 동료들 등과의 관계가 여기에 해당한다.

3) 존재욕구(Being needs)

존재욕구는 그 안에서 살아가야 하는 사회나 자연과의 조화욕구로서, 정치적 활동, 여가활동의 참여, 의미 있는 일에의 몰입, 자신의 삶에 대한 통제감 등을 포함한다.

Sirgy et al.(1995b)는 매슬로우(Maslow)의 욕구단계이론을 근간으로 하는 QOL 척도를 개발하였다. 여기에는 크게 네 가지의 욕구가 포함되는데, 생존욕구 (survival needs), 사회적 욕구(social needs), 자부심 등과 같은 자아욕구(ego needs), 자아실현욕구(self actualization needs)가 그것이다.

이 관점에서 보면 주관적 웰빙은 욕구의 충족을 통해 얻어진다. 생리 및 안전의 욕구처럼 하위 욕구의 충족은 사회적 욕구 및 자아실현의 욕구 등 상위 욕구충족을 가능하게 한다. 따라서 어떤 욕구에 집착하느냐가 그 사람의 전반적 욕구충족의 정도를 나타내며, 상위 욕구에 치중하는 사람일수록 주관적 웰빙의 정도가 높다. 한편 칙센트 밀하이(Csikszentmilhalyi)는 주관적 행복은 욕구의 충족이 아니라 욕구충족 과정의 몰입 상태의 느낌(flow)에서 온다는 몰입이론을 주장하였다.

3.5 사회적 판단으로써의 QOL

여기에서는 각 개인들이 자신의 상황을 다양한 기준들과 비교함으로써 인식하는 사회적 판단의 결과가 QOL이라는 인식을 전제로 하고 있다. 다시 말해서, 각 개인들은 자신만의 어떤 기준에 근거하여 자신의 삶을 판단한다. Day(1978)는 어떤 기준과의 관계를 통해서 자신의 삶의 가치를 평가하는 것이 QOL이라고 하였다. 이러한 비교기준은 개인에 의해 정의되고 선택되는데, 이때 자신의 현재 삶의 환경과 과거 환경을 비교할 수도 있고, 현재의 삶의 경험들과 이전의 삶의 경험들을 비교할 수도 있다.

Alex Michalos는 다차원 불일치이론(Multiple Discrepancy Theory)이라는 사회판단적 접근방법을 사용하여 QOL 이론을 발전시켰다. 이 이론은 삶에 대한 전반적 만족은 간접적으로 여러 비교기준들과 자신의 현재의 삶 사이의 차이들에 의해 결정된다고 주장한다. 그가 말한 비교기준들이란 다음과 같다: 바라던 것(what one wants), 다른 사람이 가진 것(what others have), 과거에 자신이 가진 가장 좋았던 것(the best one has had in the past), 3년 전에 가지기를 기대했던 것(what one expected to have three years ago), 지난 5년 동안 가지기를 기대했던 것(what one expects to have in five years), 가져야 마땅한 것(what one deserves), 그리고 필요한 것(what one needs).

Alex Michalos와 그의 동료들은 삶에 대한 만족 일치(Congruity Life Satisfaction)라는 척도를 개발하였다. 이 척도는 삶에 대한 만족이 지각된 삶의 성취와 이러한 성취를 평가하는 데 사용된 기준들간의 비교들을 통해서 결정된다는 이론을 근거로 하고 있다. 이러한 기준은 근원에 따라서는 친척들, 친구, 동료들, 유사한 상황의 다른 사람들의 성취나 자신의 과거 경험, 자아에 대한 개념들이 기준이 되며, 형태에 따라서는 이상, 기대, 받을 만한 최저점, 예상되는 결과 등의 그 기준이 된다. 이 이론의 적용결과에 따르면 삶에 대한 만족은 비교의 기준이 되는 기대와 성취 간의 차이에 의해 결정되지만 성취와 기대는 삶의 만족에 직접적인 영향을 미치기도 한다.

비교의 기준으로 타인을 대상으로 하는 관점에 대해서는 사회적 비교이론(Social comparison theory)을 이론적 근거로 제시할 수 있다. 예를 들어, 사람들은 자신의 특정한 소유물을 주변의 이웃들의 동일한 대상과 비교를 하는데, 만약 본인이 더 많고 소유하고, 더 좋다면, 더 행복해 한다(Easterlin, 1974). 타인과의 비교는 자신에 대한 더 많은 이해를 가능하게 하는 자아판단의 욕구충족을 가능하게 하고, 자아 이미지의 향상 욕구, 그리고 타인과의 동화를 가능하게 하는 여러 가지 기능을 한다.

3.6 상향적 전이이론과 하향적 전이이론 (Top Down and Bottom up Spillover Theory)

1) 상향적 전이이론(Bottom-up Spillover Theory)

QOL에 관한 상향적(Bottom-up) 전이이론은 QOL이 자신의 삶에 대한 만족감이며, 그 만족감은 삶의 다양한 영역에 대한 만족감으로 결정된다고 보는 것이다. Andrew and Withey(1976)와 Campbell, Converse and Rodgers(1976)는 상향적 전이이론을 바탕으로 QOL을 연구하는 대표적인 연구자들로, 이들의 연구에 따르면 삶의 각 영역에 대한 만족감은 삶에 대한 전반적 만족감의 52-60%를 설명하는 것으로 나타났다.

상향적 전이이론을 사용하는 연구자들은 이 외에도 많이 있다.

Majumdar and Dasgupta(1997)는 인도의 캘커타에 거주하는 사람들을 대상으로 그들의 삶에 대한 전반적인 만족감과 삶의 각 영역들에 대한 만족감을 측정하였는데, 삶의 여러 영역 중에서도 물질적 소유와 관련한 삶, 가족생활, 자기개발 등이 그들의 전반적인 삶에 중요한 영향을 미치는 것을 발견하였다. Mohan-Neill(1995)는 대인관계와 관련한 생활과 직업생활 중 어느 것이 삶에 대한 전반적인 만족을 더 잘 예측해 주는지를 살펴보았다. 결과에 따르면, 이 두 가지 삶의 영역은 모두 다 전반적인 삶에 대한 만족에 영향을 미치지만, 그 중에서도 대인관계와 관련한 생활의 영향력이 더 큰 것으로 나타났다.

생애 주요 사건, 특히 지난 3개월 정도에 일어난 주요 생애사건은 삶의 만족, 긍정적 정서, 그리고 부정적 정서에 영향을 미치는 것으로 나타났다. 특히 최근에 일어난 사건은 오래 전에 일어난 사건보다 삶의 만족에 더 큰 영향을 미친다. 긍정적 정서의 경험과 부정적 정서의 경험은 독립적으로 일어나지만 부정적 정서를 극복하는 데 더 많은 시간이 든다.

2) 하향적 전이이론(Top-down Spillover Theory)

개인이 가진 기질적 · 성격적 특성이 삶의 영역들을 각기 다르게 경험하도록 만든다는 하향적 전이이론도 많은 연구자들의 지지를 받고 있다(e.g. Costa and McCrae, 1980; Levin ans Stokes, 1989; Staw, Bell and Claussen, 1986; Watson and Clarke, 1984). 하향적 전이효과에 따르면 전반적 행복은 구체적인 영역의 만족에 영향을 미치는데, 근본적으로 개인의 기질이 주관적 안녕감을 결정한다고 본다. 예를 들어, 높은 QOL을 가진 사람은 삶에서 겪는 여러 일들을 긍정적으로 평가하고, 이러한 긍정적인 기분 상태는 상황과 관련된 순간적 감정이나 생각, 행동에 영향을 미치게 된다. 리켄과 텔레겐(Lykken and Tellegen, 1996)에 따르면 행복은 낙천주의 등의 성격에 80% 이상의 영향을 받는 것으로 나타났다.

3) 양방향적(Bi-directional) 영향이론

여러 연구들을 종합해 볼 때, 주관적 안녕과 관련하여 하향적 전이와 상향적 전이는 어느 하나만 나타난다고 하기보다는, 동시에 발생한다고 보는 것이 옳다. 실증연구들에서도 일방향보다는 양방향적 모형이 더 적절한 것으로 나타나고 있다.

단기적인 주관적 웰빙의 측정은 상향적 생애사건에 의해 영향을 받지만, 장기적인 주관적 웰빙은 개인이 지닌 특성에 의해 많이 좌우된다(Diener, 1994). 하지만, 성격 등 개인이 타고난 기질적 요소가 각 개인의 행복감을 설명한다는 하향적 전이보다는 상황적 요인들이 개인의 행복감에 영향을 줄 수 있다는 상향적 전이이론이 고객들의 QOL을 향상시키려는 마케터들에게 더 유용한 이론적 토대를 제공할 것이다. 따

그림 8-2 양방향적 영향

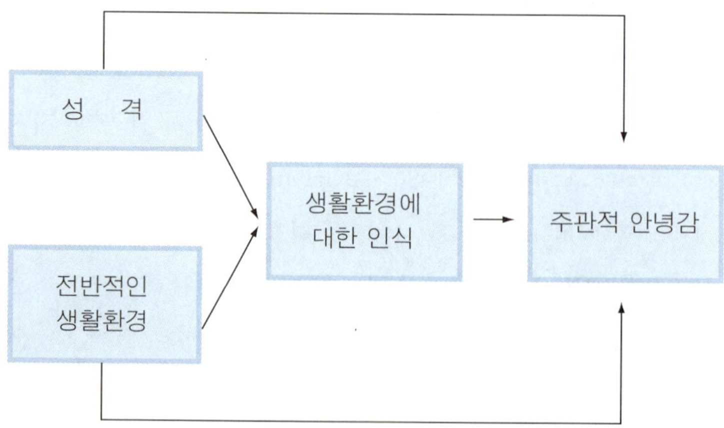

라서 소비자들의 QOL을 측정할 때에는 개인의 행복감에 큰 영향을 미치는 성격과 같은 기질적 요소를 통제변수로 사용하는 것이 마케터들의 노력의 효과를 더욱 정확하게 검증하는 데 도움이 될 것이다.

3.7 자원관리의 관점에서의 QOL

자원관리적 접근은 개인이나 가구 혹은 조직이 그들이 원하는 바람직한 결과를 얻기 위해서 그들의 자원을 어떻게 사용하고, 저장하며 분배하는지를 연구한다. 이 접근의 기본 가정은 개인이 지닌 자원의 관리를 통해서 QOL이 변화하며, 자원에 대한 만족은 개인적 관리를 통해서 향상될 수 있다는 것이다. 관리를 통해 자원에 대한 만족이 커질수록 자신의 삶에 대한 개인의 통제감은 더욱 커지고 이를 통해서 자신의 삶에 대한 만족 또한 더 커지게 된다(Williams, 1990). 자원에 대한 만족은 소득, 교육, 직업, 지역사회, 자녀, 집, 건강, 일상생활에 대한 만족, 그리고 자기가 원하는 일을 하기 위한 시간과 돈의 사용에 대한 만족의 총합이라 할 수 있다.

이러한 접근은 궁극의 가치(terminal value)보다는 도구적인 가치(instrumental value)로 QOL을 접근하고 있다. 여기에서 궁극의 가치는 행복, 삶에 대한 만족, 구원, 소속감, 사랑 등 인간이 바라는 궁극적인 목표상태를 말하고, 도구적 가치는 야망, 예절, 존경, 근면, 사회정의, 부유함, 금욕 등을 말한다. 이때 도구적 가치는 궁극의 가치를 얻을 수 있게 해 주는 수단이기 때문에 사람들은 이를 추구하게 된다.

자원관리 관점에서 QOL을 측정하는 지수들은 많이 개발되어 있으나, 그 중에서 PIFQ 지수와 TIMES 모형을 예로 살펴본다.

1) PIFQ(Perceptual Indicators of Family Life Quality) 지수

자원관리적 관점에 기반한 QOL 지수로(Rettig and Leichtentritt, 1997), 여섯 종류의 자원들(love, status, services, information, goods, money)과 관련한 문항들로 이루어져 있다. 이 지수에 따르면, 사람의 가족생활에 대한 만족은 그 사람의 가족환경이 다음의 여섯 종류의 욕구들을 어느 정도 충족시켜 주는지에 대한 인식의 반영이라고 할 수 있다.

① 사랑(love): 사랑과 애정(love and affect)

② 지위(status): 존경과 존중(respect and esteem)

③ 서비스(service): 안락함과 지원(comfort and assistance)

④ 정보(information): 의미 공유의 결과로의 커뮤니케이션(communication resulting in shared meaning)

⑤ 제품(goods): 개인 소유물(ownership of personal things)

⑥ 재화(money): 개인이 사용할 수 있는 돈(money for personal use)

PIFQ는 위의 여섯 항목에 대한 가족들의 평가점수의 합으로 이루어지며, 이 지수는 그 가정의 가족생활 품질에 대한 인식 정도가 된다.

2) TIMES 모형

소비자 경제학/가족 경제학자들은 전통적으로 자원관리 관점을 사용하여 QOL을 측정하였는데, Lane, Kaufman, and Goscenski(1995)의 TIMES 모형이 그 대표적인 예라고 할 수 있다. 일반적으로 자원은 크게 시간(T: Time), 정보(I: Information), 돈(M: Money), 에너지(E: Energy), 그리고 공간(S: Space)으로 분류될 수 있다. 개인이나 가족 혹은 기업의 QOL은 위 자원들의 사용과 저장 그리고 배분(allocation)에 영향을 받게 된다. 예를 들어, 어떤 사람에게 자신이 원하는 QOL 수준을 달성하기 위해서 필요한 자원(TIMES)을 열거해 보라고 하면, 그 사람은 위의 기준에 따라 자신의 자원을 마치 파이의 조각처럼 나누게 될 것이다. 각 자원들의 크기는 다른 자원들에 비해서 많기도 하고 적기도 하며, 어떤 자원은 자신이 필요로 하는 것보다 많기도 하고 적기도 할 것이다. 예를 들어, 에너지 자원은 많이 가지고 있다고 생각하는 사람이 사용할 수 있는 돈은 적다고 답할지도 모른다. 이때, 자신이 원하는 수준의 QOL을 달성하기 위해서는 보유하는 잉여자원들을 사용하여 부족한 자원을 획득하는 등의 효율적인 자원관리가 필요하다.

이 밖에 UNDP는 HDI라는 지수를 사용하여 사회적 QOL을 측정한다. 이 지수에는 성인 문맹률과 일인당 소득이 포함되어 있는데, 이는 HDI가 교육과 소득이 개인의 QOL을 향상시킬 수 있는 중요한 자원이라는 전제하에 만들어졌음을 알 수 있다.

3. 8 적응수준의 관점에서의 QOL

적응수준의 관점에서 QOL을 연구하는 학자들은, 사람은 고통이나 쾌락을 어떤 수준으로 경험하든 간에 결국 상황에 적응하게 된다고 본다(Brickman and Campbell, 1971). 고통이나 쾌락을 처음 경험하면 주관적 안녕감이 감소 또는 증가하지만, 동일한 경험이 일정 기간 이상 지속되면 사람의 주관적 안녕감은 그 경험 이전의 수준으로 돌아가게 된다. 일정 시간이 지나고 나면 자신의 행복감을 평가하는 기준 또한 올라가게 되고, 불행감을 일정 기간 이상 느꼈다면 자신의 행복감을 평가하는 기준이 내려가기 때문에 사람은 어떠한 행복감이나 불행감도 오랜 기간 계속 경험할 수는 없다는 것이다. 즉, 사람은 행복감이나 불행감에 적응해 버리기 때문에 일정 시간이 지나고 나면 처음의 그 강도로 행복감이나 불행감을 느끼지 않게 되는 것이다. 그리하여 Brickman and Campbell은 이러한 적응의 특성 때문에 사람을 근본적으로 행복하게 만들 수가 없다고 주장하였다.

이러한 적응수준의 관점에서 QOL을 연구하는 것은 사회심리학자들에 의해서 시작된 것이지만, 경제학자들 또한 소득의 증가에 따라 계속 행복해지지 않는다는 것을 실증적으로 보여왔다(Duncan, 1975). 소득이 행복에 영향을 주기는 하지만, 소득이 증가하면 증가할수록 행복에 미치는 영향은 점점 약해진다. 이 또한 사람이 자신의 생활환경에 적응하기 때문에 발생하는 현상이라 할 수 있다.

적응수준이론은 사람들이 적응이라는 능력을 통해서 자신의 상황에 맞춰 기대수준을 조정하기 때문에 효용론적(Utilitarian) 만족을 주장하는 이론들과는 반대되는 주장을 하게 된다. 즉, 좋은 상품이나 서비스를 제공해도 고객들은 이에 대해 적응하게 되고, 이에 대한 만족은 원래 수준으로 돌아간다.

이와 관련한 몇 가지 이론들이 있다. 동적 균형이론(Dynamic Equilibrium Theory)은 지속적인 만족감은 고객들로 하여금 적응하게 하여 원래의 감정적 균형상태로 돌아가게 한다는 이론이다. 쾌락적 수레바퀴이론(Hedonic treadmill theory) 역시 6개월 정도의 시간이 지나면 인간은 적응효과에 의해서 이전의 행복수준으로 돌아간다는 이론이다. 복권당첨자가 더 행복하지 않은 이유나 교통사고로 불구가 된 사람들도 일정 기간 이후에는 덜 행복하지 않은 이유는 이러한 인간의 상황에 대한 적응 때문이다. 또한 매우 높은 정도의 긍정적 감정을 겪는 사람들의 경우에는 매우 높은 정도의 부정적 정서를 경험할 확률도 많아서 이 두 가지 프로세스가 서로 상쇄되는 효과를 가져오기도 한다. 적응이론에서는 고객이 느끼는 정서적 만족이나 불만족의 강도가 줄어드는 효과를 말하는데, 적응의 수준은 과거의 경험들의 평균, 가장 좋은 경험과 가장 나쁜 경험의 평균, 이전의 기대와 현 경험에 의한 새로운 기대수준의 조정 등의 과정을 거쳐 형성된다. 하지만 만족에 대한 적응이 불만족에 대한 적응보다 빠르게 진행된다.

3.9 건강의 관점에서의 QOL

건강은 QOL의 핵심적인 요인 중의 하나로, WHO(국제보건기구)는 건강을 "질병에 걸리지 않은 상태일 뿐만 아니라 신체적 · 정신적인 측면에서 뿐만 아니라 사회적으로 건강한 상태"로 정의하였다. 이와 같이 건강 관련 QOL 학자들에게 있어서 건강은 QOL과 동의어라고 할 수 있다.

Cramer and Spilker(1998)는 건강에 대한 WHO의 정의를 사용하여 환자들의 QOL 척도를 만들었는데, 이 지수는 1) 신체적인 상태, 2) 심리적 상태, 3) 사회적 상호작용, 4) 경제적 혹은 직업 관련 상태라는 네 차원으로 구성되어 있다. 다양한 질환을 가진 환자들을 대상으로 측정해 본 결과 위의 네 차원으로 구성된 QOL 지수는 환자들의 상태를 민감하게 측정해 낼 수 있는 지수임이 밝혀졌다.

환자들을 보살피는 데 있어서 환자의 육체적 건강을 치료하는 것이 병원의 일차적인 목표일 것이다. 그러나 위에서 보듯이 병원에서의 환자의 QOL은 신체적인 측면 이외에도 환자들에게 심리적인 안정감을 제공한다거나, 환자의 개인적 상호작용을 향상시켜 줄 수 있는 방안을 마련하고, 또 장기 입원환자의 경제적·직업적 상태도 함께 고려함으로써 극대화될 수 있을 것이다.

3.10 문화적 관점에서의 QOL

문화는 사람들의 가치인식에 직접적인 영향을 미치기 때문에, 개인의 QOL은 그가 속한 문화적 맥락 속에서 이해되어야만 한다. 예를 들어, 종교를 매우 중요하게 여기는 이란과 같은 국가에서 성장한 사람은 자신의 종교적인 삶에 대한 만족과 불만족이 자신의 전반적인 삶에 대한 만족감을 형성하는 데 있어서 큰 영향을 미치게 될 것이다. 그러나 미국 등과 같이 직업적 성공을 중요하게 여기는 나라에서의 사람들은 자신의 종교적인 삶에 대한 만족 · 불만족보다는 경제적인 삶에서의 성취가 더 큰 영향을 미치게 될 것이다. 문화는 그 문화에 속한 사람들이 자신들의 삶에서 어떤 영역을 더 중요하게 여기는지에 대해 큰 영향을 미치게 된다. 그러므로 다른 문화권의 소비자들의 웰빙을 이해하는 데 있어서 해당 문화권의 영향력을 주의할 필요가 있다.

문화는 소속된 사람들에게 특정 삶의 영역에 대한 비중을 다르게 인식하게도 만들지만, 포함된 문화적 특성에 따라 행복감을 달리 느끼게도 한다. 한국과 같은 집단주의 문화와 서양과 같은 개인주의 문화는 다양한 경로들을 통해서 각 개인들에게 다른 행복감을 느끼도록 만드는데, 일반적으로 집단주의 문화에서는 국가의 경제발전 정도에 비해 매우 낮은 행복감을 보고하는 것을 볼 수 있다. 이러한 집단주의 문화권에서 살아가는 사람들에게 소비자로서의 삶은 전반적인 삶의 만족에 특히 더 큰 영향을 미치고 있음을 볼 때, 소비자로서의 삶의 질을 향상시켜 주는 기업의 역할이 더 중요할 수 있다.

3.11 열망이론(Aspiration theory)

이상적 자아 이미지 구현과 관련된 이론으로 열망이론(Aspiration theory)이 있다. 이는 개인의 삶에 대한 열망과 현재의 상태에 따라 행복이 정해진다는 이론인데, 높은 열망으로 인해 이상과 현실과의 차이가 클 때, 행복감은 줄어들게 된다. 너무 높은 열망의 상태가 불안을 가져오는 반면, 삶에 대한 너무 낮은 열망은 권태를 가져오게 된다. 따라서 내부적으로 도전할 만한 목표를 세우고 이를 조금씩 성취해 나갈 때, 인간은 행복을 느끼게 된다. 이때 중요한 것은 내재적 목표에 의한 목표(intrinsic goal)와 그것을 이루려는 노력이기 때문에, 외부의 금전적 보상이나 목표의 달성 여부는 주관적 웰빙에 크게 영향을 미치지 않는다.

3.12 목표이론(Telic theory)

목표이론에서도 인간은 내재적 목표의 달성을 위해 노력할 때 행복하다고 말한다. 즉, 이 이론에 따르면 인간은 내재적 목표(intrinsic goal)가 있고, 목표에 대한 자기 동기부여가 되며, 목표가 실현 가능하고 현실적이며, 사회적으로 인정되는 중요한 목표이며, 목표간의 갈등이 적을 때 행복하다고 한다. 즉, 자발적이고 내재적인 목표를 향해 나아가고 있다고 느낄 때, 그리고 그 실현 가능한 목표를 향해 나아갈 때 행복감을 느낀다. 이러한 목표의 성취를 위해서 높은 수준의 기대, 좋은 사회적 관계를 형성하는 기술, 집중력, 그리고 목표에 대한 몰입을 가지는 것이 중요하다.

3.13 대조효과(Contrast effect)

인간의 행복은 과거 등 특정 상황에 대한 비교에 의해 형성된다. 삶의 만족에 대해 과거 대비 만족도 등 특정 비교의 기준에 의해 현재의 삶의 만족을 판단한다. 현재의 긍정적 사건은 만족의 증거로 여겨져서 현재의 주관적 웰빙을 향상시키지만, 과거의 긍정적 사건은 비교의 기준으로 작용하여 현재의 주관적 안녕을 감소시키는 것으로 나타났다.

제 9 장

소비자 웰빙측정방법

1. 소비자 웰빙측정의 방법론적 고려사항
2. 소비자 웰빙의 영향변수
3. 소비자 웰빙에 영향을 주는 인구통계적 변수
4. 소비자 웰빙 및 전반적 웰빙측정문항들

1 소비자 웰빙측정의 방법론적 고려사항

1) 주관적 vs. 객관적 측정방법

웰빙을 측정하는 방법에는 주관적 방법과 객관적 방법이 있다. 객관적 지수에는 수입 등 다양한 지수들이 있으나 지수의 선택에 있어서의 자의성을 무시할 수 없다. 한편 주관적 지수는 기대/적응 등 인지적 편향에 영향을 받는다. 주관적 웰빙은 성격이나 인성과는 다르며 환경에 따라 변화하는 경향을 보인다.

2) 질문의 순서

소비자 웰빙에 대한 측정은 질문 배열순서에도 영향을 받는다. 즉, 만족을 먼저 물어보면 만족과 전반적 웰빙에 대한 관계가 더 높아지는 것으로 나타났다. 현재 만족의 상태에서 질문을 하면 만족과 관련된 기억들을 더 많이 기억해 내는 경향이 있다. 과거에 만족한 사건은 반대로 대조효과를 가져와 현재의 삶을 덜 긍정적으로 평가하게 만든다.

3) 경험의 빈도 vs. 강도

소비자 웰빙의 측정시, 과거 경험에 대한 만족 혹은 불만족은 그 강도보다는 빈도에 의해서 더 큰 영향을 받는다. 만족 혹은 불만족스런 경험은 최근 경험일수록 그리고 그 경험의 정도가 클수록 오래 기억에 남는다. 하지만 일반적으로 과거의 불만족스러운 경험의 정도는 시간의 흐름에 따라 잊혀지게 된다. 하지만 그 경험들의 발생 빈도는 잘 잊혀지지 않으며, 결국 전체적인 웰빙에 대한 판단은 긍정적 · 부정적 경험의 빈도에 따라 큰 영향을 받는다.

4) 응답자의 정서

소비자 웰빙의 측정은 그 당시의 응답자의 정서상태에 의해서도 영향을 받는다. 기분좋은 상태에서의 주관적 웰빙의 설문은 기분좋은 사건들을 더 많이 기억하게 하는 경향이 있다. 구체적인 삶의 부문은 타인과의 비교과정을 거쳐서 판단하지만, 전반적 웰빙은 일반적이고 전반적 정서에 의해 답하는 경향이 있다.

2 소비자 웰빙의 영향변수

1) 성　격

주관적 웰빙은 응답자의 낙천주의적 성격에 의해서도 크게 영향을 받는다. 낙천적인 사람들은 즐거운 기억들을 많이 기억하고, 또한 즐거운 경험에 대해 높은 비중을 부여한다. 낙천적이고 외향적인 사람들은 많은 사회관계를 갖고 이는 웰빙의 증대에 기여한다. 이들은 긍정적인 사건들을 더욱 긍정적으로 판단하며, 부정적인 사건에도 적응이 빠르다. 이들은 현재를 즐기며, 과거에 집착하지 않고 내면의 단점에 집착하지 아니한다.

2) 생애 주요 사건

소비자 웰빙은 생애사건에 의해서도 영향을 받는다. 생애 주요 사건, 특히 지난 3개월 정도에 일어난 주요 사건은 삶의 만족, 긍정적 정서, 그리고 부정적 정서에 영향을 미치는 것으로 나타났다. 특히 최근에 일어난 사건은 오래 전에 일어난 사건보다 삶의 만족에 더 큰 영향을 미친다. 긍정적 정서의 경험과 부정적 정서의 경험은 독립적으로 일어나지만 부정적 정서를 극복하는 데 더 많은 시간이 든다. 단기적인 주관적 웰빙의 측정은 상향적 생애사건에 의해 영향을 받지만 장기적인 주관적 웰빙은 개성에 의해 많이 좌우된다(Diener, 1994).

3) 문화적 가치

주관적 웰빙은 문화적 가치에 의해서도 영향을 받는다. 집단주의적 가치를 가진 사람들은 개인주의적 가치를 가진 사람들에 비하여 집단규범이 행복에 미치는 영향이 크지만, 개인주의적 집단에게는 특히 자존감(self esteem)이 중요한 역할을 한다.

3 소비자 웰빙에 영향을 주는 인구통계적 변수

1) 결혼 여부

결혼의 여부는 행복에 긍정적인 영향을 주며, 행복한 사람이 독신보다는 결혼할 확률이 높기도 하다. 이와 같이 결혼은 사회적 지지와 자신의 정체감에 긍정적 영향을 주며, 친밀한 관계를 통해 심리적 · 경제적 안정감을 가져다 준다. 또한 결혼이 행복에 미치는 영향은 남자들에게 더 강하다. 반면 문화와 상관없이 이혼은 불행을 가져다 준다.

2) 수　　입

수입은 행복에 직접적인 영향을 주지는 않는다. 즉, 돈이 많다고 반드시 행복하지는 않다는 것이다. 하지만, 부족한 수입이 기본적인 욕구충족을 좌절시킨다는 측면에서 볼 때, 초기 수입의 증가는 행복의 증대를 가져온다. 하지만, 일단 기본욕구가 충족되면 수입의 추가적인 증대는 행복과 관련이 있지는 않다. 즉, 한계효용체감의 법칙처럼 소득의 증가가 행복에 기여하는 정도는 소득이 많을 때에 비하여 소득이 적을 때 크다.

3) 나　　이

나이와 행복의 관계는 다양한 이론이 있으나 일반적으로 나이와 행복의 정도는 무관하다. 나이가 들어감에 따라 부정적 정서가 느는 것은 아니다. 그 이유는 나이가 들어감에 따라 부정적 경험에 대한 적응과 효과적인 대응이 가능하기 때문이다. 나이가 들어감에 따라 긍정적 정서의 강도가 줄어들기도 하지만 젊은 층은 강한 긍정적 정서와 더불어 강한 부정적 정서도 체험하는 등 긍정 및 부정의 정서의 폭이 크기 때문에 평균적으로 볼 때, 나이든 사람들의 행복의 정도가 감소하는 것은 아니다.

4) 종　　교

종교를 가지는 것은 정신적인 행복을 제공한다. 종교적 확신성, 신과의 긴밀한 관계, 기도의 경험, 신앙의 독실함은 삶의 만족이나 긍정적 정서에 영향을 미친다.

5) 건 강

건강은 행복에 긍정적 영향을 주는데, 특히 주관적 건강이 행복에 강한 영향을 미친다. 객관적 건강의 상태는 주관적으로 인식하는 건강의 상태에 영향을 주고, 이는 다시 전체 삶의 만족에 긍정적인 영향을 준다.

6) 성 별

행복과 성별과의 관계는 다른 요인들이 통제된 상황에서 측정하여 보면 일반적으로 무관하다. 여성의 경우 정서적 깊이가 상대적으로 깊지만 높은 긍정적 정서는 높은 부정적 정서에 의해 상쇄되는 효과를 가져온다.

7) 직 업

직업은 행복에 긍정적인 영향을 미친다. 직업은 긍정적인 사회관계를 가능하게 하고, 정신적 건강과 더불어 스스로 의미 있는 일을 한다는 자부심을 주며, 자신의 정체성을 정의하는 데 도움을 주기 때문이다.

8) 기타 인구통계적 변수

인종, 교육의 정도는 그들이 느끼는 행복감과 큰 관련은 없다. 교육의 정도는 소득이나 직업에 관련이 있지만 이들의 효과를 통제한 상태에서는 행복에 유의적인 결과를 보이지는 않았다.

인구통계적 변수들이 행복에 미치는 영향은 경미하지만, 일반적으로 행복한 사람들은 낙천적이고, 불행한 일에 너무 몰입되지 않으며, 사회적으로 긴밀한 사회적 네트워크를 가지고 있고, 가치가 있는 목표를 향해 발전을 해 나가는 사람들이다.

4 소비자 웰빙 및 전반적 웰빙측정문항들

4.1 소비자 웰빙에 대한 간접측정

1) 주택이 소비자 웰빙에 미치는 영향(Perceived QOL impact of Home)[1]

여러분의 주택이 소비자로서의 삶의 웰빙에 미치는 영향은:

① 즐겁지 않다-즐겁다.

② 비우호적이다-우호적이다.

③ 해롭다-이롭다.

④ 불만스럽다-만족스럽다.

⑤ 바람직하지 않다-바람직하다.

2) 자동차가 소비자 웰빙에 미치는 영향(Perceived QOL Impact of Automobiles)[2]

① 당신의 삶에 있어서 당신의 자동차가 미치는 영향은 얼마나 중

1) Source: Grzeskowiak, Stephan, M. Joseph Sirgy, Dong-Jin Lee, and C. B. Claiborne(2006), "Housing Well Being: Developing and Validating a Measure," *Social Indicators Research*.

2) Source: Dong-Jin Lee and M. Joseph Sirgy(2003), "Developing a Measure of

요한가?(전혀 중요하지 않다-매우 중요하다)

② 당신의 자동차가 당신의 삶의 질 향상에 얼마나 기여하는가? (매우 조금 기여-매우 많이 기여)

4.2 제품별 소비자 웰빙에 대한 직접측정

1) 자동차 관련 소비욕구를 통한 소비자 웰빙[3]

1. 안전욕구: 나는 내 자동차를 통해 안전감을 느낀다.
2. 경제욕구: 내 차는 경제적이다.
3. 가족욕구: 내 차는 내 가족 욕구를 충족시켜 준다.
4. 자존욕구(1): 내 차의 이미지는 타인에게 고급스럽게 비쳐진다.
   자존욕구(2): 평소 사용할 때 내 차는 나를 실망시키지 않는다.
5. 자아실현욕구(1): 내 차는 현실 속의 내 이미지를 반영한다.
   자아실현욕구(2): 내 차는 이상적인 내 이미지를 반영한다.
6. 심미적 욕구: 내 차는 내부와 외부 모두가 맘에 든다.

2) 자동차 소비단계의 다양한 경험에 따른 소비자 웰빙[4]

1. 구매단계의 욕구: 전반적 구매경험, 정보획득의 용이성, 정보의

Consumer Well being in Relation to Personal Transportation," *Yonsei Business Review*, 40(1), 72-101.

3) Source: Sirgy, M. Joseph, Dong-Jin Lee, and Frank Kressmann(2006), "A Need Based Measure of Consumer Well Being(CWB) in Relation to Personal Transportation: Nomological Validation," *Social Indicators Research*.

4) Source: Dong-Jin Lee Lee and M. Joseph Sirgy(2003), "Developing a Measure of Consumer Well being in Relation to Personal Transportation," *Yonsei Business Review*, 40(1), 72-101.

유용성, 시운전경험, 선택 가능한 제품의 다양성, 판매원과의 상호작용, 협상과정, 구매의 재무적 조건

2. 준비단계의 욕구: 자동차에 관한 정보, 보험취득과정, 자동차 등록과정, 보증, 서류작업의 편리성, 보험료, 초기의 자동차 상태

3. 소유단계의 욕구: 주변의 자동차에 대한 인정, 주위의 부러움, 소유에 대한 자부심, 자동차의 감가상각 등 가치의 유지

4. 소비단계의 욕구: 자동차의 성능, 신뢰도, 편리성, 연비, 악천후에서의 성능, 전반적인 운전에서의 느낌

5. 유지단계의 욕구: 자동차 정비경험, 자동차 유지를 위한 비용 및 노력, 부품의 가용성, 자동차의 상태를 유지하는 데 드는 노력 및 비용

6. 처분 관련 욕구: 처분시의 재무적 손실, 판매절차의 번거로움, 자동차 처분가격, 처분 관련한 자산가치의 손실

3) 주택 소비단계욕구에 따른 소비자 웰빙[5)]

1. 구매단계의 욕구: 주택구매 중개인에 대한 경험(관심, 지식, 정보, 신뢰성, 협상에서의 도움; 계약에 소요된 시간 및 편리성, 융자관련 서비스, 재무비용)

2. 준비단계의 욕구: 집안 수리상태, 수리 및 리모델링 비용, 주요 시설물의 유지상태, 수리업자의 서비스, 수리 서비스의 질

3. 소비단계의 욕구: 공간의 충분성, 편리성, 유용성, 실내 공간구성, 조경, 주변 생활환경, 시설물들의 품질 및 편리성, 건축의 내구성,

---

5) Source: Grzeskowiak, Stephan, M. Joseph Sirgy, Dong-Jin Lee, and C. B. Claiborne (2006), "Housing Well Being: Developing and Validating a Measure," *Social Indicators Research*.

소음, 집기 및 시설, 이웃과의 경험, 지역사회

4. 소유단계의 욕구: 가치의 상승, 재무적 부담, 소유의 자부심, 재무적 독립성

5. 유지단계의 욕구: 수리 · 보수의 용이성, 시간과 노력, 수리 서비스의 질

6. 처분 관련 욕구: 처분시의 재무적 손익, 판매절차의 번거로움, 계약의 복잡성, 처분, 서비스의 질

4) 소비 내구재의 소비단계욕구에 따른 소비자 웰빙[6)]

1. 구매단계의 욕구: 구매옵션 및 접근 가능성(제품의 다양성, 제품의 품질, 구매경험의 다양성), 판매원(판매원 정보의 유용성, 도움제공, 공정가격제시, 상호작용의 즐거움), 재무적 거래(할부옵션, 할부의 용이성), 제3자의 정보(객관적 정보의 획득 용이성, 공공정보의 정확성), 결제(용이성, 재무비용), 제품의 가치(품질, 배달과정의 용이성)

2. 준비단계의 욕구: 제품조립(제품 사용설명서의 유용성, 조립의 용이성, 기술적 지원), 제품의 고객화(개별 욕구충족도, 고객화의 용이성, 정보의 용이성), 제품등록(제품등록의 용이성, 등록의 효익)

3. 소비단계의 욕구: 기능적 속성(성능, 품질, 신뢰성, 내구성, 사용의 용이성, 재무비용, 안전), 경험적 속성(심미적 속성, 포장 및 외관), 상징적 속성(이상적 · 현실적 자아 이미지 표출에 대한 만족)

4. 소유단계의 욕구: 재무적 가치(감가상각의 정도, 소유에 따른 이자비용, 재무적 부담 정도), 사회적 가치(자아의 사회적 이미지 표출, 특별한 느

---

6) Source: Sirgy, M. Joseph, Stephan Grzekowiak, and Dong-Jin Lee(2006), "Developing Product Specific Measures of Consumer Well Being(CWB) Guided by the Concept of the Consumer Product Life Cycle," *working paper.*

낌, 나를 표현하는 느낌)

5. 유지단계의 욕구: 자가 정비 및 유지(스스로 유지하는 데 드는 노력, 시간, 재무적 비용, 정서적 즐거움, 유능하다는 느낌), 정비 서비스(정비 서비스를 받는 데 드는 시간, 노력, 비용, 정서적 즐거움, 스스로가 유능하지 못하다는 느낌)

6. 처분 관련 욕구: 제품처분(처분에 드는 시간, 노력 및 비용, 처분과정의 정서적인 어려움

7. 구매자와의 상호작용을 즐기는 정도

5) 인터넷 사용의 편익-비용에 따른 소비자 웰빙 (편익-비용방법)[7)]

(2-a) 여가생활 관련:

1. 편익(쉬운 접근성, 필요 정보의 제공, 게임/엔터테인먼트에의 접근, 여가생활 스타일 유지를 가능하게 함)

2. 손실(기술적 어려움, 시간적 낭비, 원하지 않는 광고물)

(2-b) 사회생활 관련:

1. 편익(친구/가족과 커뮤니케이션, 항상 커뮤니케이션이 가능, 저렴한 가격의 커뮤니케이션을 가능하게 함, 새로운 사람을 만날 기회 제공)

2. 손실(사생활의 침해, 대면접촉 기회의 제한, 잘못된 커뮤니케이션의 소지가 커짐, 스팸 메일)

7) Source: Sirgy, M. Joseph, Dong-Jin Lee, and Jeannie Bae(2005), "Developing a Measure of Internet Well Being: Nomological(Predictive) Validation," *Social Indicators Research.*

(2-c) **교육생활 관련:**

1. 편익(교육정보의 제공: 교육관련 프로젝트 수행을 용이하게 함, 교육자와의 상호작용을 활성화, 피교육자간 상호작용)

2. 손실(서버 다운 등 기술적 어려움, 정보의 과부화)

(2-d) **지역사회 관련:**

1. 편익(지역사회 관련 정보제공, 공공서비스에 대한 정보)

4.3 웰빙 소비자에 대한 스스로의 인식[8)]

1. 나는 나 스스로를 웰빙 소비자라고 간주한다.
2. 주변에서 나를 웰빙 소비자로 간주한다.
3. 나는 웰빙 소비자의 소비가치를 가지고 있다.
4. 나는 웰빙 소비자의 라이프 스타일을 지니고 있다.

1) 전반적 웰빙 소비가치

1. 나는 집단가치보다는 개성이 더 중요하다.
2. 나는 집단가치보다는 개인가치에 더 비중을 두는 편이다.
3. 나는 제품구매, 그 제품의 기능적 가치에 비중을 둔다.
4. 나는 제품의 감성적인 측면이 기능적 측면보다 더 중요하다.
5. 타인에게 보여지는 소비보다는 나만의 실속을 더 중시한다.
6. 가능하다면 많은 소비보다는 적은 양의 소비를 하는 것이 중요하다.

---

8) Source: Relationship Marketing Center, Yonsei University.

7. 나는 친환경적인 소비를 선호한다.

2) 차원별 웰빙 소비자의 소비가치

(2-a) 정신적 여유:

1. 나는 일만 하기보다는 스포츠/여행/엔터테인먼트를 즐긴다.
2. 성취 중심의 긴장된 삶보다 삶의 여유를 추구한다.
3. 성취지향적 경쟁보다는, 여가 등의 적극적으로 삶의 질을 추구한다.
4. 일을 통한 많은 금전적 성취보다는 적지만 여유 있게 일하는 것을 선호한다.
5. 나는 삶의 여유로움을 추구한다.

(2-b) 건강에 대한 관심

1. 기능성 식품을 선호한다.
2. 평소 건강에 대해 관심이 많다.
3. 건강한 외모 가꾸기를 위하여 노력한다.
4. 육체적 건강과 더불어 정신적 건강을 추구한다.

(2-c) 친환경에 대한 관심

1. 환경에 대한 보호가 나의 삶의 웰빙에 중요하다.
2. 사회적 환경이 나의 건강만큼이나 중요하다.
3. 지속 가능성 있는 제품에 더 많은 가격을 지불할 용의가 있다.
4. 환경보호 활동에 관심이 많다.
5. 친환경, 천연소재에 대한 관심이 많다.

4.4 웰빙 소비자의 소비패턴[9)]

1) 선택적 소비

1. 웰빙 관련 제품에 대해서는 가격을 아끼지 않는다.
2. 웰빙 제품군 안에서는 고가의 제품을 구입한다.
3. 웰빙제품이 아닌 일반 제품군에서는 싼 것을 주로 구입한다.
4. 일반 제품에 대해서는 가격에 민감하다.
5. 웰빙제품에 대해서는 가격에 민감하지 않다.
6. 나는 웰빙제품에 대해서는 일품 호화소비를 지향한다.

2) 친환경 제품 선호

1. 황사/조류독감/광우병 등 환경재해에 대한 염려가 남보다 크다.
2. 친환경 제품에 대한 선호가 높다.
3. 가격이 다소 비싸더라도 친환경 제품을 구매하는 편이다.
4. 무공해 제품에 대한 선호가 높다.
5. 가격이 다소 높아도 유기농 제품을 선호한다.
6. 친환경적인 기업의 제품을 우선 구매하는 편이다.

3) 자아표현 제품 선호

1. 웰빙제품은 의식 있는 소비자로서의 이미지를 잘 표현해 주고 있다고 생각한다.

2. 웰빙제품을 통하여 향상된 자아 이미지를 표출하려고 노력하는

9) Source: Relationship Marketing Center, Yonsei University.

편이다.

3. 웰빙제품의 소비를 통하여 일반 소비자와는 차별화된 감정을 갖고 싶어한다.

4. 웰빙제품의 소비는 자존의 욕구를 충족시켜 준다.

5. 나의 개성을 표출할 수 있는 제품을 선호한다.

4) 감성적 소비

1. 웰빙제품을 구매함에 있어서 많은 체험이 중요하다.

2. 웰빙제품의 구매에 있어서 정서적 가치가 기능적 가치보다 중요하다.

3. 제품의 판단시 총체적인 체험을 중시하는 편이다.

4. 제품의 구매시 제품의 정서적 이미지가 중요하다.

4.5 NMI 웰빙 소비패턴[10)]

1. 건강제품의 구매를 많이 하는 편이다.

2. 기능성 제품에 대한 선호도가 높은 편이다.

3. 나는 웰빙제품에 관해 초기 수용자라기보다는 보수적인 수용자이다.

4. 정신적 건강과 육체적 건강의 균형 있는 라이프 스타일을 지향한다.

10) Source: Natural Marketing Institute.

4.6 환경에 대한 태도

1) 녹색경영지수[11)]

(1-a) 전략적 환경경영 시스템 계획과 실행

1. 최고경영자의 녹색투자 및 필요재원 제공의지가 확고하다.
2. 친환경기업으로서의 중장기 계획이 수립되어 있다.
3. 동종업계 녹색경영 벤치마킹을 실행한다.
4. 그린 파트너십을 위한 친환경적 공급망 관리를 실행한다.

(1-b) 녹색경영성과 활용

1. 환경경영교육이 계획적으로 수립·이행되고 있다.
2. 환경성과에 대한 분석이 정기적으로 실시되고, 그 결과를 활용한다.

(1-c) 환경정보 공개

1. 정기적으로 환경정보를 공개한다.
2. 기업의 환경정보를 홈페이지에 공개한다.

(1-d) 녹색경영 소비자 조사

1. 실질적 혜택이 보일 경우 환경구매를 한다.

2) 녹색경영에 대한 소비자 태도

1. 환경마크 부착제품을 우선적으로 고려하겠다.
2. 기업의 환경단체의 가입 및 이벤트 참여활동이 중요하다.
3. 제품의 친환경성이 나의 제품구매에 큰 영향을 미친다.

11) Source: 한국표준협회/KMA.

4. 일회용 제품의 사용을 자제한다.

5. 쓰레기 및 생활하수감량에 노력한다.

4.7 LOHAS 라이프 스타일[12)]

1. 친환경적인 제품을 선호한다.
2. 주변에 친환경적인 제품을 적극 홍보한다.
3. 환경보호에 적극적이다.
4. 지속 가능성 제품에 20%의 추가비용을 지불할 용의가 있다.
5. 지속 가능성 기법으로 제조된 제품을 선호한다.
6. 지속 가능한 농업기법을 선호한다.
7. 타성적 소비를 지양하고 기능성 원재료 제품을 선호한다.
8. 재활용 제품을 적극 사용한다.
9. 재활용될 수 있는 원료를 사용한다.
10. 전체 사회관점의 의식 있는 삶을 영위한다.
11. 글로벌 차원의 환경에 대한 영향이 제품구매시의 필수 고려요인이다.
12. 로하스 소비자의 가치를 공유하는 기업의 제품을 선호한다.

4.8 건강 관련 만족도(Barak and Rahtz, 1990)[13)]

1. 최상의 건강 컨디션을 유지하고 있다.

---

12) Source: www.lohasjournal.com

13) Source: Barak, Benny and Don R. Rahtz(1990), "Exploring Additional Dimensions

2. 내 건강은 나에게 짐이 되고 있다(역코딩).
3. 나는 젊음과 활력을 느낀다.
4. 나는 건강에 대해 만족하고 있다.
5. 대부분 건강에 대해 우울해 하고 있다(역코딩).

4.9 다차원 비교에 의한 전반적 소비자 웰빙[14)]

여러 차원의 비교기준에 의한 소비자 웰빙의 측정문항이다. 다차원 불일치 이론(Multiple discrepancy theory)에 의해서 현재의 소비자로서의 소비 및 보유만족도를 여러 비교기준에 의해 다각도로 평가하는 평가척도이다.

1. 자신이 원하는 것에 비하여 자신의 현재 소비생활 및 소유에 대해 얼마나 만족하십니까?
2. 타인 대비 자신의 현재 소비생활 및 소유에 대해 얼마나 만족하십니까?
3. 과거 대비 자신의 현재 소비생활 및 소유에 대해 얼마나 만족하십니까?
4. 미래기대 대비 자신의 현재 소비생활 및 소유에 대해 얼마나 만족하십니까?
5. 자신이 마땅히 누려야 한다고 생각하는 기준에 비해서 자신의

of Quality of Life Among Middle-Aged Pre-Boomers," in *Quality-of-Life Studies in Marketing and Management*, edited by H. Lee Meadow and M. Joseph Sirgy, Blacksburg, VA: Virginia Tech, Center for Strategy and Marketing Studies, pp. 239-253.

14) Source: Adapted from Michalos, Alex C.(1985), "Multiple Discrepancy Theory(MDT)," *Social Indicators Research* 8, 385-442.

현재 소비생활 및 소유에 대해 얼마나 만족하십니까?

6. 자신의 필요에 비해서 자신의 현재 소비생활 및 소유에 대해 얼마나 만족하십니까?

4.10 전반적 삶의 만족[15]

전반적인 삶의 만족을 측정하는 5문항의 측정도구

1. 나의 삶은 나의 이상에 가깝다.
2. 내 삶의 조건은 매우 좋은 편이다.
3. 나의 삶에 만족한다.
4. 내 삶에 있어서 원하던 것을 거의 다 얻었다.
5. 다시 삶을 산다해도 지금의 삶을 바꾸지 않을 것이다.

4.11 Delighted-Terrible Scale의 전반적 삶의 만족도[16]

Delighted-Terrible Scale의 한 문항으로 측정(Andrews and Withey, 1976)

1. 당신의 삶 전반에 대하여 어떻게 느끼십니까?

매우 만족(Delighted)/대부분 만족/보통/대부분 불만족/매우 불만

15) Source: Diener, Ed, Robert A. Emmons, R. J. Larsen, and S. Griffin(1985), "The Satisfaction with Life Scale," *Journal of Personality Assessment* 49, 71-75.

16) Source: Andrews, Frank M. and S. B. Withey(1976), *Social Indicators of Well-Being: America's Perception of Quality of Life*, New York: Plenum.

족(Terrible)

4.12 일치도 기준 전반적 삶의 만족도[17]

삶의 여러 기준 대비 만족도를 매우 불만족–매우 만족의 6점 척도로 측정하였다(Sirgy et al., 1995). 이상적 기대, 현실적 기대, 친구, 과거 경험, 자아 이미지, 자신의 필요와 관련한 다양한 기준으로 삶의 전반적 만족도를 측정하는 도구이다.

1. 삶의 이상적 목표에 비하여 당신의 삶에 대해 얼마나 만족하십니까?
2. 스스로 당연하다고 생각하는 기준에 비해서 당신의 삶에 대해 얼마나 만족하십니까?
3. 친척에 비해서 당신의 삶에 대해 얼마나 만족하십니까?
4. 친구에 비해서 당신의 삶에 대해 얼마나 만족하십니까?
5. 같은 직업의 다른 동료에 비해서 당신의 삶에 대해 얼마나 만족하십니까?
6. 지금까지의 살아온 것에 비해서 당신의 현재 삶에 대해 만족하십니까?
7. 스스로가 가진 능력, 장단점 등에 비해서 당신의 삶에 대해 얼마나 만족하십니까?
8. 스스로 성취해야 한다고 생각하는 기준에 비해서 당신의 삶에 대해 얼마나 만족하십니까?

---

17) Source: Sirgy, M. Joseph et al.(1995), "Judgement Type Life Satisfaction Measure: Further Validation," *Social Indicators Research*, 34, 237-259.

4.13 욕구단계설 이론에 의한 전반적 삶의 만족도[18)]

매슬로우의 욕구 5단계설에 근거하여 욕구충족의 정도를 가지고 삶의 만족도를 측정하는 도구이다(아주 적다- 아주 많다).

1. 안전하다는 느낌
2. 타인과의 감정 교류
3. 친구와의 교류
4. 스스로에 대한 자부심
5. 스스로에 대한 명예
6. 독자적인 생각과 행동을 한다는 느낌
7. 개인발전에 대한 느낌
8. 가치가 있는 일을 이루었다는 느낌

4.14 감정균형척도(PA-NA)

긍정적 정서와 부정적 정서의 경험의 빈도를 차이로 나타낸 수치.

PANAS[19)]

PA: 열정적인, 흥미로운, 확고한, 영감을 받는, 활동적인, 강한 자

18) Source: Sirgy, M. Joseph et al.(1995), "Developing a Life Satisfaction Measure Based on Need Hierarchy Theory," in *New Dimensions of Marketing/Quality of Life Research*, M. Joseph Sirgy and A. Coskun Samli (Eds.), *Westport, CT: Quorum Books*, 3-26.

19) Source: Watson, D. Lee et al.(1988), "Development and validation of Brief Measures of Positive and Negative affect: The Panas Scole," *Journal of Personality and Social Psychology*, 54(6), 1063-1070.

랑스러운, 주의 깊은

NA: 두려운, 무서운, 화나는, 괴로운, 불안한, 염려스러운, 부끄러운, 죄책감이 드는, 짜증스러운, 적대적인

(1= 전혀 느낀 적이 없다, 5: 매우 그렇다.)

(Watson, Clark, Tellegen, 1988)

PA-NA

지난 한 달 동안 아래의 감정들을 얼마나 자주 느꼈습니까(1=전혀 느낀 적이 없다, 7=항상 느꼈다)[20]

PA: 애정, 기쁨, 사랑, 행복감, 마음이 가는, 만족감, 자랑스러움, 다정함

NA: 화남, 수치심, 슬픔, 걱정, 짜증, 죄책감, 외로움, 불안감, 역겨움, 후회, 불행함, 초조함, 분노, 창피함, 우울함

---

20) Source: Diener, E. Smith, H., Fujita F.(1995), "The Personality Structure of Affect," *Journal of Personality and Social Psychology*, 69, 130-141.

참고문헌

김영한(2006), 감성트렌드, 해냄출판사.

매일경제 신뢰경영 특별취재팀(2003), 신뢰경영, 매일경제 신문사.

발렌브룩 · 하랄드(2006), 행복경제학, 이래의 창

이훈구(1997), 행복의 심리학, 법문사.

트레게, 장 폴(2005), 리대용 외 역, 50+마케팅, 청림출판.

한국표준협회/KMA.

HR 인스티튜트(2006), 좋은 컨셉은 어떻게 만들어지나, 양영철 옮김, 거름.

Adapted from Michalos, Alex C.(1985), "Multiple Discrepancy Theory(MDT)," *Social Indicators Research* 8, 385-442.

Allport, G. W.(1961), "Pattern and Growth in Personality," New York: Holt, Rinehrt and Winston.

Andrews, Frank M. and S. B. Withey(1976), "Social Indicators of Well-Being: America's Perception of Quality of Life," New York: Plenum.

Argyle Michael (2001), "The psychology of happiness," Routledge: London.

Barak, Benny and Don R. Rahtz(1990), "Exploring Additional Dimensions of Quality of Life Among Middle-Aged Pre-Boomers," in *Quality-of-Life Studies in Marketing and Management*, edited by H. Lee Meadow and M. Joseph Sirgy, Blacksburg, VA: Virginia Tech, Center for Strategy and Marketing Studies, 239-253.

Barrera, Rick(2004), "Over-promise and Over-deliver: The Secrets of Unshakable Customer Loyalty," Portfolio Inc.

Berkowitz, L.(1970), "The Self, Selfishness, and Altruism, Altruism and Helping Behavior-Social Psychological studies of Some Antecednets and Consequences," Eds. J. Macaulary and L. Berkowitz.

Brandburn M.(1969), "The structure of psychological well being," Chicago: Adline.

Buhler, C.(1935), "The Curve of Life as Studied in Biographies," *Journal of Applied Psychology*, 19, 405-409.

Campbell, A.(1981), "The Sense of Well Being in America," McGraw Hill: New York.

"Consumer Product Life Cycle," *working paper.*

Costa, P,T. Jr. and McCrae R. R.(1985), "The NEO Personality Inventory," *Odessa, FL*: Psychological Assessment Resources.

Cross, Susan, Jonathan S. Gore, and Michael L. Morris(2003), "The Relational-Interdependent Self Construal, Self Concept Consistency, and Well being," *Journal of Personality and Social Psychology*, 85(5), 933-944.

Danziger, Pamela(2005), "Let them eat cake," Dearborn Publishing Inc.

Diener, E. and Emmons R. A.(1985), "The Independence of Positive and Negative Affect," *Journal of Personality and Social Psychology*, 50, 1031-38.

Diener, E. C. R. Colvin, W. Pavot, and A. Allman(1991), "The Psychic Cost of Intense Positive Affect," *Journal of Personality and Social Psychology*, 61, 492-503.

Diener, E., and F. Fujita(1995), "Resources, Personal Strivings, and Subjective Well being: A Nemothetic and Idiographic Approach," *Journal of Personality and Social Psychology*, 68, 926-935.

Diener, E., and Lucas R. E.(1999), "Personality and Subjuctive Well-being," See Kahneman et al. 1999, 213-29.

Diener, E., E. Sandvik, and W. Pavot(1991), "Happiness is the Frequency, not the Intensity, of Positive versus negative affect," in F. Strack, M. Argyle and N. Schwarz(Eds), *Subjective Well Being*, 119-139, Oxford UK: Pergamon.

Diener, E., H. Smith, and F. Fujita(1995), "The Personality Structure of Affect," *Journal of Personality and Social Psychology*, 69, 120-129.

Diener, E., M.P.E. Seligman, "Very Happy People," *Psychological Science*, 13, 81-84.

Diener, E., N. Scollon, S. Oishi, V. Dzokoto, and E. Suh(2000), "Positivity and the Construction of Life Satisfaction Judgment: Global Happiness is not the sum of its parts," *Journal of Happiness Studies*, 1:159-176.

Diener, E., Wolsic B. and Fujita(1995), "Physical Attractiveness and Subjective Well Being," *Journal of Personality and Social Psychology*, 69, 120-129.

Diener, Ed(1994), "Assessing Subjective Well Being: Progress and Opportunities," *Social Indicators Research*, 31, 103-157.

Diener, Ed and Richard E. Lucas(1999) in Kahneman, Daniel, Ed Diener, and Norbert Schwarz(Eds)., "Well Being: The Foundation of Hedonic Psychology," Russel Sage Foundation, New York. 213-229.

Diener, Ed, Eunkok M. Suh, Richard Lucas, and Heide L. Smith(1999), "Subjective Well Being: Three Decades of Progress," *Psychological Bulletin*, 125(2), 276-302.

Diener, Ed., Robert A. Emmons, R. J. Larsen, and S. Griffin(1985), "The Satisfaction with Life Scale," *Journal of Personality Assessment* 49, 71-75.

Diener, Ed., Christie N. Scollon, and Richard E. Lucas(2003), "The Evolving Concept of Subjective Well Being: The Multifaceted Nature of Happiness," *Advances in Aging and Gerontology*, 15, 187-219.

Diener, Ed., Eunkook Suh, and Shigehiro Oishi(1997), "Recent Findings on Subjective Well Being," *Indian Journal of Clinical Psychology*, March.

Dong-Jin Lee and M. Joseph Sirgy(2003), "Developing a Measure of Consumer Well being in Relation to Personal Transportation," *Yonsei Business Review*, 40(1), 72-101.

Erikson, E.(1959), "Identity and the Life Cycle," *Psychological Issues*, 1, 18-164.

Frederick, Shane and George Loewenstein(1999), "Hedonic Adaptation," in D. Kahneman, E. Diener, and N. Schwarz (Eds.), "Well Being: The Foundations of Hedonic Psychology," 302-329, New York: Russell Sage.

From, E.(1981), "Primary and Secondary Process in Waking and in Altered

States of Consciousness," *Academy of Psychological Bulletin*, 3, 29-45.

Grzeskowiak, Stephan, M. Joseph Sirgy, Dong-Jin Lee, and C. B. Claiborne(2006), "Housing Well Being: Developing and Validating a Measure," *Social Indicators Research*.

Helson, H.(1964), "Adaptation Level Theory: An Experimental and Systematic Approach to Behavior," New York: Harper and Row.

Hogard, Liz(2005), "How To Be Happy," BBC Worldwide Ltd.

Hsee, Christopher K. and Jiao Zhang(2004), "Distinction Bias: Misprediction and Mischoice Due to Joint Evaluation," *Journal of Personality and Social Psychology*, 86 (5), 680-695.

Jagre, Ema, John J. Watson, and John W. Watson(2001), "Sponsorship and Congruity Theory: A Theoretical Framework for Explaining Consumer Attitude and Recall of Event Sponsorship," *Advances in Consumer Research*, 28, 439-446.

Jung, C. G.(1933), "Modern Man in Search of a Soul"(W. S. Dell and C. F. Baynes, Trans.), New York: Hartcourt, Brace, and World.

Kahneman, D., P. Wakker, and R. Sarin(1997), "Back to Bentham? Explorations of Experienced Utility," *Quarterly Journal of Economics*, 112, 375-405.

Kahneman, Daniel, Ed Diener, and Norbert Schwarz(2005) Eds., "Well Being: The Foundation of Hedonic Psychology," Russel Sage Foundation, New York.

Kasser T. and R. M. Ryan(1993), "A Dark Side of the American Dream: Correlates of Financial Success as a Central Life Aspiration," *Journal of personality and social psychology*, 65: 410-22.

Kasser T. and R. M. Ryan(in press), "Be careful about what your wish for: Optimal functioning and the relative attainment of intrinsic and extrinsic goals," in *Life Goals and Well Being*, P. Schmuck and K. M. Sheldon(Eds.)," Lengerich, Germany: Pabst Science Publishers.

Keyes, C. R., Shmotkin, D., and Ryff, C. D.(2002), "Optimizing Well-being: The

Empirical Encounter of Two Traditions," *Journal of Personality and Social Psychology*, 82(6), 1007-1022.

Khaneman, D., Diener, E., Schwarz, N.(1999), "Well-Being: The Foundations of Hedonic Psychology," New York: Russell Sage Found.

King, L. A., and Napa, C. K.(1998), "What Makes a Life Good?," *Journal of Personality and Social Psychology*, 75(1), 156-165.

Kitayama, Shinobu and Hazel R. Markus(2000), "The Pursuit of Happiness and the Realization of Sympathy: Cultural Patterns of Self, Social Relations, and Well Being," in *Culture and subjective well being*, E. Diener and E. Suh(Eds.), MIT Press, 113-161.

Kotler, P.(2005), According to Kotler, AMACOM, New York.

Kotler, Philip and Nancy Lee(2005), "Corporate Social Responsibility," John Wiley and Sons.

Kubovy, M.(1999), "On the Pleasures of the Mind," See Kahneman et al., 1999, 134-54.

Kumar, Nirmalya(2004), "Marketing As Strategy," Harvard Business Press.

Kwan, V. S., B. M. Bond, and T. M. Singelis(1997), "Pancultural explanations for life satisfaction: adding relationship harmony to self esteem," *Journal of Personality and Social Psychology*, 73, 1038-51.

Lee, Dong-Jin and M. Joseph Sirgy(2005), "Being Marketing, Theory, Research, and Applications," Pakyoungsa.

Leelakulthanit, Orose, Ralph Day, and Rockney Walters(1991), "Investigating the Relationship Between Marketing and Overall Satisfaction with Life in a Developing Countries," *Journal of Macromarketing*, spring, 3-23.

Lucas, R. and Diener E.(1998), "The Importance of Intensity and Frequency of Affect," *working paper*, University of Illinois

Lucas, R., E. Diener, Suh, E.(1996), "Discriminant Validity of Subjective Well Being Measures," *Journal of Personality and Social Psychology*, 71, 616-628.

Lucas, Richard E. and Ed Diener(2001), "Understanding Extraverts' Enjoyment of Social Situations: The Importance of Pleasantness," *Journal of Personality and Social Psychology*, 81 (2), 343-356.

Lykken, D. and Telligen, A.(1996), "Happiness is a Stochastic Phenomenon," *Psychological Science*, 7, 186-189.

Lyubomirsky, Sonja(2001), "Why Are Some People Happier Than Others?," *American Psychologists*, 56 (3), 239-249.

Maslow, A. H.(1968), "Toward a Psychology of Being," 2nd(eds.), New York: Van Nostrand.

McCrae, R. and P. Costa, Jr.(1997), "Personality Trait Structure As a Human Universal," *American Psychologist*, 52, 621-652.

McGregor I and Little B. R.(1998), "Personal Projects, Happiness and Meaning: On Doing Well and Being Yourself," *Journal of Personality and Social Psychology*, 74, 494-512.

Muller, D. C.(1986), "Rational Egoism versus Adaptive Egoism as Fundamental Postulate for a Descriptive Theory of Human Behavior," *Public Choice*, 51, 3-23.

Natural Marketing Institute.

Oishi, Shegehiro(2000), "Goals as Cornerstones of Subjective Well-Being: Linking Individuals and Cultures," in *Culture and subjective well being*, E. Diener and E. Suh(Eds.), MIT Press, 87-112.

Oishi, S., E. Diener, E. M. Suh, and R. E. Lucas(1999), "Value as a Moderator in Subjective Well Being," *Journal of Personality*, 67, 157-184.

Pavot, William and Ed Diener(1993), "Review of the Satisfaction with Life Scale," *Psychological Association*, 5(2), 164-172.

Pavot,W. E. Diener, R. Colvin, and E. Sandvik(1991), "Further Validation of the Satisfaction with Life Scale: Evidence for the Cross-Method Convergence of Self Report Well Being Measures," *Journal of Personality Assessment*, 57, 149-161.

Plummer, Joseph T.(1974) "The Concept and Application of Life Style Segmentation," *Journal of Marketing*, January, 33-37.

Plutchick, Robert(2003), "Emotions and Life: Perspectives from Psychology, Biology, and Evolution," American Psychological Association.

Relationship Marketing Center, Yonsei University.

Robbins, L.(1935), "An Essay on the Scope and Nature of Economic Science," 2nd ed., London: Macmillan.

Rogers, C. R.(1961), "On Becoming a Person," Boston: Houghton Mifflin.

Ryan, Richard M. and Edward L. Deci(2001), "On Happiness and Human Potentials: A Review of Research on Hedonic and Eudaimonic Well Being," *Annual Review of Psychology*, 52, 141-66.

Ryan, R. M., K. M. Sheldon, T. Kasser, and E. L. Deci(1996), "All goals are crated equal," in *The Psychology of Action: Linking Cognition and Motivation to Behavior*, P. Gollwitzer and J. A. Bargh(Eds.), New York: Guilford, 7-26.

Ryff, C. D.(1989), "Happiness is Everything, or is it? Explorations on the Meaning of Psychological Well-being Revisited," *Journal of Personality and Social Psychology*, 69(4), 719-727.

Sandvik, E., E. Diener, and L. Seidlitz(1993), "The Assessment of well being: A Comparison of Self Report and Non-self Report Strategies," *Journal of Personality*, 61, 317-342.

Schmitt, Bernard(2003), "Customer Experience Management," New York NY: John Wiley and Sons.

Schmmack, Ulrich, S. Oishi, M. Furr, and D. C. Funder(2004), "Personality and Life Satisfaction: A Facet-Level Analysis," *Personality and Social Psychological Bulletin*," 30 (8), 1062-1075.

Schwarz, N. and F. Strack(1999), "Reports of Subjective Well Being: Judgmental Processes and Their Methodological Implications," in D. Kahneman, E. Diener, and N. Schwarz(Eds.), *Well Being: The Foundations of Hedonic Psychology*, 61-84, New York: Russell Sage.

Sheldon, Kennon and Tim Kasser(1998), "Pursuing Personal Goals: Skills Enable Progress, but Not All Progress Is Beneficial," *Personality and*

Social Psychology Bulletin, 24(12), 1319-1331.

Silverstein, Michael J. and Neil Fiske(2003), "Trading Up," Boston Consulting Group.

Sirgy, M. Joseph et al.(1995), "Developing a Life Satisfaction Measure Based on Need Hierarchy Theory," in *New Dimensions of Marketing/Quality of Life Research*, M. Joseph Sirgy and A. Coskun Samli(Eds.), Westport, CT: Quorum Books, 3-26.

Sirgy, M. Joseph et al.(1995), "Judgement Type Life Satisfaction Measure: Further Validation," *Social Indicators Research*, 34, 237-259.

Sirgy, M. Joseph, Dong-Jin Lee, and Frank Kressmann(2006), "A Need Based Measure of Consumer Well Being(CWB) in Relation to Personal Transportation: Nomological Validation," *Social Indicators Research*.

Sirgy, M. Joseph, Dong-Jin Lee, and Jeannie Bae(2005), "Developing a Measure of Internet Well Being: Nomological(Predictive) Validation," *Social Indicators Research*, 78(2), 205-249.

Sirgy, M. Joseph, Stephan Grzekowiak, and Dong-Jin Lee(2006), "Developing Product Specific Measures of Consumer Well Being(CWB) Guided by the Concept of the Consumer Product Life Cycle," *working paper*.

Suh, E. , E. Diener, and F. Fujita(1996), "Events and Subjective Well being; Only Recent Events Matter," *Journal of Personality and Social Psychology*, 70(5), 1091-1102.

Suh, E., E. Diener, E. Oishi, and H. C. Triandis(1998), "The Shifting Basis of Life Satisfaction Judgments Across Cultures: Emotions Versus Norms," *Journal of Personality and Social Psychology*, 74, 482-493.

Suh, Mark E.(2000), "Self, the Hyphen Between Culture and Subjective Well Being," in *Culture and Subjective well being*, E. Diener and E. Suh (Eds.), MIT Press, 63-86.

Triandis, Harry C.(2000), "Cultural syndroms and subjective well being," in *Culture and Subjective well being*, E. Diener and E. Suh (Eds.), MIT Press, 13-36.

Twitchell, James B.(2002), "Living It Up: Our Love Affair with Luxury Brands," Columbia University Press.

Venhooven, R.(1984), "Conditions of Happiness," D. Reidel: Dordrecht.

Watson, David, Lee Anna Clark, and Auke Tellegen(1988), "Development and Validation of Brief Measures of Positive and Negative Affect: The PANAS Scale," *Journal of Personality and Social Psychology*, 54(6), 1063-1070.

Wells, William D. and Douglas j. Tigert(1971), "Activities, Interests, and Opinions," *Journal of Advertising Research*, 11(Aug.), 27-35.

Wells, william D.(1975), "Psychographics: A Critical Review," *Journal of Marketing Research*, (May), 196-213.

Wilson, W.(1967), "Correlates of Avowed Happiness," *Psychological Bulletin*, 67, 294-306.

Woodruff, Robert B. and Sarah Fisher Gardial(1996), "Know Your Customers," Malden MA: Blackwell Publishers.

www.lohasjournal.com

www.hartman-group.com

www.hartman-group.com

www.lohasjournal.com

찾아보기

[저자 소개]

학 력

연세대학교 경영학과 학부 및 대학원 졸업
University of South Carolina 국제경영(MIBS) 석사
Virginia Tech 경영학 박사(마케팅)
뉴욕주립대학 및 서호주대학(1996-2002) 조교수 및 부교수
연세대학교 경영학과(2003-2005) 부교수
연세대학교 경영학과(2006-현재) 교수

주요 연구 분야

관계마케팅(Relationship Marketing), 웰빙마케팅(Well Being Marketing)

저 서

Community Quality of Life Indicators: Best Cases(2004), 전략적 관계마케팅(2005), Well Being Marketing(2005), 소비자 관계마케팅(2007)

출판 논문 학술지

Journal of Marketing(JM), Journal of the Academy of Marketing Science(JAMS), Journal of Advertising(JA), International Journal of Research in Marketing(IJRM), Journal of Business Research(JBR)

주요 학술 활동

국제웰빙학회(International Society for Quality of Life Studies) 부회장
Journal of Macromarketing 논문 편집 위원
Journal of Macromarketing 편집인(소비자 웰빙 Special Issue)
연세대학교 관계마케팅 연구센터 대표

연 락 처

djlee@base.yonsei.ac.kr(이메일)
(02) 2123-5471(연구실)
http://eclass.yonsei.ac.kr/djlee/(홈페이지)

소비자 웰빙마케팅

2007年 2月 28日 初版發行
2008年 10月 15日 重版發行

著 者 이 동 진
發行人 安 鍾 萬
發行處 (株) 博 英 社
서울特別市 鍾路區 平洞 13-31番地
電話 (733)6771 FAX (736)4818
登錄 1959. 3. 11. 제300-1959-1호(倫)

www.pakyoungsa.co.kr e-mail: pys@pakyoungsa.co.kr

定 價 18,000원 ISBN 89-7189-513-6